高校土木工程专业规划教材

道 路 工 程 测 量

李 超 编著

中国建筑工业出版社

图书在版编目（CIP）数据

道路工程测量/李超编著. —北京：中国建筑工业出版
社，2015.2
高校土木工程专业规划教材
ISBN 978-7-112-17638-0

Ⅰ.①道… Ⅱ.①李… Ⅲ.①道路测量-高等学校-教材
Ⅳ.①U412.24

中国版本图书馆 CIP 数据核字（2015）第 002968 号

全书共分 10 章，主要内容包括绪论、测量仪器及工具、基本测量方法、测量误差基础知识、道路工程控制测量、地形图测绘、道路施工测量基本方法、道路中线测量、路线纵横断面测量、道路施工测量等。本书力求反映道路桥梁工程测量最新规范的内容，在讲清基础知识的同时，反映新技术的应用，重视实践技能的培养和基础知识应用能力的训练。

* * *

责任编辑：王　磊
责任设计：张　虹
责任校对：李欣慰　刘　钰

高校土木工程专业规划教材
道路工程测量
李　超　编著

*

中国建筑工业出版社出版、发行（北京西郊百万庄）
各地新华书店、建筑书店经销
北京红光制版公司制版
廊坊市海涛印刷有限公司印刷

*

开本：787×1092毫米　1/16　印张：12¾　字数：304 千字
2015 年 2 月第一版　2015 年 2 月第一次印刷
定价：**32.00** 元
ISBN 978-7-112-17638-0
(26844)

前　言

我国交通基础设施正处于飞速发展时期，道路工程量巨大，需要大量的道路与桥梁工程专业人才。工程测量是道路与桥梁专业的主干专业课程，经历了一个较长的发展历程，已具备较为完善的知识结构体系和相对成熟的教学模式。然而，随着工程教育由科学化模式向技术化模式转变，其传统知识结构与教学模式存在诸多与工程教育发展趋势不相适应之处。

为了适应经济社会发展的需求，本书以测量学为基本理论依据，以道路工程建设为主线，系统详细地介绍道路工程设计、施工等各个环节的测量或测设工作，注重工程实践与理论的统一，加强读者对工程系统及背景的认知。同时，本书关注先进工程技术的发展趋势，注重读者利用新知识、新技术、新工艺能力的培养。

全书共分 10 章，主要内容包括绪论、测量仪器及工具、基本测量方法、测量误差基础知识、道路工程控制测量、地形图测绘、道路施工测量基本方法、道路中线测量、路线纵横断面测量、道路施工测量等。本书力求反映道路桥梁工程测量最新规范的内容，在讲清基础知识的同时，反映新技术的应用，重视实践技能的培养和基础知识应用能力的训练。

本书由山东交通学院李超独立撰写。在本书的编写过程中，山东省交通规划设计院毕玉峰、于坤、王玉兰、程磊、王学军等工程师为本书的编写提供了许多有关道路桥梁工程的宝贵设计经验和数据资料；山东交通学院朱峰、杨永寿、赵斌臣、宋雷等老师对本书的结构体系和部分内容提出了中肯的建议，田海山、闫顺等同学在文字编辑核查方面做了大量工作。另外，本书受山东省自然科学基金项目（ZR2012EEL29）、山东省高等学校科技计划项目（J12LG04）、山东交通学院教育研究与教学改革项目（JG201310）和山东省特色专业建设专项经费的资助，在此一并表示衷心感谢。

由于编者水平有限，书中难免有不妥之处，恳请有关专家和读者提出宝贵建议，以便进一步改善。

目　录

第1章 绪 论

1.1 测量学概述

测量学是研究地球的形状、大小以及确定地面（包括空中、地下和海底）点位的科学。测量的主要任务包括测定和测设两个部分。测定是指使用测量仪器和工具，通过观测和计算，得到一系列测量数据，把实际地形按照一定比例缩绘成地形图，供规划设计、科学研究和国防建设使用。测设是把图纸上规划设计好的建筑物、构筑物的位置在地面上标定出来，作为施工的依据。

测量学按照研究范围和对象的不同，可分为以下几个分支学科：

（1）大地测量学：研究和测定地球的形状、大小、重力场、地球整体与局部运动，以及建立地球表面广大区域控制网理论和技术的科学。由于人造地球卫星的发射和科学技术的发展，大地测量学又分为几何大地测量学、物理大地测量学和卫星大地测量学（或空间大地测量学）。

（2）普通测量学：研究地球表面小范围测绘的基本理论、技术和方法，不顾及地球曲率的影响，把地球局部表面当做平面看待，是测量学的基础。

（3）摄影测量与遥感学：研究利用摄影或遥感技术获取被测物体的信息（影像或数字形式），进行分析处理，绘制地形图或获得数字化信息的理论和方法的学科。由于获取相片的方法不同，摄影测量学又可分为地面摄影测量学、航空摄影测量学、水下摄影测量学和航天摄影测量学等。特别是由于遥感技术的发展，摄影方式和研究对象日趋多样，不仅是固体的、静态的对象，即使是液体、气体以及随时间而变化的动态对象，都是摄影测量学的研究范畴。

（4）海洋测绘学：以海洋水体和海底为研究对象所进行的测量和海图编制的理论、方法的科学。主要包括海道测量、海洋大地测量、海底地形测量、海洋专题测量以及航海图、海底地形图、各种海洋专题图和海洋图集等的编制。

（5）工程测量学：研究工程建设和资源开发中，在规划、设计、施工、管理各阶段进行的控制测量、地形测绘和施工放样、变形监测的理论、技术和方法的学科。由于建设工程的不同，工程测量又可分为矿山测量学、水利工程测量学、公路测量学以及铁路测量学等。

（6）制图学：研究利用测量采集、计算所得到的成果资料，编制各种模拟和数字地图的理论、原理、工艺技术和应用的科学。它是用地图图形反映自然界和人类社会各种现象的空间分布，相互联系及其动态变化。其主要的研究内容包括地图投影学、地图编制、地图整饰、印刷等。目前，数字地图以及地理信息系统已广泛地被人们所应用。

测量学是一门历史悠久的科学，早在几千年前，由于当时社会生产发展的需要，中国、埃及、希腊等国家的劳动人民就开始创造与运用测量工具进行测量。作为了解自然、改造自然的重要手段，测量学在国民经济和社会发展规划中应用很广，如地形图和地籍图等测绘信息是各种规划及地籍管理重要的基础信息。在各类土木工程建设中，从勘测设计阶段到施工、竣工阶段，都需要进行大量的测绘工作。在国防建设中，军事测量和军用地图是现代大规模的诸兵种协同作战不可缺少的重要保障。至于远程导弹、空间武器、人造卫星和航天器的发射，要保证它精确入轨，随时校正轨道和命中目标，除了应算出发射点和目标点的精确坐标、方位、距离外，还必须掌握地球的形状、大小的精确数据和有关地域的重力场资料。在科学试验方面，诸如空间科学技术的研究、地壳的变形、地震预报、灾情监测、空间技术研究、海底资源探测、大坝变形监测、加速器和核电站运营的监测等，以及地极周期性运动的研究，无一不需要测绘工作紧密配合和提供空间信息。即使在国家的各级管理工作中，测量和地图资料也是不可缺少的重要工具。此外，对建立各种地理信息系统（GIS）、数字城市、数字中国，都需要现代测绘科学提供基础数据信息。

1.2　测量学在道路工程中的应用

在公路工程建设中，无论对于公路、桥梁或隧道，从勘测设计、施工到竣工都离不开测量工作。当新建一条公路，在踏勘过程中就要根据测量所取得的资料，如地形图等，进行选线，来确定一条经济合理的路线；路线方案确定后，要进行路线的详细测设，也就是进行路线的中线测量、纵断面测量、横断面测量、地形测绘和有关调查测量等，以便为路线设计提供准确、详细的外业资料。当路线跨越河流时，应测绘河流两岸的地形图，测定桥轴线的长度及桥位处的河床断面，为桥梁方案选择及结构设计提供必要的数据。当路线穿越高山，采用隧道工程时，应测绘隧址处地形图，测定隧道的轴线、洞口、竖井等的位置，为隧道设计提供必要的数据。施工准备阶段，要将图纸上的道路中线以及桥涵隧道等构造物按规定的尺寸和位置准确无误地测设于实地，即进行施工放样测量。施工过程中，要经常通过测量手段检查工程的进度和质量。在隧道施工过程中还要不断地进行监控测量，以保证隧道的平面位置和高程正确贯通、隧道施工安全。工程竣工后，要进行竣工测量并编制竣工图，以满足工程的验收、维护、加固以至扩建的需要。在营运阶段，还要应用测量进行一些常规检查和定期进行变形观测，以确保公路、桥梁和隧道等构造物的安全使用。因此，道路工程的勘测、设计、施工、竣工及营运等各个阶段都与测量工作密切相关。

1.3　道路工程测量的基本程序

地球表面的形状很复杂，我们把地表面的固定物体如房屋、道路、河流和森林等称为地物，而把地面上高低起伏的形态如山岭、丘陵、峡谷和陡崖等称为地貌，地物和地貌统称为地形。测量的任务，一方面，是要测定地形的位置并按一定的比例把它绘在图纸上；另一方面，把图纸上的构造物按一定的比例测设到地面上。快速准确地完成测量与测设工作需要遵循测量工作的基本程序。图 1-1（a）所示是一幢房屋的平面图，其位置由房屋轮廓线表示，如果能确定 1、2、3、4 四个角点的位置，那么这幢房屋在地面上的位置也就确定了。图 1-1（b）所示是一条公路的其中一段，它的中线由直线和曲线组成，如果能测定它的直线、直线与曲线的衔接点和曲线上的点 1、2、3……的平面位置，这段公路在地面上的位置也就确定了。图 1-1 (c) 所示为一小山头，当 1、2、3……地面坡度变化点的平面位置及其高程测定后，这个小山头的起伏变化情况就可以大致反映出来了。

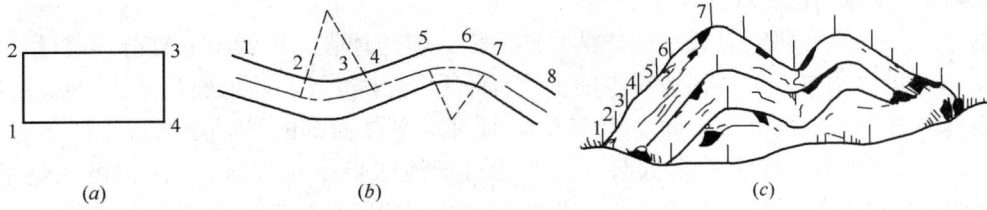

图 1-1 地形地物表示方法

从上面几个例子中可以看出，地球表面上的地物和地貌的形状和大小的构成基本上是一些具有代表性的点，如图 1-1 中的各点，测量上把这些平面方向的转折点与坡度起伏的变化点叫做特征点。特征点也称为碎部点，测量主要是测定这些碎部点的平面位置和高程。当测定这些碎部点时，不论用何种测量方法，使用何种仪器，测量的成果都会有误差存在，为了提高测量精度，防止测量误差的传递和积累，在测量工作中，必须遵循在测量布局上"从整体到局部"，在精度上"由高级到低级"，在程序上"先控制后碎部"的测量原则。如图 1-2 所示，若要测定图上的山头以及周围的地形图，必须先在测区范围内选择若干具有控制意义的点，图 1-2 中山头周围的点 1、2、3、4、5、6 等作为控制点，用精密的仪器和较严密的测量方法测定这些控制点的位置和高程，这部分测量称为控制测定。然后再根据控制点的位置和高程测定其他碎部点的位置和高程，这部分测量称为碎部测量。

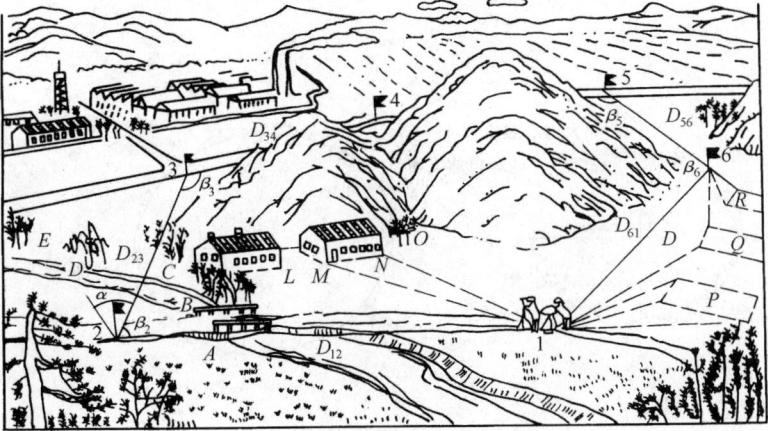

图 1-2 控制测量与碎部测量

如图 1-2 中，可在控制点 1 上测定其周围的碎部点 L、M、N 等，在控制点 2 上测定其周围的碎部点 A、B 等，同样也可在其他控制点分别测定其周围的碎部点。可以看出，用这种先控制测量后碎部测量的方法可使所有碎部点具有同样的精度，不会因误差的传递和积累而使后测的碎部点的误差增大到不能容许的程度。

1.4 地面点位的确定

1.4.1 地球的形状和大小

测量工作的主要研究对象是地球的自然表面，但地球表面形状十分复杂。通过长期的测绘工作和科学调查，了解到地球表面上海洋面积约占 71%，陆地面积约占 29%，世界第一高峰珠穆朗玛峰高出海平面 8848.13m，而在太平洋西部的马里亚纳海沟低于海水面达 11022m。尽管有这样大的高低起伏，但相对于地球半径 6371km 来说仍可忽略不计。因此，测量中把地球总体形状看做是由静止的海水面向陆地延伸所包围的球体。

由于地球的自转运动，地球上任意一点都要受到离心力和地球引力的双重作用，这两个力的合力称为重力，重力的方向线称为铅垂线。铅垂线是测量工作的基准线。静止的水面称为水准面，水准面是受地球重力影响而形成的，是一个处处与重力方向垂直的连续曲面，并且是一个重力场的等位面。水准面可高可低，因此，符合上述特点的水准面有无数多个，其中与平均海水面吻合并向大陆、岛屿内延伸而形成的闭合曲面，称为大地水准面。大地水准面是测量工作的基准面。由大地水准面包围的地球形体，称为大地体。

大地水准面和铅垂线是测量外业所依据的基准面和基准线。用大地体表示地球体形是恰当的，但由于地球内部质量分布不均匀，引起铅垂线的方向产生不规则的变化，致使大地水准面是一个复杂的曲面，无法在这个曲面上进行测量数据处理，如图 1-3（a）所示。为了使用方便，通常用一个非常接近于大地水准面，并可用数学式表示的几何形体（即地球椭球）来代替地球的形状，作为测量计算工作的基准面，如图 1-3（b）所示。地球椭球是一个椭圆绕其短轴旋转而成的形体，故地球椭球又称为旋转椭球。如图 1-4 所示，旋转椭球体的形状和大小是由其基本元素决定的。椭球的基本元素是：长半轴 a、短半轴 b 和扁率 $\alpha = \dfrac{a-b}{a}$。

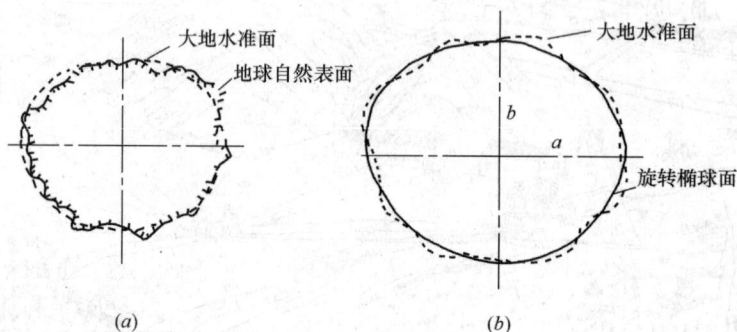

图 1-3 大地水准面

我国 1980 年国家大地坐标系采用了 1975 年国际椭球，该椭球的基本元素是：$a=6378140$m，$b=6356755.3$m，$\alpha=1/298.257$。

根据一定的条件，确定参考椭球与大地水准面的相对位置，所做的测量工作，称为参考椭球体的定位。在一个国家适当地点选一点 P，设想大地水准面与参考椭球面相切，切点 P' 位于 P 点的铅垂线方向上，如图 1-5 所示。这样椭球面上 P' 点的法线与该点对大地水准面的铅垂线重合，并使椭球的短轴与自转轴平行，且椭球面与这个国家范围内的大地水准面差距尽量地小，从而确定了参考椭球面与大地水准面的相对位置关系，这就是椭球的定位工作。

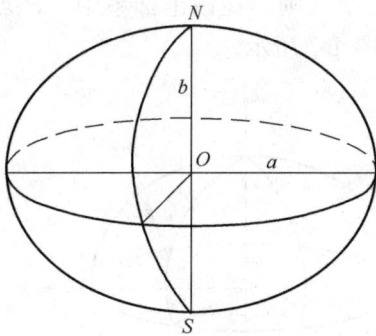

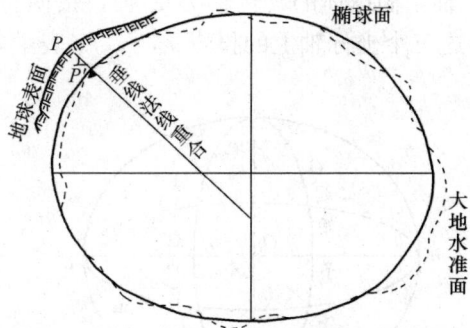

图 1-4　旋转椭球体　　　　　　　　图 1-5　参考椭球体的定位

这里，P 点称为大地原点。我国大地原点位于陕西泾阳永乐镇，在大地原点上进行了精密天文测量和精密水准测量，获得了大地原点的平面起算数据，以此建立的坐标系称为"1980 年国家大地坐标系"。

由于参考椭球体的扁率很小，当测区不大时，可将地球当做圆球，其半径的近似值为 6371km。

1.4.2　测量坐标系

为了确定地面点的空间位置，需要建立测量坐标系。一个点在空间的位置，需要三个量来表示。

在一般测量工作中，常将地面点的空间位置用大地经度、纬度（或高斯平面直角坐标）和高程表示，它们分别从属于大地坐标系（或高斯平面直角坐标系）和指定的高程系统，即使用一个二维坐标系（椭球面或平面）与一个一维坐标系的组合来表示。

由于卫星大地测量的迅速发展，地面点的空间位置也可采用三维的空间直角坐标表示。

1. 大地坐标系

地面上一点的位置（如 P），可用大地坐标（L，B）表示。大地坐标系是以参考椭球面作为基准面，以起始子午面（即通过格林尼治天文台的子午面）和赤道面作为在椭球面上确定某一点投影位置的两个参考面。

过地面某点的子午面与起始子午面之间的夹角，称为该点的大地经度，用 L 表示（图 1-6）。规定从起始子午面起算，向东为正，由 0°至 180°称为东经；向西为负，由 0°至 180°称为西经。

过地面某点的椭球面法线（P_{p}）与赤道面的交角，称为该点的大地纬度，用 B 表示。规定从赤道面起算，由赤道面向北为正，从 0°到 90°称为北纬；由赤道面向南为负，从 0°到 90°称为南纬。

可由天文观测方法测得 P 点的天文经、纬度（λ、φ），再利用 P 点的法线与铅垂线的相对关系（称为垂线偏差）改算为大地经度、纬度（L、B）。在一般测量工作中，可以不

5

考虑这种改化。

2. 空间直角坐标系

以椭球体中心 O 为原点，起始子午面与赤道面交线为 X 轴，赤道面上与 X 轴正交的方向为 Y 轴，椭球体的旋转轴为 Z 轴，指向符合右手规则。在该坐标系中，P 点的点位用 OP 在这三个坐标轴上的投影 x，y，z 表示，如图 1-7 所示。

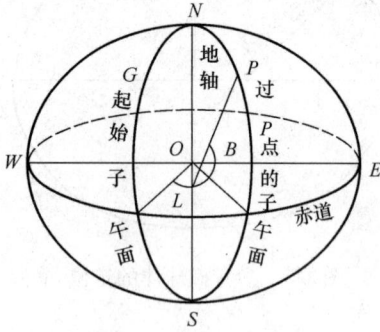

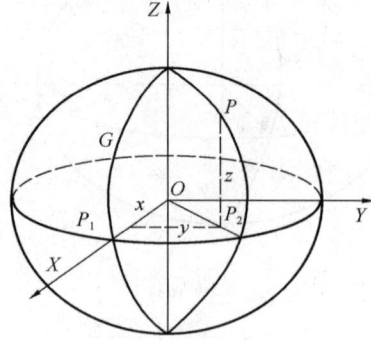

图 1-6　大地坐标系　　　　　图 1-7　空间直角坐标系

3. 独立平面直角坐标系

当测区范围较小时（如小于 $100 km^2$），常把球面投影面看作平面，这样地面点在投影面上的位置就可以用平面直角坐标来确定。测量工作中采用的平面直角坐标系如图 1-8（a）所示。规定：南北方向为纵轴 X 轴，向北为正；东西方向为横轴 Y 轴，向东为正。

坐标原点有时是假设的，假设的原点位置应使测区内的点的 X、Y 值为正。测量平面直角坐标系与数学平面直角坐标系的区别如图 1-8 所示。

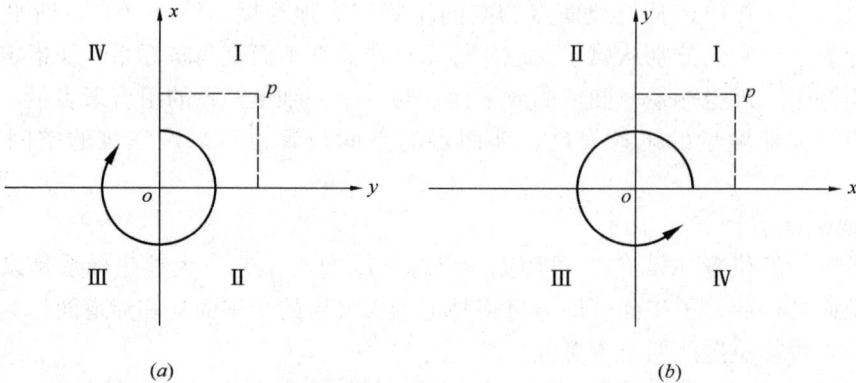

图 1-8　两种平面直角坐标系的比较
（a）测量平面直角坐标系；（b）数学平面直角坐标系

4. 高斯平面直角坐标系

1）高斯投影

高斯平面直角坐标系采用高斯投影方法建立。高斯投影是由德国测量学家高斯于 1825 年至 1830 年首先提出，到 1912 年由德国测量学家克吕格推导出实用的坐标投影公式，所以又称高斯－克吕格投影。

如图 1-9 所示，设想有一个椭圆柱面横套在地球椭球体外面，使它与椭球上某一子午线（该子午线称为中央子午线）相切，椭圆柱的中心轴通过椭球体中心，然后用一定的投影方法，将中央子午线两侧各一定经差范围内的地区投影到椭圆柱面上，在将此柱面展开即成为投影面。故高斯投影又称为横轴椭圆柱投影。

2）高斯平面直角坐标系

在投影面上，中央子午线和赤道的投影都是直线。以中央子午线和赤道的交点 O 作为坐标原点，以中央子午线的投影为纵坐标轴 X，规定 X 轴向北为正；以赤道的投影为横坐标轴 Y，Y 轴向东为正，这样便形成了高斯平面直角坐标系，如图 1-10 所示。

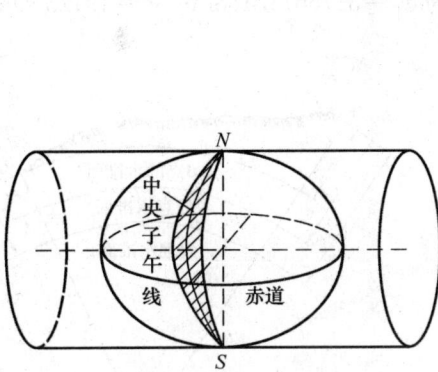

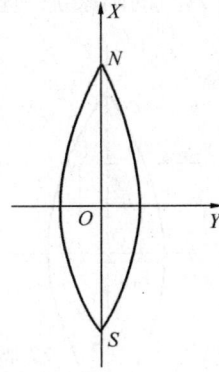

图 1-9　高斯投影　　　　　　　图 1-10　高斯平面直角坐标系

3）投影带

高斯投影中，除中央子午线外，各点均存在长度变形，且距中央子午线愈远，长度变形愈大。为了控制长度变形，将地球椭球面按一定的精度差分成若干范围不大的带，称为投影带。带宽一般分为经差 6°、3°，分别称为 6°带、3°带，如图 1-11 所示。

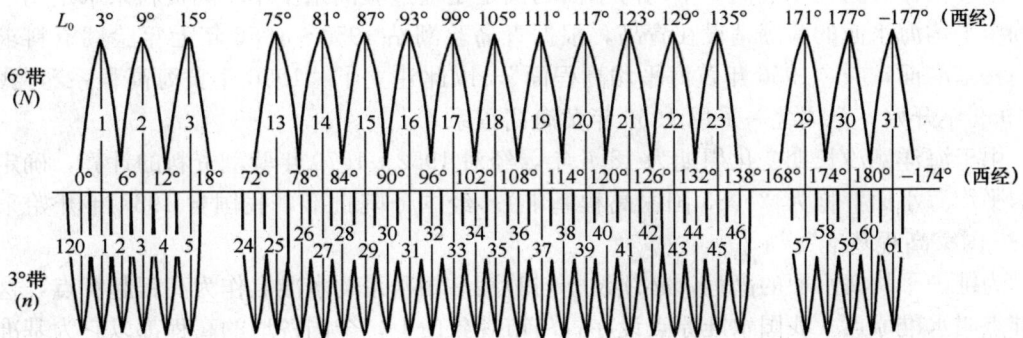

图 1-11　6°带与 3°带

6°带：从 0°子午线起，每隔经差 6°自西向东分带，依次编号 1，2，3，…，60，各带相邻子午线称为分界子午线。带号 N 与相应的中央子午线经度 L_0 的关系是：

$$L_0 = 6N - 3 \tag{1-1}$$

3°带：以 6°带的中央子午线和分界子午线为其中央子午线。即自东经 1.5°子午线起，每隔经差 3°自西向东分带，依次编号 1，2，3，…，120，带号 n 与相应的中央子午线经

7

度 l_0 的关系是：

$$l_0 = 3n \tag{1-2}$$

4）国家统一坐标

我国位于北半球，在高斯平面直角坐标系内，X 坐标均为正值，而 Y 坐标值有正有负。为避免 Y 坐标出现负值，规定将 X 坐标轴向西平移 500km，即所有点的 Y 坐标值均加上 500km，如图 1-12 所示。此外，为了便于区别某点位于哪一个投影带内，还应在横坐标值前冠以投影带带号，这种坐标称为国家统一坐标。

例如，B 点的高斯平面直角坐标 $X_B = 3275611.188$m，$Y_B = -376543.211$m。若该点位于第 19 带内，则 P 点的国家统一坐标表示为 $x_B = 3275611.188$m；$y_B = 19123456.789$m。

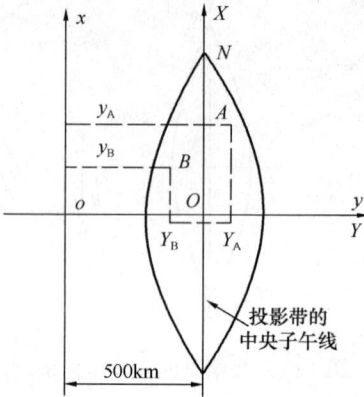

图 1-12　国家统一坐标

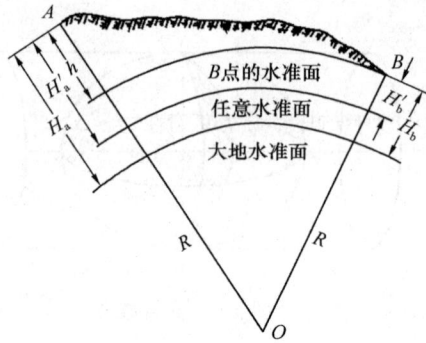

图 1-13　高程系统

5. 高程系统

为了建立全国统一的高程系统，必须确定一个高程基准面。通常采用平均海水面代替大地水准面作为高程基准面，平均海水面的确定是通过验潮站多年验潮资料来求定的。我国确定平均海水面的验潮站设在青岛，根据青岛验潮站 1950～1956 年七年验潮资料求定的高程基准面，叫"1956 年黄海平均高程面"，以此建立了"1956 年黄海高程系"，我国自 1959 年开始，全国统一采用 1956 年黄海高程系。

由于海洋潮汐长期变化周期为 18.6 年，经对 1952～1979 年验潮资料的计算，确定了新的平均海水面，称为"1985 国家高程基准"。经国务院批准，我国自 1987 年开始采用"1985 国家高程基准"。

为维护平均海水面的高程，必须设立与验潮站相联系的水准点作为高程起算点，这个水准点叫水准原点。我国水准原点设在青岛市观象山上，全国各地的高程都以它为基准进行测算。

1956 年黄海平均海水面的水准原点高程为 72.289m，"1985 国家高程基准"的水准原点高程为 72.260m。

在一般测量工作中是以大地水准面作为高程基准面。某点沿铅垂线方向到大地水准面的距离，称为该点的绝对高程或海拔，简称高程，用 H 表示。

在局部地区，如果引用绝对高程有困难时，可采用假定高程系统。即假定一个水准面作为高程基准面，地面点至假定水准面的铅垂距离，称为相对高程或假定高程。

两点高程之差称为高差。如图 1-13 所示，H_A、H_B 为 A、B 点的绝对高程，H'_A、H'_B 为相对高程，h_{AB} 为 A、B 两点间的高差，即

$$h_{AB} = H_B - H_A = H'_B - H'_A \tag{1-3}$$

所以，两点之间的高差与高程起算面无关。

1.4.3　用水平面代替水准面的限度

实际测量工作中，在一定的测量精度要求和测区面积不大的情况下，往往以水平面直接代替水准面，因此应当了解地球曲率对水平距离、水平角、高差的影响，从而决定在多大面积范围内能容许用水平面代替水准面。在分析过程中，将大地水准面近似看成半径为 6371km 的圆球。

1. 水准面曲率对水平距离的影响

在图 1-14 中，AB 为水准面上的一段圆弧，长度为 S，所对圆心角为 θ，地球半径为 R。自 A 点作切线 AC，长为 t。如果将切于 A 点的水平面代替水准面，即以切线 AC 代替圆弧 AB，则在距离上将产生误差 ΔS：

$$\Delta S = AC - \overset{\frown}{AB} = t - S$$

式中　　$AC = t = R\tan\theta$

$$\overset{\frown}{AB} = S = R\theta$$

则　　　　$$\Delta S = R\left(\frac{1}{3}\theta^3 + \frac{2}{15}\theta^5 + \cdots\right)$$

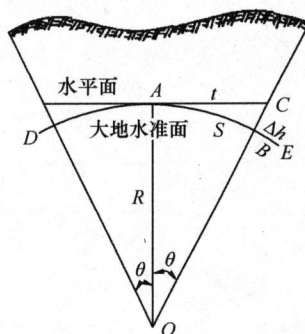

图 1-14　用水平面代替水准面

因 θ 角值一般很小，故略去五次以上各项，并以 $\theta = \dfrac{S}{R}$ 代入，

则得：

$$\Delta S = \frac{S^3}{3R^2} \quad \text{或} \quad \frac{\Delta S}{S} = \frac{S^2}{3R^2} \tag{1-4}$$

当 $S = 10\text{km}$ 时，$\dfrac{\Delta S}{S} = \dfrac{1}{1217700}$，小于目前精密距离测量的容许误差。因此可得出结论：在半径为 10km 的范围内进行距离测量工作时，用水平面代替水准面所产生的距离误差可以忽略不计。

2. 水准面曲率对水平角的影响

由球面三角学知道，同一个空间多边形在球面上投影的各内角之和，较其在平面上投影的各内角之和大一个球面超 ε，它的大小与图形面积成正比。其公式为：

$$\varepsilon = \rho'' \frac{P}{R} \tag{1-5}$$

式中，P 为球面多边形面积，R 为地球半径，$\rho'' = 206265''$。

当 $P = 100\text{km}^2$ 时，$\varepsilon = 0.51''$。

由上式计算表明，对于面积在 100km^2 内的多边形，地球曲率对水平角的影响只有在最精密的测量中才考虑，一般测量工作时不必考虑。

3. 水准面曲率对高差的影响

图 1-14 中 BC 为水平面代替水准面产生的高差误差。令 $BC = \Delta h$，

$$(R + \Delta h)^2 = R^2 + t^2$$

即
$$\Delta h = \frac{t^2}{2R + \Delta h}$$

上式中可用 S 代替 t，Δh 与 $2R$ 相比可略去不计，故上式可写成

$$\Delta h = \frac{S^2}{2R} \tag{1-6}$$

上式表明，Δh 的大小与距离的平方成正比。当 $S=1\mathrm{km}$ 时，$\Delta h=8\mathrm{cm}$。因此，地球曲率对高差的影响，即使在很短的距离内也必须考虑。

综上所述，在面积为 $100\mathrm{km}^2$ 的范围内，不论是进行水平距离或水平角测量，都可以不考虑地球曲率的影响，在精度要求较低的情况下，这个范围还可以相应扩大。但地球曲率对高差的影响是不能忽视的。

第2章 测量仪器及工具

2.1 测距仪器和工具

2.1.1 钢尺

钢尺是钢制的带尺，如图 2-1 所示，常用钢尺宽 10～15mm，厚 0.2～0.4mm；长度有 20m、30m 及 50m 几种，卷放在圆形盒内或金属架上。钢尺的基本分划为厘米，在每米及每分米处有数字注记。一般钢尺在起点处一分米内刻有毫米分划；有的钢尺，整个尺长内都刻有毫米分划。

由于尺的零点位置的不同，有端点尺和刻线尺的区别。刻线尺是以尺前端的一刻线作为尺的零点，如图 2-2（a）所示。端点尺是以尺的最外端作为尺的零点，如图 2-2（b）所示，当从建筑物墙边开始丈量时使用很方便。

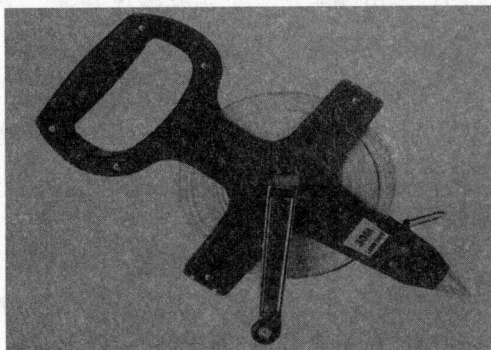

图 2-1 钢尺

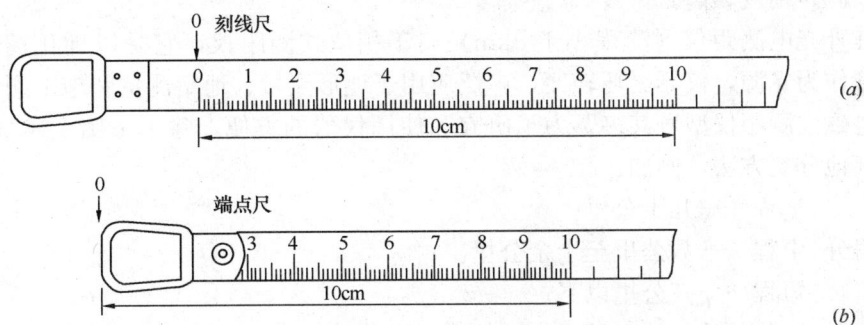

图 2-2 刻线尺与端点尺

丈量距离的工具，除钢尺外，还有标杆、测钎和垂球。标杆长 2～3m，直径 3～4cm，杆上涂以 20cm 间隔的红、白漆，以便远处清晰可见，用于标定直线。测钎用粗铁丝制，用来标志所量尺段的起、迄点和计算已量过的整尺段数。测钎一组为 6 根或 11 根。垂球用来投点。

2.1.2 电磁波测距仪

随着光电技术的发展，电磁波测距仪的使用愈来愈广泛。与传统量距方法比较，电磁波测距具有测程远、精度高、操作简便、作业速度快和劳动强度低等优点。

电磁波测距的基本原理是通过测定电磁波在待测距离两端点间往返一次的传播时间 t，利用电磁波在大气中的传播速度 c，来计算两点间的距离。

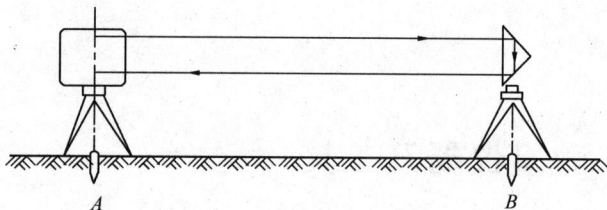

图 2-3 光电测距

若测定 A、B 两点间的距离 D，如图 2-3 所示，把测距仪安置在 A 点，反射镜安置在 B 点，则其距离 D 可按下式计算：

$$D = \frac{1}{2}ct \qquad (2-1)$$

以电磁波为载波传输测距信号的测距仪器统称为电磁波测距仪，按其所采用的载波可分为：

(1) 微波测距仪：采用微波段的无线电波作为载波。

(2) 光电测距仪：采用光波作载波，又分为以下两类：

①激光测距仪：用激光作为载波；

②红外测距仪：用红外光作为载波。

微波测距仪和激光测距仪多用于远程测距，测程可达数十公里，一般用于大地测量。

红外测距仪用于中、短程测距，一般用于小面积控制测量、地形测量和各种工程测量。

众所周知，光的传播速度约 $30 \times 10^4 \text{km/s}$，因此对测定时间的精度要求很高。根据测定时间方式的不同，光电测距仪又分为脉冲式测距仪和相位式测距仪。

脉冲式测距仪是通过直接测定光脉冲在测线上往返传播的时间来求得距离。相位式测距仪是利用测相电路测定调制光在测线上往返传播所产生的相位差，间接测得时间，从而求出距离，测距精度较高。

短程红外光电测距仪（测程小于 5km）属于相位式测距仪，它是以砷化镓（GaAs）发光二极管作为光源，仪器灵巧轻便，广泛应用于地形测量、地籍测量和施工测量。

由于电磁波测距仪型号甚多，为了研究和使用仪器的方便，除了采用上述分类法外，还有许多其他分类方法，例如：

按测程分 $\begin{cases} \text{远程——几十公里。} \\ \text{中程——数公里至十余公里。} \\ \text{短程——三公里以下。} \end{cases}$

按载波数分 $\begin{cases} \text{单载波——可见光；红外光；微波。} \\ \text{双载波——可见光，可见光；可见光，红外光等。} \\ \text{三载波——可见光，可见光，微波；可见光，红外光，微波等。} \end{cases}$

按反射目标分 $\begin{cases} \text{漫反射目标（无合作目标）。} \\ \text{合作目标——平面反射镜，角反射镜等。} \\ \text{有源反射器——同频载波应答机，非同频载波应答机等。} \end{cases}$

另外，还可按精度指标分级。由电磁波测距仪的精度公式：

$$m_D = A + BD \qquad (2-2)$$

当 $D=1$km 时，则 m_D 为一公里的测距中误差。按此指标，我国现行城市测量规范将测距仪划分为两级，即

Ⅰ级：$m_D \leqslant 5$mm， Ⅱ级：5mm $< m_D \leqslant 10$mm。

在式（2-2）中，A 为仪器标称精度中的固定误差，以 mm 为单位；B 为仪器标称精度中的比例误差系数，以 mm/km 为单位；D 为测距边长度，以 km 为单位。

2.2 测角仪器

2.2.1 光学经纬仪

经纬仪的主要功能就是测定（或放样）水平角和竖直角。其次，在经纬仪上都安置有测距装置（如视距丝）而用于距离测量。另外，经纬仪还被用于诸如直线延伸等工作中。

国产的光学经纬仪是按精度分类的，其系列标准有 DJ_{07}、DJ_1、DJ_2、DJ_6、DJ_{30} 等。"D"、"J" 分别为"大地测量仪器"、"经纬仪"的汉语拼音首字母，07、1、2、6、30 分别表示该等级经纬仪的精度指标，即一测回水平方向中误差不超过 $\pm0.7''$、$\pm1.0''$、$\pm2.0''$、$\pm6''$、$\pm30''$。

1. DJ_6 级光学经纬仪

各种 DJ_6 级光学经纬仪的构造大致相同，图 2-4 所示为我国北京光学仪器厂目前生产的 DJ_6 级光学经纬仪。

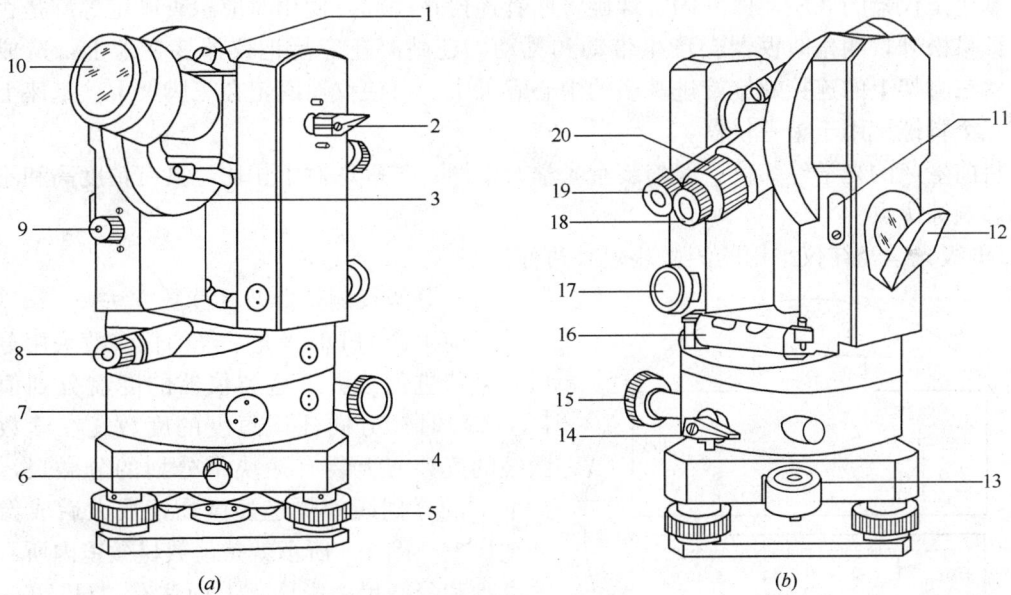

(a) (b)

图 2-4 DJ_6 级光学经纬仪

1—粗瞄器；2—望远镜制动螺旋；3—竖盘；4—基座；5—脚螺旋；6—固定螺旋；7—度盘变换手轮；8—光学对中器，9—自动归零旋钮；10—望远镜物镜；11—指标差调位盖板；12—反光镜；13—圆水准器；14—水平制动螺旋；15—水平微动螺旋；16—照准部水准管；17—望远镜微动螺旋；18—望远镜目镜；19—读数显微镜；20—对光螺旋

经纬仪主要由照准部、水平度盘和基座三部分组成。

1) 照准部

照准部是基座上方能够转动的部分的总称。主要由望远镜、竖直度盘、水准器以及读

13

数设备等组成。望远镜用于瞄准目标，其构造与水准仪相似。望远镜与横轴固连在一起安置在支架上，支架上装有望远镜的制动和微动螺旋以控制望远镜在竖直方向的转动。竖直度盘（简称竖盘）固定在横轴的一端，用于测量竖直角。竖盘随望远镜一起转动，而竖盘读数指标不动，但可通过竖盘指标水准管微动螺旋作微小移动。调整此微动螺旋使竖盘指标水准管气泡居中，指标位于正确位置。目前，有许多经纬仪已不采用竖盘指标水准管，而用自动归零装置代替。照准部水准管是用来整平仪器的，圆水准器用作粗略整平。读数设备包括一个读数显微镜、测微器以及光路中一系列的棱镜、透镜等。此外，为了控制照准部水平方向的转动，装有水平制动和微动螺旋。

2）水平度盘

水平度盘是由光学玻璃制成的精密刻度盘，分划从 0°至 360°，按顺时针注记，每格 1°或 30′，用以测量水平角。水平度盘的转动由度盘变换手轮来控制。转动手轮，度盘即可转动，但有的经纬仪在使用时，须将手轮推压进去再转动手轮，度盘才能随之转动，这种结构不能使度盘随照准部一起转动。还有少数仪器采用复测装置。当复测扳手扳下时，照准部与度盘结合在一起，照准部转动，度盘随之转动，度盘读数不变；当复测扳手扳上时，两者相互脱离，照准部转动时就不再带动度盘，度盘读数就会改变。

3）基座

基座是仪器的底座，由一固定螺旋将两者连接在一起。使用时应检查固定螺旋是否旋紧。如果松开，测角时仪器会产生带动和晃动，迁站时还容易把仪器摔在地上，造成损坏。将三脚架上的连接螺旋旋进基座的中心螺母中，可使仪器固定在三脚架上。基座上还装有三个脚螺旋用于整平仪器。

目前生产的光学经纬仪一般均装有光学对中器，与垂球对中相比，具有精度高和不受风的影响等优点。

DJ$_6$级光学经纬仪采用的测微装置有两种类型：

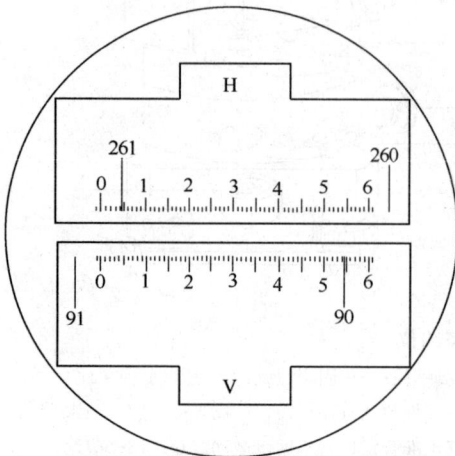

图 2-5 分微尺测微器读数装置

（1）分微尺测微器及其读数方法

目前生产的 DJ$_6$级光学经纬仪多数采用分微尺测微器进行读数。这类仪器的度盘分划值为 1°，按顺时针方向注记每度的度数。在读数显微镜的读数窗上装有一块带分划的分微尺，度盘上 1°的分划线间隔经显微物镜放大后成像于分微尺上。图 2-5 所示就是读数显微镜内所看到的度盘和分微尺的影像，上面注有"H"（或水平）的为水平度盘读数窗，注有"V"（或竖直）的为竖直度盘读数窗。分微尺的长度等于放大后度盘分划线间隔 1°的长度，分微尺分为 60 个小格，每小格为 1′。分微尺每 10 小格注有数字，表示 0′、10′、20′、…、60′，其注记增加方向与度盘注记相反。这种读数装置直接读到 1′，估读到 6″。

读数时，分微尺上的 0 分划线为指标线，它所指的度盘上的位置就是度盘读数的位置，例如在水平度盘的读数窗中，分微尺的 0 分划线已超过 261°多，所以其数值，要由分微尺的 0 分划线至度盘上 261°分划线之间有多少小格来确定，图中为 5.4 格，故为 05′24″。水平度盘的读数应是 261°05′24″。同理，在竖直度盘的读数窗中，分微尺的 0 分划线超过了 90°，但不到 91°，读数应为 90°54′36″。

实际上在读数时，只要看度盘哪一条分划线与分微尺相交，度数就是这条分划线的注记数，分数则为这条分划线所指分微尺上的读数。

(2) 单平板玻璃测微器及其读数方法

如图 2-6 所示，光线通过平板玻璃时，将产生平移，当平板玻璃的折射率及厚度一定时，平移量 x 的大小将取决于光线的入射角 i。单平板玻璃测微器即根据这一原理制成，它的组成部分主要包括平板玻璃、测微尺、连接机构和测微轮。当转动测微轮时，平板玻璃和测微尺即绕同一轴作同步转动。如图 2-7（a）所示，光线垂直

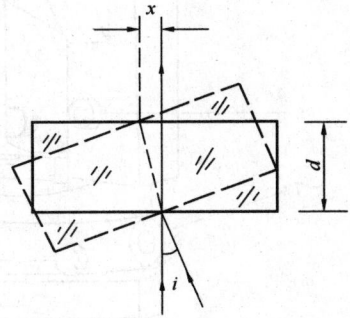

图 2-6 单平板测微器读数装置

通过平板玻璃，度盘分划线的影像未改变原来位置，与未设置平板玻璃一样，此时测微尺上读数为零，设置在读数窗上的双指标线读数应为 $92°+a$。转动测微轮，平板玻璃随之转动，度盘分划线的影像也就平行移动，当 92°分划线的影像夹在双指标线的中间时，如图 2-7（b）所示，度盘分划线的影像正好平行移动一个 a，而 a 的大小则可由与平板玻璃同步转动的测微尺上读出，其值为 18′20″。因此整个读数为 $92°+18′20″=92°18′20″$。

图 2-8 为这种读数装置在读数显微镜中看到的情况。上面是测微尺的影像，中间是竖直度盘的影像，下面是水平度盘的影像。度盘的分划值为 30′，测微尺上共有 30 个大格，每大格 1′，每大格又分成 3 小格，每小格为 20″。读数时，先转动测微轮，使度盘某分划线精确地移在双指标线的中央，读出该分划线的度盘读数，再根据单指标线在测微尺上读取分、秒数，然后相加，即为全部读数。如图中水平度盘读数为 $39°30′+22′30″=39°52′30″$。如果还要读取竖盘读数，则需重新转动测微轮，把竖盘某分划线精确移在双指标线的中央，才能读数。

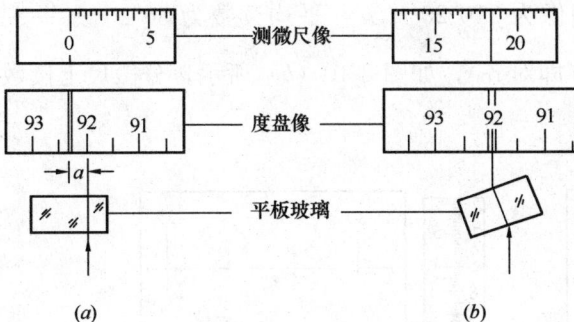

图 2-7 单平板测微器测微原理

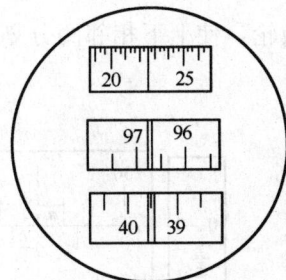

图 2-8 单平板测微器读数窗

2. DJ₂ 级光学经纬仪

DJ₂ 级光学经纬仪用于三、四等三角测量、精密导线测量以及精密工程测量。图 2-9 所示为北京光学仪器厂生产的 DJ₂ 级光学经纬仪。

15

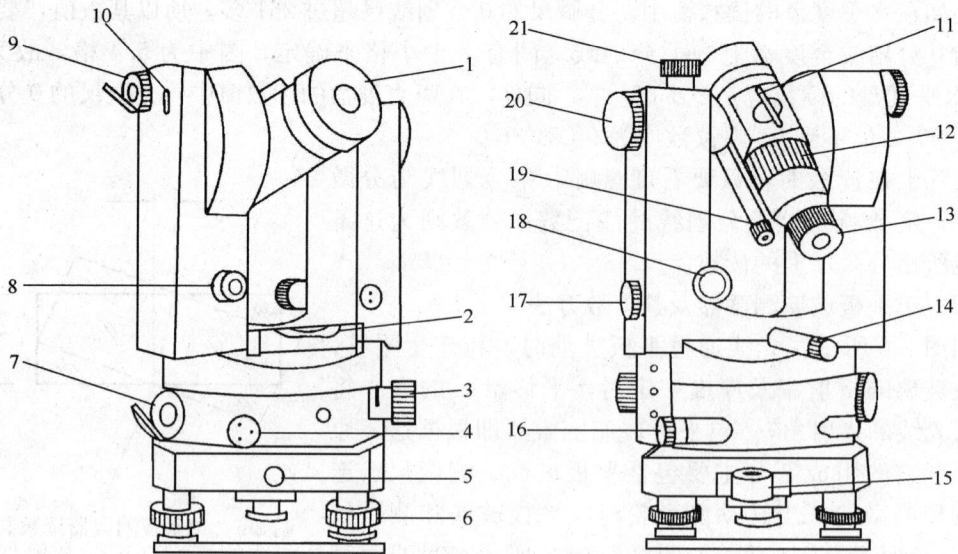

图 2-9　DJ₂级光学经纬仪

1—望远镜物镜；2—照准部水准管；3—度盘变换手轮；4—水平制动螺旋；5—固定螺旋；6—脚螺旋；7—水平度盘反光镜；8—自动归零旋钮；9—竖直度盘反光镜；10—指标差调位盖板；11—粗瞄器；12—对光螺旋；13—望远镜目镜；14—光学对中器；15—圆水准器；16—水平微动螺旋；17—换像手轮；18—望远镜微动螺旋；19—读数显示微镜；20—测微轮；21—望远镜制动螺旋

J_2级光学经纬仪与J_6级的区别主要是读数设备及读数方法。J_2级光学经纬仪一般均采用对径分划线影像符合的读数装置。采用符合的读数装置，可以消除照准部偏心的影响，提高读数精度。

符合的读数装置是在度盘对径两端分划线的光路中各安装一个固定光楔和一个移动光楔，移动光楔与测微尺相连。入射的光线通过一系列的光学镜片，将度盘直径两端分划线的影像，同时显现在读数显微镜中。在读数显微镜中所看到的对径分划线的像位于同一平面上，并被一横线隔开形成正像与倒像，如图 2-10（a）所示，若按指标线读数（实际上并无指标线），则正像为$30°20' + a$，倒像为$210°20' + b$，平均读数为$30°20' + \dfrac{a+b}{2}$。转动测微轮，使上下相邻两分划线重合（即对齐），如图 2-10（b）所示，分微尺上读数即为$\dfrac{a+b}{2}$。

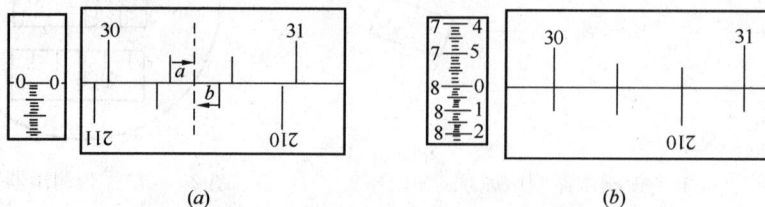

图 2-10　J_2级光学经纬仪读数窗

图 2-11 所示为读数显微镜中见到的情况。读数规则可归纳为：

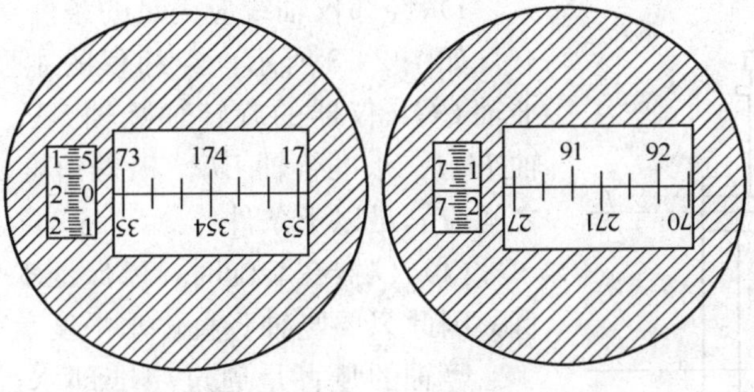

<table>
<tr><td>大窗读数</td><td>174°00′</td><td>大窗读数</td><td>91°10′</td></tr>
<tr><td>小窗读数</td><td>2′00″.0</td><td>小窗读数</td><td>7′16″.0</td></tr>
<tr><td></td><td>174°02′00″.0</td><td></td><td>91°17′16″.0</td></tr>
</table>

(a)   (b)

图 2-11　J₂级光学经纬仪读数窗

（1）转动测微轮，在读数显微镜中可以看到度盘对径分划线的影像（正像与倒像）在相对移动，直至精确重合为止。

（2）度数读取正像注记，读取的度数应具备下列条件：顺着正像注记增加方向最近处能够找到与刻度数相差180°的倒像注记。

（3）正像读取的度数分划与倒像相差180°的分划线之间的格数乘以10′，即为整10′数。

（4）在测微尺上按指标线读取不足10′的分数和秒数。

为了更便于读数，近年来采用了数字化的读数方法。如图2-12所示，中间窗口为度盘对径分划线的影像，但不注记。上面窗口为度和整10′数的注记，度数读窗口两端注字中较小的一个，中间框内的注字为整10′数。下面窗口为不足10′的分数和秒数。两排注字中，上面的是分，下面的是秒，根据指标线读出。

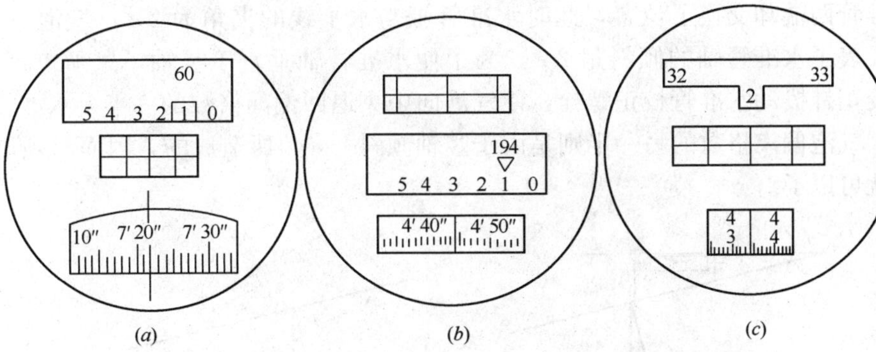

图 2-12　J₂级光学经纬仪数字化读数窗

由于 J₂ 级光学经纬仪在读数显微镜内一次只能看到水平度盘或竖盘中的一种影像，因此在读水平度盘读数时，应将换像手轮（图2-9中的17）上的刻线旋至水平位置；在读竖盘读数时，应将刻线旋至竖直位置。

3. 经纬仪的检验与校正

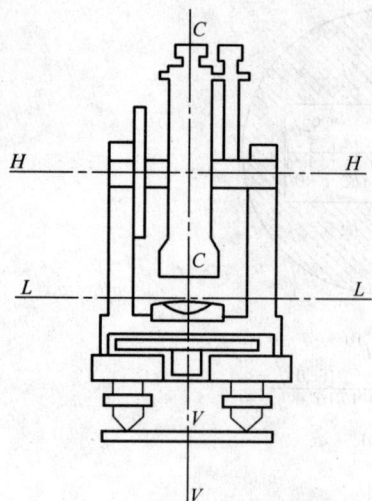

图 2-13 经纬仪轴系关系

1) 经纬仪轴线应满足的条件

如图 2-13 所示，经纬仪的主要轴线有望远镜的视准轴 CC、仪器的旋转轴竖轴 VV、望远镜的旋转轴横轴 HH、水准管轴 LL。根据角度测量原理，这些轴线之间应满足以下条件：

（1）仪器在装配时，已保证水平度盘与竖轴相互垂直，因此只要竖轴竖直，水平度盘就处在水平位置。

竖轴的竖直是通过照准部水准管气泡居中来实现的，故要求水准管轴垂于竖轴，即 $LL \perp VV$。

（2）测角时望远镜绕横轴旋转，视准轴所形成的面（视准面）应为竖直的平面，这要通过两个条件来实现，即视准轴应垂直于横轴（$CC \perp HH$），以保证视准面成为平面；横轴应垂直于竖轴（$HH \perp VV$）。在竖轴竖直时，横轴即水平，视准面就成为竖直的平面。

此外，测角时要用十字丝瞄准目标，故应使十字丝竖丝垂直于横轴 HH。

如果使用光学对中器对中，则要求光学对中器的光学垂线与竖轴重合。

2) 经纬仪的检验与校正

（1）照准部水准管轴的检验校正

用照准部水准管将仪器大致整平。转动照准部使水准管平行于任意两脚螺旋的连线，转动两脚螺旋使气泡居中。然后将照准部旋转 180°，如果此时气泡仍居中，则说明水准管轴垂直于竖轴，否则应进行校正。

如图 2-14 所示，水准管轴不垂直于竖轴而相差一个 e 角，当气泡居中时，水准管轴水平，竖轴却偏离铅垂线方向一个 e 角。仪器绕竖轴旋转 180°后，竖轴仍位于原来的位置，而水准管两端却交换了位置，此时水准管轴与水平线的夹角为 $2e$，气泡不再居中，其偏移量代表了水准管轴的倾斜角 $2e$。为了使水准管轴垂直于竖轴，只须校正一个 e，因此，用校正针拨动水准管校正螺栓，使气泡向中央退回偏离格数的一半，水准管轴即垂直于竖轴。气泡偏离格数的另一半则是由于竖轴倾斜一 e 角所造成的，因而只须用脚螺旋重新整平就可以了。

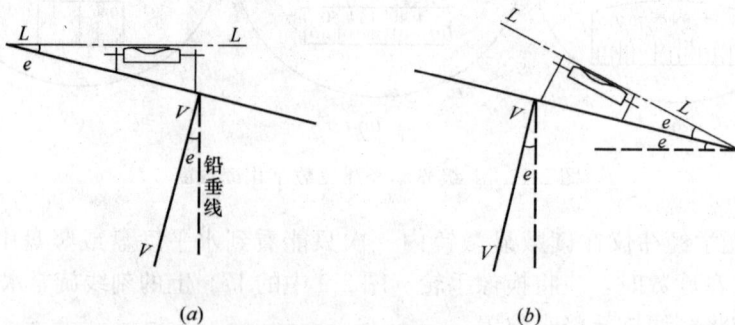

图 2-14　水准管轴与竖轴关系图

18

此项检校必须反复进行，直至水准管位于任何位置，气泡偏离零点均不超过半格为止。

如果仪器上装有圆水准器，则应使圆水准轴平行于竖轴。检校时可用校正好的照准部水准管将仪器整平，如果此时圆水准器气泡也居中，说明条件满足，否则应校正圆水准器下面的三个校正螺栓使气泡居中。

（2）十字丝竖丝的检验校正

仪器严格整平后，用十字丝交点精确瞄准一清晰目标点，旋紧水平制动螺旋和望远镜制动螺旋，再用望远镜微动螺旋使望远镜上下移动，若目标点始终在竖丝上移动，表明条件已满足，否则应进行校正。

校正时，旋下目镜处的护盖，微微松开十字丝环的四个压环螺栓，如图 2-15 所示，转动十字丝环，直至望远镜上下移动时，目标点始终沿竖丝移动为止。最后将四个压环螺栓拧紧，旋上护盖。

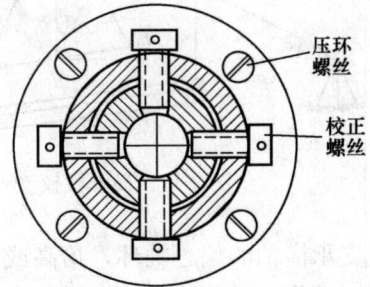

图 2-15　十字线分划板

（3）视准轴的检验校正

如图 2-16 所示，在一平坦场地上，选择一直线 AB，长约 100m。仪器安置在 AB 的中点 O 上，在 A 点竖立一标志，在 B 点横置一个刻有毫米分划的小尺，并使其垂直于 AB。以盘左瞄准 A，倒转望远镜在 B 点尺上读数 B_1。旋转照准部以盘右再瞄准 A，倒转望远镜在 B 点尺上读数 B_2。如果 B_2 与 B_1 重合，表明视准轴垂直于横轴。否则应进行校正。

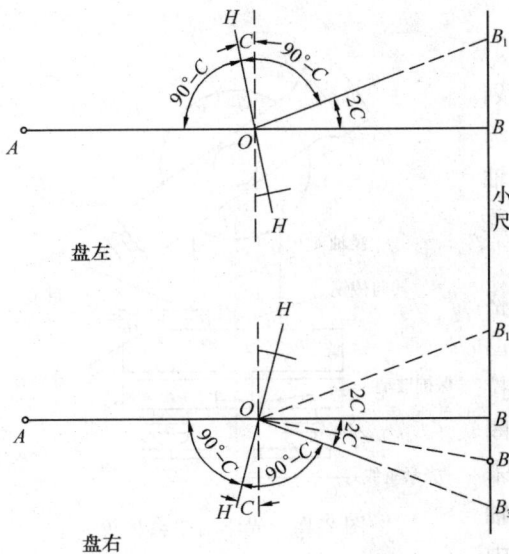

图 2-16　视准轴检校

由图 2-16 可以明显看出，由于视准轴误差 C 的存在，盘左瞄准 A 点倒镜后视线偏离 AB 直线的角度为 $2C$，而盘右瞄准 A 点倒镜后视线偏离 AB 直线的角度亦为 $2C$，但偏离方向与盘左相反，因此 B_1 与 B_2 两个读数之差所对的角度为 $4C$。为了消除视准轴误差 C，只须在尺上定出一点 B_3，该点与盘右读数 B_2 的距离为四分之一 B_1B_2 的长度。用校正针拨动十字丝左右两个校正螺栓，如图 2-15 所示，先松一个再紧一个，使十字丝交点由 B_2 移至 B_3，然后固紧两校正螺栓。

此项检校亦需反复进行，直至 C 值不大于 $10''$ 为止。

（4）横轴的检验校正

如图 2-17 所示，在距一较高墙壁 20～30m 处安置仪器，在墙上选择仰角大于 30°的一目标点 P，盘左瞄准 P 点，然后将望远镜放平，在墙上定出一点 P_1。倒转望远镜以盘右瞄准 P 点，再将望远镜放平，在墙上又定出一点 P_2。如果 P_1 和 P_2 重合，表明仪器横轴垂直于竖轴，否则应进行校正。

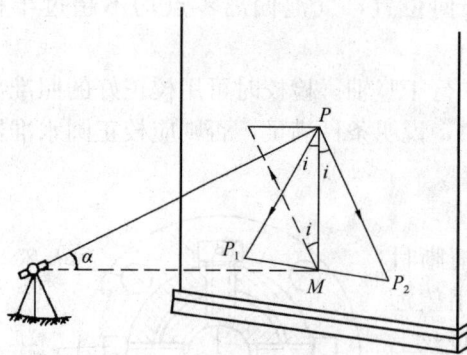

图 2-17 横轴检校

由于横轴不垂直于竖轴，仪器整平后，竖轴处于铅垂位置，横轴就不水平，倾斜一个 i 角。当以盘左、盘右瞄准 P 点而将望远镜放平时，其视准面不是竖直面，而是分别向两侧各倾斜一个 i 角的斜平面。因此，在同一水平线上的 P_1、P_2 偏离竖直面的距离相等而方向相反，直线 P_1、P_2 的中点 M 必然与 P 点位于同一铅垂线上。

校正时，用水平微动螺旋使十字丝交点瞄准 M 点，然后抬高望远镜，此时十字丝交点必然偏离 P 点。打开支架处横轴一端的护盖，调整支承横轴的偏心轴环，抬高或降低横轴一端，直至十字丝交点瞄准 P 点。

现代光学经纬仪的横轴是密封的，一般能保证横轴与竖轴的垂直关系，故使用时只需进行检验，如需校正，可由仪器检修人员进行。

（5）竖盘指标差的检验与校正

仪器整平后，以盘左、盘右先后瞄准同一明显目标，在竖盘指标水准管气泡居中的情况下读取竖盘读数 L 和 R，并计算指标差。

校正时先计算盘右的正确读数 $R_0 = R - x$，保持望远镜在盘右位置瞄准原目标不变，旋转竖盘指标水准管微动螺旋使竖盘读数为 R_0，这时竖盘指标水准管气泡不再居中，用校正针拨动竖盘指标水准管的校正螺栓使气泡居中。此项检校需反复进行，直至指标差 x 不超过限差为止。J_6 级仪器限差为 $30''$。

（6）光学对中器的检验校正

如图 2-18 所示，光学对中器由目镜、分划板、物镜及转向棱镜组成。分划板上圆圈中心与物镜光心的连线为光学对中器的视准轴。视准轴经转向棱镜折射后与仪器的竖轴相重合。如不重合，使用光学对中器对中将产生对中误差。

检验时，将仪器安置在平坦的地面上，严格地整平仪器，在三脚架正下方地面上固定一张白纸，旋转对中器的目镜使分划板圆圈看清楚，拉动目镜使地面上白纸看清楚。根据分划板上圆圈中心在纸上标出一点。将照准部旋转 $180°$，如果该点仍位于圆圈中心，说明对中器视准轴与竖轴重合的条件满足。否则应将旋转 $180°$ 后的圆圈中心位置在纸上标出，取两点的中点，校正转向棱镜的位置，直至圆圈中心对准中点为止。

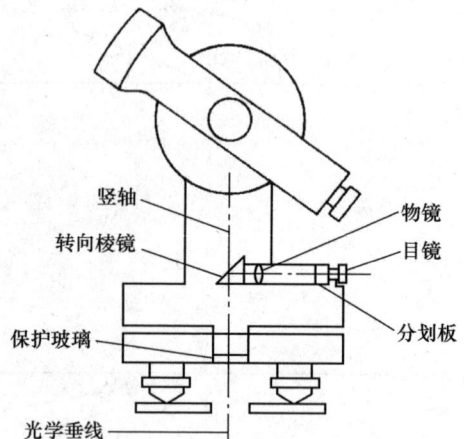

图 2-18 光学对中器检校

2.2.2 罗盘仪测定磁方位角

1. 罗盘仪的构造

罗盘仪是利用磁针测定直线磁方位角的仪器，通常用于独立测区的近似定向，以及线路和森林的勘测定向。图 2-19 为 DQL-1 罗盘仪。它主要由望远镜、罗盘盒、基座三部分

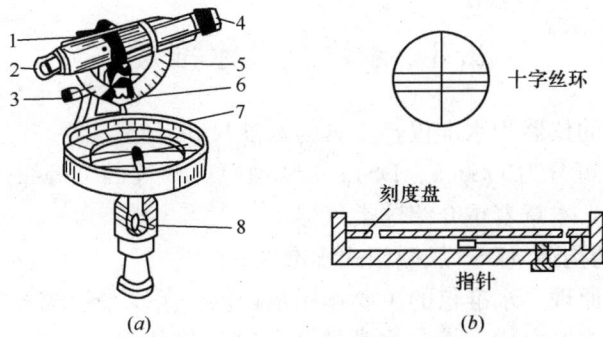

图 2-19 罗盘仪

1—望远镜制动螺旋；2—目镜；3—望远镜微动螺旋；4—物镜；5—竖直度盘；

6—竖直度盘指标；7—罗盘盒；8—球臼

组成。

1）望远镜

望远镜用于瞄准目标，它由物镜、十字丝、目镜组成。使用时先转动目镜进行调焦使十字丝清晰，然后用望远镜大致照准目标，再转动物镜对光螺旋使目标清晰，最后以十字丝竖丝精确对准目标。望远镜一侧为竖直度盘，可以测量竖直角。

2）罗盘盒

罗盘盒如图 2-19（b）所示。罗盘盒内有磁针和刻度盘。磁针用于确定南北方向并用作指标读数，它安装在度盘中心顶针上，可自由转动，为减少顶针的磨损，不用时用磁针制动螺旋将磁针抬起，固定在玻璃盖上。磁针南端装有铜箍以克服磁倾角，使磁针转动时保持水平。刻度盘最小刻划为 1°或 30′，每 10°一注记，按逆时针方向从 0°注记到 360°，并且 0°与 180°的连线与望远镜的视准轴一致。由于观测时随望远镜转动的不是磁针（磁针永指南北），而是刻度盘，为了直接读取磁方位角，所以刻度以逆时针注记。此外，罗盘盒内还装有两个水准管或一圆水准器以使度盘水平。

3）基座

基座是球臼结构，安在三脚架上，松开球臼接头螺旋，可摆动罗盘盒使水准气泡居中，此时刻度盘已处于水平位置，旋紧接头螺旋。

2. 罗盘仪的使用

测定直线磁方位角的方法如下：

（1）安置罗盘仪于直线的一个端点，进行对中和整平。

（2）用望远镜瞄准直线另一端点的标杆。

（3）松开磁针制动螺旋，将磁针放下，待磁针静止后，磁针在刻度盘上所指的读数即为该直线的磁方位角。读数时刻度盘的 0°刻划在望远镜的物镜一端，应按磁针北端读数；若在目镜一端，则应按磁针南端读数。图 2-20 中刻度盘 0°刻划在物镜一端，应按北针读数，其磁方位角为 240°。

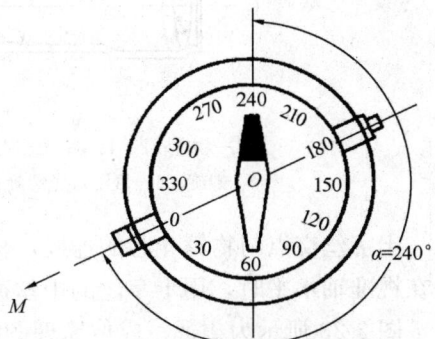

图 2-20 罗盘仪的使用

21

2.3 水准仪及水准尺

水准测量所使用的仪器为水准仪，工具为水准尺和尺垫。

水准仪按其精度可分为 DS0.5、DS1、DS3 和 DS10 等四个等级。工程测量广泛使用 DS3 级水准仪。因此，本章着重介绍这类仪器。

2.3.1 水准仪的构造（DS3 级微倾式水准仪）

根据水准测量的原理，水准仪的主要作用是提供一条水平视线，并能照准水准尺进行读数。因此，水准仪主要由望远镜、水准器及基座三部分构成。图 2-21 所示是我国生产的 DS3 级微倾式水准仪。

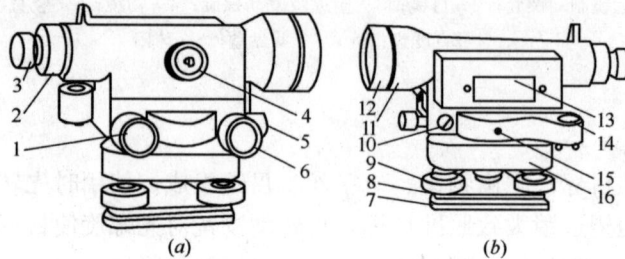

图 2-21　DS3 级水准仪

1—微倾螺旋；2—分划板护罩；3—目镜；4—物镜对光螺旋；5—制动螺旋；6—微动螺旋；7—底板；8—三角压板；9—脚螺旋；10—弹簧帽；11—望远镜；12—物镜；13—管水准器；14—圆水准器；15—连接小螺栓；16—轴座

1. 望远镜

图 2-22 所示是 DS3 水准仪望远镜的构造图，它主要由物镜 1、目镜 2、对光凹透镜 3 和十字丝分划板 4 所组成。物镜和目镜多采用复合透镜组，十字丝分划板上刻有两条互相垂直的长线，如图 2-22 中的 7，竖直的一条称竖丝，横的一条称为中丝，是为了瞄准目标和读取读数用的。在中丝的上下还对称地刻有两条与中丝平行的短横线，是用来测量距离的，称为视距丝。十字丝分划板是由平板玻璃圆片制成的，平板玻璃片装在分划板座上，分划板座由止头螺栓 8 固定在望远镜筒上。

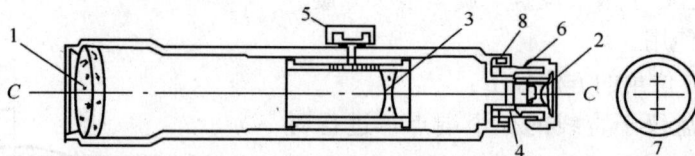

图 2-22　望远镜

1—物镜；2—目镜；3—对光凹透镜；4—十字丝分划板；5—物镜对光螺旋；6—目镜对光螺旋；7—十字丝放大像；8—分划板座止头螺栓

十字丝交点与物镜光心的连线，称为视准轴或视线，如图 2-22 中的 C—C。水准测量是在视准轴水平时，用十字丝的中丝截取水准尺上的读数。

图 2-23 所示为望远镜成像原理图。目标 AB 经过物镜后形成一个倒立而缩小的实像 ab，移动对光凹透镜可使不同距离的目标均能成像在十字丝平面上。再通过目镜，便可看

清同时放大了的十字丝和目标影像 a_1b_1。

从望远镜内所看到的目标影像的视角与肉眼直接观察该目标的视角之比，称为望远镜的放大率。如图 2-23 所示，从望远镜内看到目标的像所对视角为 β，用肉眼看目标所对的视角可近似地认为是 α，故放大率 $V = \beta/\alpha$。DS3 级水准仪望远镜的放大率一般为 28 倍。

2. 水准器

水准器是用来指示视准轴是否水平或仪器竖轴是否竖直的装置。有管水准器和圆水准器两种。管水准器用来指示视准轴是否水平；圆水准器用来指示竖轴是否竖直。

1）管水准器

又称水准管，是一纵向内壁磨成圆弧形（圆弧半径一般为 7～20m）的玻璃管，管内装酒精和乙醚的混合液，加热融封冷却后留有一个气泡（图 2-24）。由于气泡较轻，故恒处于管内最高位置。

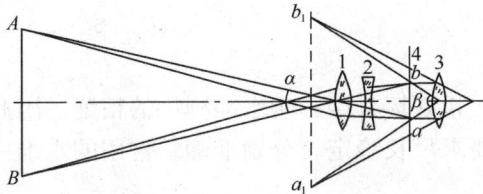

图 2-23　望远镜成像原理
1—物镜；2—对光凹透镜；3—目镜；4—十字丝平面

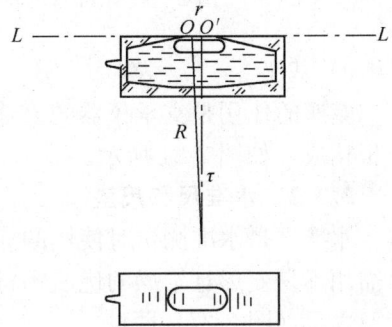

图 2-24　管水准器

水准管上一般刻有间隔为 2mm 的分划线，分划线的中点 0，称为水准管零点（图 2-24）。通过零点作水准管圆弧的切线，称为水准管轴，如图 2-24 中的 $L-L$。当水准管的气泡中点与水准管零点重合时，称为气泡居中；这时水准管轴 LL 处于水平位置。水准管圆弧 2mm（$O'O=2mm$）所对的圆心角 τ，称为水准管分划值，用公式表示为

$$\tau'' = \frac{2}{R} \cdot \rho''$$ (2-3)

式中　$\rho'' = 206265''$；R 为水准管圆弧半径，单位为 mm。

式（2-3）说明圆弧的半径 R 愈大，角值 τ 愈小，则水准管灵敏度愈高。安装在 DS3 级水准仪上的水准管，其分划值不大于 $20''/2mm$。

微倾式水准仪在水准管的上方安装一组符合棱镜，如图 2-25（a）所示。通过符合棱镜的反射作用，使气泡两端的像反映在望远镜旁的符合气泡观察窗中。若气泡两端的半像吻合时，就表示气泡居中，如图 2-25（b）所示。若气泡的半像错开，则表示气泡不居中，如图 2-25（c）所示。这时，应转动微倾螺旋，使气泡的半像吻合。

2）圆水准器

如图 2-26 所示，圆水准器顶面的内壁是球面，其中有圆分划圈，圆圈的中心为水准器的零点。通过零点的球面法线为圆水准器轴线，当圆水准器气泡居中时，该轴线处于竖直位置。当气泡不居中时，气泡中心偏移零点 2mm，轴线所倾斜的角值，称为圆水准器的分划值，一般为 $8'$～$10'$。由于它的精度较低，故只用于仪器的概略整平。

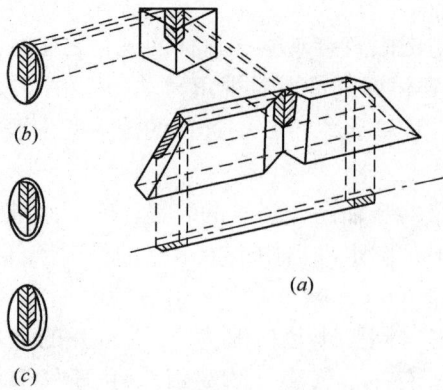

图 2-25　水准管的符合棱镜系统

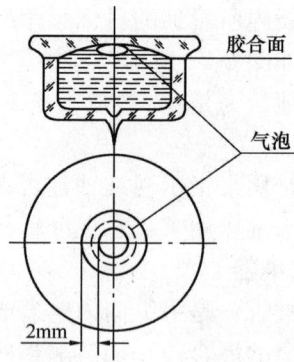

图 2-26　圆水准器

3）基座

基座的作用是支承仪器的上部并与三脚架连接。它主要由轴座、脚螺旋、底板和三角压板构成，如图 2-21 所示。

2.3.2　水准尺和尺垫

水准尺是水准测量时使用的标尺。其质量好坏直接影响水准测量的精度。因此，水准尺需用不易变形且干燥的优质木材制成；要求尺长稳定，分划准确。常用的水准尺有塔尺和双面尺（图 2-27）两种。

塔尺（图 2-27b）多用于等外水准测量，其长度有 2m 和 5m 两种，用两节或三节套接在一起。尺的底部为零点，尺上黑白格相间，每格宽度为 1cm，有的为 0.5cm，每一米和分米处均有注记。

双面水准尺（图 2-27a）多用于三、四等水准测量。其长度有 2m 和 3m 两种，且两根尺为一对。尺的两面均有刻划，一面为红白相间，称红面尺，另一面为黑白相间，称黑面尺（也称主尺），两面的刻划均为 1cm，并在分米处注字。两根尺的黑面均由零开始；而红面，一根尺由 4.687m 开始至 6.687m 或 7.687m，另一根由 4.787m 开始至 6.787m 或 7.787m。

尺垫是在转点处放置水准尺用的。它用生铁铸成，一般为三角形，中央有一突起的半球体，下方有三个支脚，如图 2-28 所示。用时将支脚牢固地插

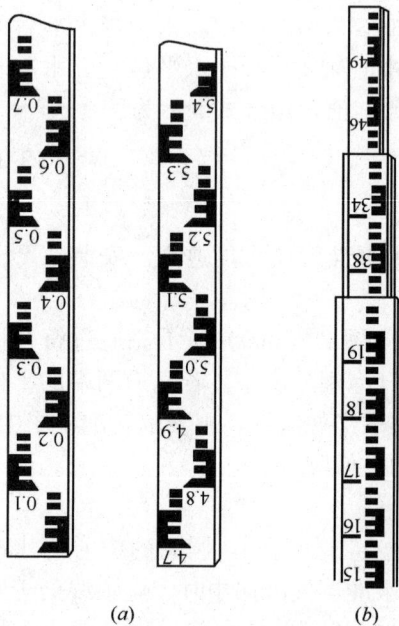

图 2-27　水准尺

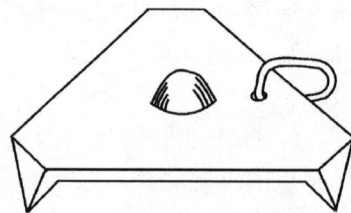

图 2-28　尺垫

入土中，以防下沉，上方突起的半球形顶点作为竖立水准尺和标志转点之用。

2.3.3 水准仪的使用

水准仪的使用包括仪器的安置、粗略整平、瞄准水准尺、精平和读数等操作步骤。

1. 安置水准仪

打开三脚架并使之高度适中，目估使架头大致水平，检查脚架腿是否安置稳固，脚架伸缩螺旋是否拧紧，然后打开仪器箱取出水准仪，置于三脚架头上用连接螺旋将仪器牢固地固连在三脚架头上。

2. 粗略整平

粗平是借助圆准器的气泡居中，使仪器竖轴大致铅直，从而视准轴粗略水平。如图 2-29（a）所示，气泡未居中而位于 a 处；则先按图上箭头所指的方向用两手相对转动脚螺旋①和②，使气泡移到 b 的位置，如图 2-29（b）所示。再转动脚螺旋③，即可使气泡居中。在整平的过程中，气泡的移动方向与左手大拇指运动的方向一致。

3. 瞄准水准尺

首先进行目镜对光，即把望远镜对着明亮的背景，转动目镜对光螺旋，使十字丝清晰。再松开制动螺旋，转动望远镜，用望远镜筒上的照门和准星瞄准水准尺，拧紧制动螺旋。然后从望远镜中观察；转动物镜对光螺旋进行对光，使目标清晰，再转动微动螺旋，使竖丝对准水准尺。

当眼睛在目镜端上下微微移动时，若发现十字丝与目标像有相对运动，如图 2-30（b）所示，这种现象称为视差。产生视差的原因是目标成像的平面和十字丝平面不重合。由于视差的存在会影响到读数的正确性，必须加以消除。消除的方法是重新仔细地进行物镜对光，直到眼睛上下移动，读数不变为止。此时，从目镜端见到十字丝与目标的像重合，并且都十分清晰，如图 2-30（a）所示。

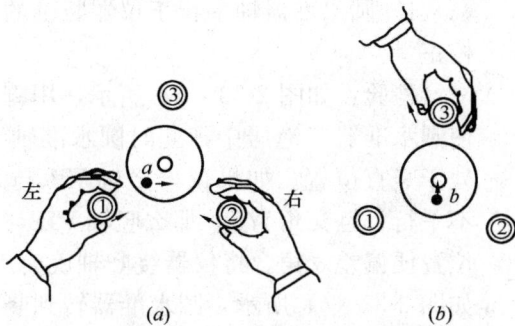

| (a) | (b) |

图 2-29 圆水准器整平方法

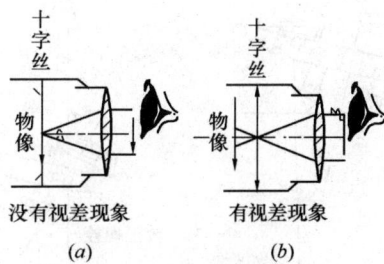

没有视差现象　　　有视差现象

| (a) | (b) |

图 2-30 视差产生原因

4. 过位于目镜左方的符合气泡观察窗看水准管气泡，右手转动微倾螺旋，使气泡两端的像吻合，即表示水准仪的视准轴已精确水平。这时，即可用十字丝的中丝在尺上读数。现在的水准仪多采用倒像望远镜，因此读数时应从小往大，即从上往下读。先估读毫米数，然后报出全部读数。如图 2-31 所示，读数分别为 0.825m 和 1.273m。

精平和读数虽是两项不同的操作步骤，但在水准测量的实施过程中，却把两项操作视为一个整体。即精平后再读数，读数后还要检查管水准气泡是否完全符合。只有这样，才能取得准确的读数。

2.3.4　DS3 级水准仪的检验与校正

1. 水准仪应满足的条件

根据水准测量原理,水准仪必须提供一条水平视线,才能正确地测出两点间的高差。为此,水准仪应满足的条件如图 2-32 所示:

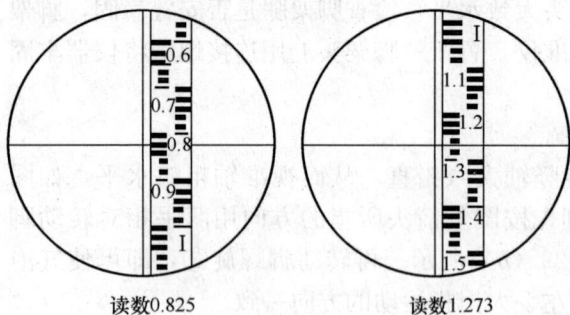

图 2-31　水准尺读数

读数0.825　　读数1.273

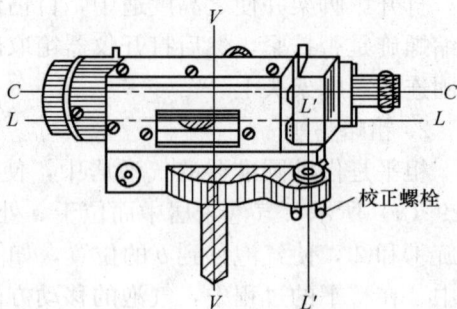

图 2-32　水准仪的轴线

（1）圆水准器轴 $L'L'$ 应平行于仪器的竖轴 VV;

（2）十字丝的中丝（横丝）应垂直于仪器的竖轴;

（3）水准管 LL 应平行于视准轴 CC。

2. 检验与校正

上述水准仪应满足的各项条件,在仪器出厂时已经过检验与校正而得到满足,但由于仪器在长期使用和运输过程中受到振动和碰撞等原因,使各轴线之间的关系发生变化,若不及时检验校正,将会影响测量成果的质量。所以,在水准测量之前,应对水准仪进行认真的检验和校正。检校的内容有以下三项。

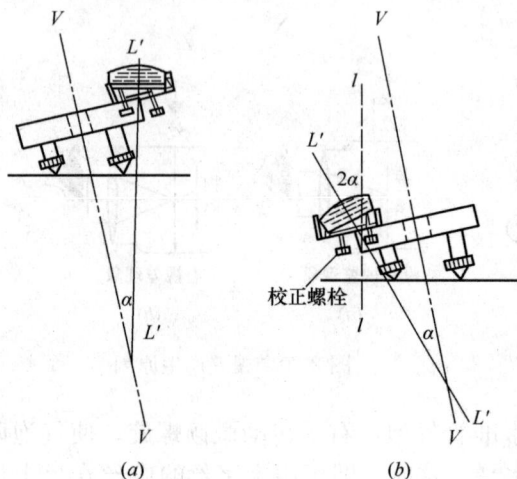

图 2-33　圆水准器检验

1）圆水准器轴平行于仪器竖轴的检验校正

检验:如图 2-33（a）所示,用脚螺旋使圆水准器气泡居中,此时圆水准轴 $L'L'$ 处于竖直位置。如果仪器竖轴 VV 与 $L'L'$ 不平行,且交角为 α,那么竖轴 VV 与竖直位置便偏差 α 角。将仪器绕竖轴旋转 180°,如图 2-33（b）所示,圆水准器转到竖轴的左面,$L'L'$ 不但不竖直,而且与竖直线 ll 的交角为 2α,显然气泡不再居中,而离开零点的弧长所对的圆心角为 2α。这说明圆水准器轴 $L'L'$ 不平行于竖轴 VV,需要校正。

校正:通过检验证明了 $L'L'$ 不平行于 VV,则应调整圆水准器下面的三个校正螺栓,圆水准器校正结构如图 2-34 所示,校正前应先稍松中间的固紧螺栓,然后调整三个校正螺栓,使气泡向居中位置移动偏离量的一半,如图 2-35（a）所示。这时,圆水准器轴 $L'L'$ 与 VV 平行。然后再用脚螺旋整平,使圆水准器气泡居中，竖轴VV则处于竖直状态，如图2-35（b）所示。校正工作一般都难于一次完成，需反复进行直到仪器旋转到任何位置圆水准器气泡皆居中时为止。最后应注意拧紧固紧螺栓。

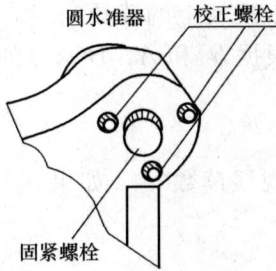

图2-34　圆水准器校正螺栓

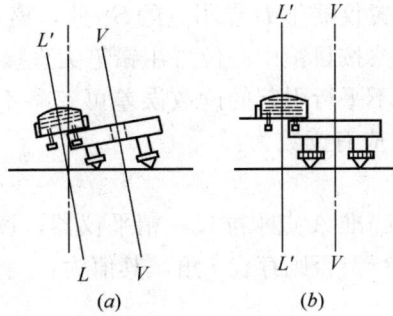

图2-35　水准器校正

2）十字丝横丝应垂直于仪器竖轴的检验与校正

检验：安置仪器后，先将横丝一端对准一个明显的点目标M，如图2-36（a）所示。然后固定制动螺旋，转动微动螺旋，如果标志点M不离开横丝，如图2-36（b），则说明横丝垂直于竖轴，不需要校正。否则，如图2-36（c）、（d）所示，则需要校正。

校正方法因十字丝分划板座装置的形式不同而异。对于图2-37形式，用螺钉旋具松开分划板座固定螺栓，转动分划板座，改正偏离量的一半，即满足条件。也有卸下目镜处的外罩，用螺钉旋具松开分划板座的固定螺栓，拨正分划板座的。

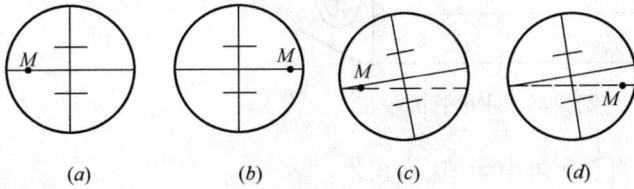

图2-36　十字丝的检验

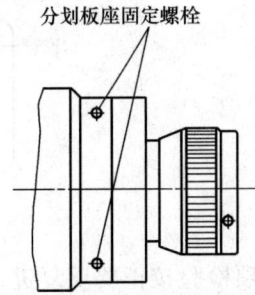

图2-37　十字丝校正

3）视准轴平行于水准管轴的检验校正

如图2-38所示，在S_1处安置水准仪，从仪器向两侧各量约40m，定出等距离的A、B两点，打木桩或放置尺垫标志之。

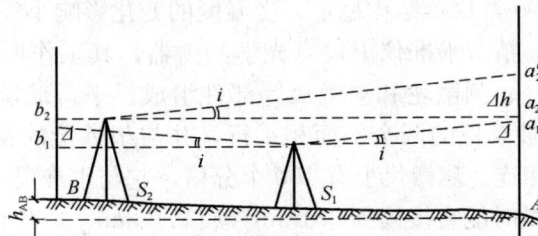

图2-38　视准轴平行于水准管轴的检验

（1）在 S_1 处用变动仪高（或双面尺）法，测出 A、B 两点的高差。若两次测得的高差之差不超过 3mm，则取其平均值 h_{AB} 作为最后结果。由于距离相等，两轴不平行误差 Δh 可在高差计算中自动消除，故高差值不受视准轴误差的影响。

（2）安置仪器于 B 点附近的 S_2 处，离 B 点使望远镜的目镜距尺面 3～5m。整平仪器从物镜中观察按目镜中心位置用铅笔尖直接在 B 点水准尺上的读数为 b_2，因仪器离 B 点很近，两轴不平行引起的读数误差可忽略不计。故根据 b_2 和 A、B 两点的正确高差 h 算出 A 点尺上应有读数为：

$$a_2 = b_2 + h_{AB} \tag{2-4}$$

然后，瞄准 A 点水准尺，精平仪器，读出水平视线读数 a_2'，如果 a_2' 与 a_2 相等，则说明两轴平行。否则存在 i 角，其值为：

$$i'' = \frac{\Delta h}{D_{AB}} \cdot \rho'' \tag{2-5}$$

式中　　$\Delta h = a_2' - a_2$；$\rho = 206265''$

对于 DS3 级微倾水准仪，i 值不得大于 $20''$，如果超限，则需要校正。

校正：转动微倾螺旋使中丝对准 A 点尺上正确读数 a_2，此时视准轴处于水平位置，但管水准气泡必然偏离中心。为了使水准管轴处于水平位置，达到视准轴平行于水准管轴的目的，可用拨针拨动水准管一端的上、下两个校正螺栓，如图 2-39 所示，使气泡的两个半像符合。在松紧上、下两个校正螺栓前，应稍旋松左、右两个螺栓，校正完毕再转紧。

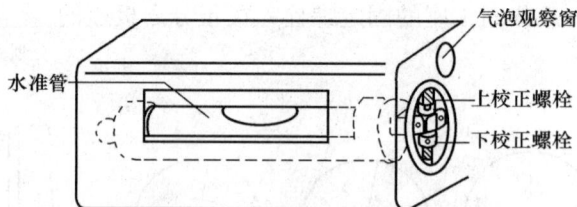

图 2-39　水准管的校正

这项检验校正要反复进行，直至 i 角小于 $20''$ 为止。

2.3.5　精密水准仪和水准尺

精密水准仪主要用于国家一、二等水准测量和高精度的工程测量中，例如建筑物沉降观测，大型精密设备安装等测量工作。

精密水准仪的构造与 DS3 水准仪基本相同，也是由望远镜、水准器和基座三部分组成。其不同点是：水准管分划值较小，一般为 $10''/2$mm；望远镜放大率较大，一般不小于 40 倍；望远镜的亮度好，仪器结构稳定，受温度的变化影响小等。

为了提高读数精度，精密水准仪上设有光学测微器，其工作原理如图 2-40 所示，它由平行玻璃板 P、传动杆、测微轮和测微尺等部件组成。平行玻璃板装置在望远镜物镜前，其旋转轴 A 与平行玻璃板的两个平面相平行，并与望远镜的视准轴正交。平行玻璃板通过传动杆与测微尺相连。测微尺上有 100 个分格，它与水准尺上的一个分格（1cm 或 5mm）相对应，所以测微时能直接读到 0.1mm（或 0.05mm）。当平行玻璃板与视线正交时，视线将不受平行玻璃板的影响，对准水准尺上 B 处，读数为 148（cm）$+a$。转动测微轮带动传动杆，使平行玻璃板绕 A 轴俯仰一个小角，这时视线不再与平行玻璃板面垂直，而受平行玻璃板折射影响，使得视线上下平移。当视线下移对准水准尺上 148cm 分划时，从测微分划尺上可读出 a 的数值。

图 2-41 所示是我国靖江测绘仪器厂生产的 DS1 级水准仪，光学测微器最小读数为 0.05mm。

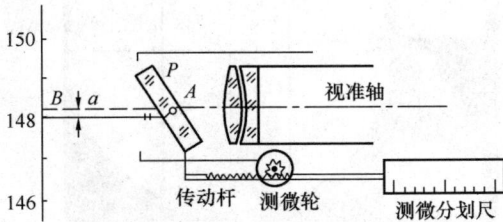

图 2-40　精密水准仪的测微装置

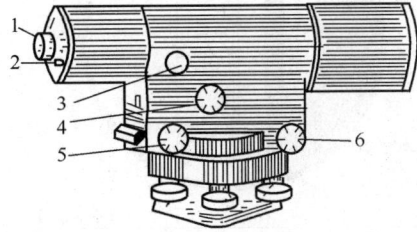

图 2-41　DS1 级水准仪

1—目镜；2—测微尺读数目镜；3—物镜
对光螺旋；4—测微轮；5—倾斜螺旋；
6—微动螺旋

精密水准仪必须配有精密水准尺。这种水准尺一般都是在木质尺身的槽内，引张一根因瓦合金带。在带上标有刻划，数字注在木尺上，如图 2-42 所示。精密水准尺的分划值有 1cm 和 0.5cm 两种。WildN3 水准仪的精密水准尺分划值为 1cm，如图 2-42（a）所示，水准尺全长约 3.2m，因瓦合金带上有两排分划，右边一排的注记数字自 0cm 至 300cm，称为基本分划；左边一排注记数字自 300cm 至 600cm，称为辅助分划。基本分划和辅助分划有差数 K，K 等于 3.01550m，称为基辅差。靖江 DS1 级水准仪和 Ni004 水准仪配套用的精密水准尺，为 0.5cm 分划，该尺只有基本分划而无辅助分划。如图 2-42（b）所示，左面一排分划为奇数值，右面一排分划为偶数值；右边注记为米数，左边注记为分米数。小三角形表示半分米处，长三角形表示分米的起始线。厘米分划的实际间隔为 5mm，尺面值为实际长度的两倍；所以，用此水准尺观测高差时，须除以 2 才是实际高差值。

精密水准仪的操作方法与一般水准仪基本相同，不同之处是用光学测微器测出不足一个分格的数值。即在仪器精确整平（用微倾螺旋使目镜视场左面的符合水准气泡半像吻合）后，十字丝横丝往往不恰好对准水准尺上某一整分划线，这时就要转动测微轮使视线上、下平行移动，使十字丝的楔形丝正好夹住一个整分划线，如图 2-43 所示，被夹住的分划线读数为

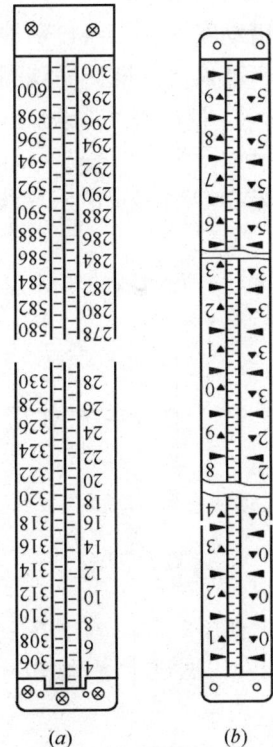

图 2-42　精密水准尺

1.97m。视线在对准整分划过程中平移的距离显示在目镜右下方的测微尺读数窗内，读数 1.50mm。所以水准尺的全读数为 1.97＋0.0015＝1.9715m，而其实际读数是全读数除以 2，即 0.98575m。

图 2-44 所示是 N3 水准仪的视场图，楔形丝夹住的读数为 1.48m，测微尺的读数为 6.5mm，所以全读数为 1.48650m。这时实际读数无须除以 2。

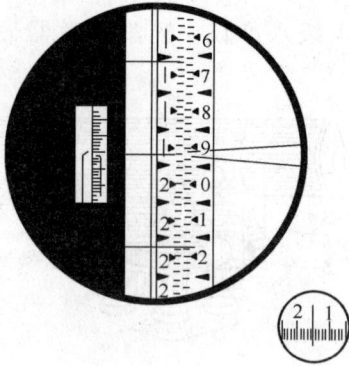

图 2-43　精密水准尺读数

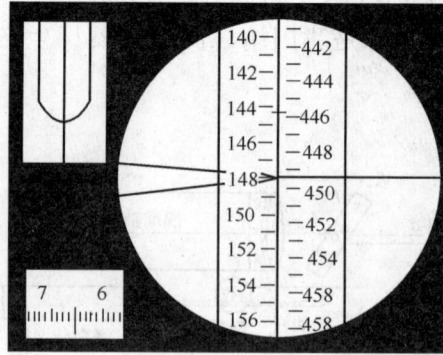

图 2-44　N3 水准仪读数

2.3.6　自动安平水准仪

自动安平水准仪是一种不用符合水准器和微倾螺旋，只用圆水准器进行粗略整平，然后借助安平补偿器自动地把视准线轴置平，读出视线水平时的读数。据统计，该仪器与普通水准仪比较能提高观测速度约 40%，从而显示了它的优越性。

1. 自动安平原理

如图 2-45（a）所示，当望远镜视准轴倾斜了一个小角 a 时，由水准尺上的 a_0 点过物镜光心 O 所形成的水平线，不再通过十字丝中心 Z，而在离 Z 为 l 的 A 点处，显然

$$l = f \cdot a \tag{2-6}$$

式中　f 为物镜的等效焦距；α 为视准轴倾斜的小角。

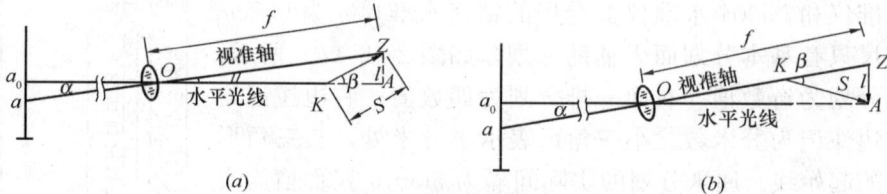

图 2-45　自动安平原理

在图 2-45（a）中，若在距十字丝分划板 S 处，安装一个补偿器 K，使水平光线偏转 β 角，以通过十字丝中心 Z，则

$$l = S \cdot \beta \tag{2-7}$$

故有

$$f \cdot a = S \cdot \beta \tag{2-8}$$

这就是说，式（2-8）的条件若能得到保证，虽然视准轴有微小倾斜，但十字丝中心 Z 仍能读出视线水平时的读数 a_0，从而达到自动补偿的目的。

还有另一种补偿（如图 2-45（b）所示），借助补偿器 K 将 Z 移至 A 处，这时视准轴所截取尺上的读数仍为 a_0。这种补偿器是将十字丝分划板悬吊起来，借助重力，在仪器

微倾的情况下，十字丝分划板回到原来的位置，安平的条件仍为式（2-8）。

2. 自动安平补偿器

自动安平补偿器的种类很多，但一般都是采用吊挂光学零件的方法，借助重力的作用达到视线自动补偿的目的。

图 2-46（a）所示，是 DSZ3 自动安平水准仪。该仪器是在对光透镜与十字丝分划板之间装置一套补偿器。其构造是：将屋脊棱镜固定在望远镜筒内，在屋脊棱镜的下方，用交叉的金属丝吊挂着两个直角棱镜，该直角棱镜在重力作用下，能与望远镜作相对的偏转。为了使吊挂的棱镜尽快地停止摆动，还设置了阻尼器。

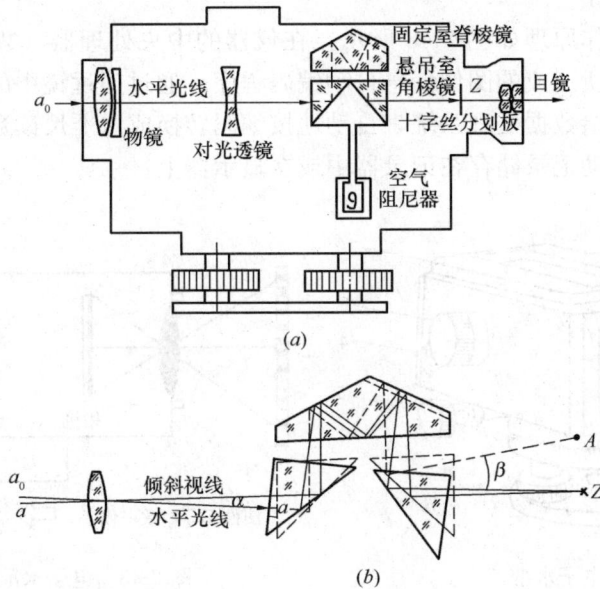

图 2-46　自动安平补偿原理

如图 2-46（a）所示，当仪器处于水平状态，视准轴水平时，尺上读数 a_0 随着水平光线进入望远镜，通过补偿器到达十字丝中心 Z。则读得视线水平时的读数 a_0。

当望远镜倾斜了微小角度 α 时，如图 2-46（b）所示。此时，吊挂的两个直角棱镜在重力作用下，相对于望远镜的倾斜方向作反向偏转，如图 2-46（b）中的虚线所画直角棱镜，它对于虚线直角棱镜偏转了 α 角。这时，原水平光线（虚线所示）通过偏转后的直角棱镜（起补偿作用的棱镜）的反射，到达十字丝的中心 Z，所以仍能读得视线水平时的读数 a_0，从而达到了补偿的目的。这就是自动安平水准仪为什么在仪器偏斜了一个小角 α 时，十字丝中心在水准尺上仍能读得正确读数的道理。

3. 自动安平水准仪的使用

自动安平水准仪的操作方法和一般水准仪的操作方法一样，当自动安平水准仪经过圆水准器的粗平后，观测者在望远镜内观察警告指示窗是否全部呈绿色，若没有全部呈绿色，不能对水准尺读数，必须再调整圆水准器，直到警告指示窗全部呈绿色后，即视线在补偿器范围内，方可进行测量。

自动安平水准仪若长期未使用，则在使用前应检查补偿器是否失灵，可以转动脚螺旋，如果警告指示窗两端能分别出现红色，反转脚螺旋红色能消除，并由红转为绿，说明补偿器摆动灵敏，阻尼器没有卡死，可以进行水准测量。

2.3.7 电子水准仪

1. 构造与工作原理

电子水准仪是一种自动化程度很高的智能水准仪器，如图 2-47 所示。它由基座、水准器、望远镜及数据处理系统组成。电子水准仪具有内藏应用软件和良好的操作界面，可以自动完成读数、记录和计算处理等工作，并通过数据通信将数据传输到计算机内进行后续处理，还可以通过远程通信系统将测量成果直接传输给其他用户。若使用普通水准尺，也可当普通水准仪使用。

电子水准仪的工作原理如图 2-48 所示，在仪器的中央处理器（数据处理系统）中建立了一个对单平面上所形成的图像信息自动编码程序，通过望远镜中的照相机摄取水准尺上的图像信息，传输给数据处理系统，自动地按编码转换成水准尺读数和水平距离或其他所需要的数据，并自动记录储存在记录器中或在显示器上。

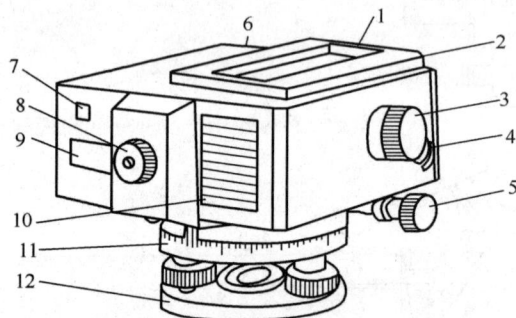

图 2-47　电子水准仪

1—物镜；2—提环；3—物镜调焦螺旋；4—测量按钮；
5—微动螺旋；6—RS接口；7—圆水准器观察窗；
8—目镜；9—显示器；10—键盘；11—度盘；12—基座

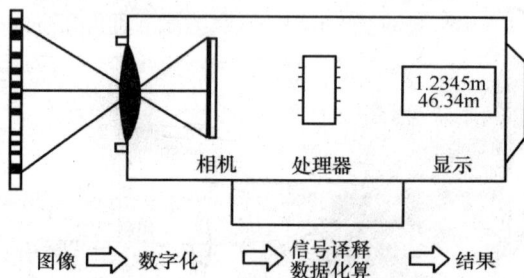

图 2-48　电子水准仪工作原理

电子水准仪不仅可进行普通水准仪的各种测量，还可以进行水平角测量、高精度距离测量、坐标增量测量、水准网测量的平差计算，在较为平坦的地区可作中等精度全站仪使用，具有一机多能的作用。尤其是自动连续测量的功能对大型建筑物的变形（瞬时变化值）观测，更具有优越性。下面为瑞士徕卡 NA2000 型电子水准仪的主要技术参数（电子读数）：

每公里往返中误差：　±0.9mm

测距精度　　　　　±10mm

最小视距　　　　　2.0m

最大测程　　　　　100m

视场角　　　　　　2°

安平补偿精度　　　±0.4″

外业作业温度　　　−20～+50℃

2. 条码水准尺

32

条码水准尺是与电子水准仪配套的专用尺，如图 2-49（*a*）所示，它由玻璃纤维塑料制成，或用铟钢制成尺面镶嵌在基尺上形成。尺面上刻有宽度不同的水平黑白相间的分划（条码）。该条码相当于普通水准尺上的分划和注记，全长为 2～4.05m。条码水准尺上附有安平水准器和扶手，在尺的顶端留有撑杆固定螺孔，以便用撑杆固定条码尺，使之长时间保持竖直位置，减轻作业人员的劳动强度。条码水准尺在望远镜视场中的情形如图 2-49（*b*）所示。

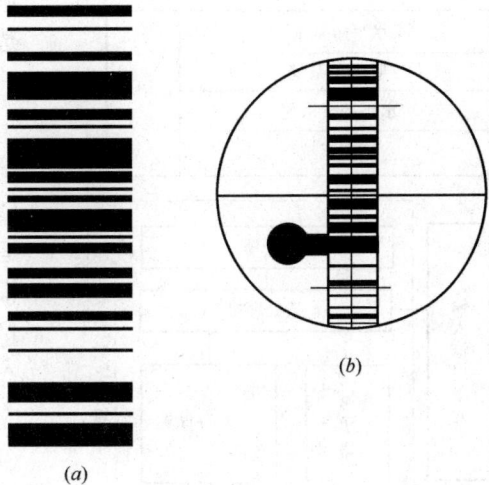

图 2-49　条码水准尺

3. 技术操作方法

电子水准仪用于测量时，其技术操作方法与自动安平水准仪类似，分为粗平、照准、读数三步。

（1）粗平：转动脚螺旋，使圆水准气泡居中即可，气泡居中的状况可在观察窗中看到。而后打开仪器电源开关（开机），使仪器进行自检。当仪器自检合格后显示器上显示程序清单，此时即可进行测量工作。

（2）照准：先转动目镜调焦螺旋，看清十字丝；按相应键选择测量模式或测量程序，如仅测量不记录、测量并记录测量数据等。

（3）读数：轻按一个测量按钮（红色），显示器将显示水准尺读数；按测量键即可得到仪器至条码尺的距离。若按相应键即可得到所需的相应数据。若在"测量并记录"模式，仪器将自动记录测量数据。

在高程测量过程中，后视观测完毕后，仪器自动提醒观测员观测前视；前视观测完毕后，仪器又自动提醒进行下一站后视的观测；如此连续进行，直至观测到终点。仪器显示待定点的高程是以前一站转点的高差推算的。

2.4　全　站　仪

2.4.1　全站仪的结构原理

全站型电子速测仪简称全站仪，它由光电测距仪、电子经纬仪和数据处理系统组成。一台全站仪除能自动测距、测角外，还能快速完成一个测站所需完成的工作，包括平距、高差、高程、坐标以及放样等方面数据的计算。

全站仪分为分体式和整体式两类。分体式全站仪的照准头和电子经纬仪不是一个整体，进行作业时将照准头安装在电子经纬仪上，作业结束后卸下来分开装箱。整体式全站仪是分体式全站仪的进一步发展，照准头与电子经纬仪的望远镜结合在一起，形成一个整体，使用起来更为方便。

全站仪的结构原理如图 2-50 所示。图中上半部包含有测量的四大光电系统，即测距、测水平角、竖直角和水平补偿。键盘指令是测量过程的控制系统，测量人员通过按键便可

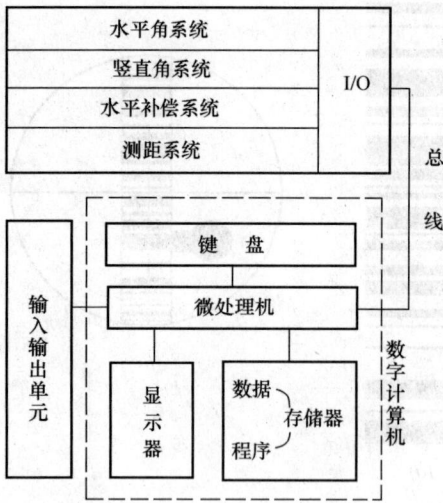

图 2-50 全站仪结构原理

调用内部指令指挥仪器的测量工作过程和进行数据处理。以上各系统通过 I/O 接口接入总线与数字计算机联系起来。

微处理机是全站仪的核心部件，它如同计算机的中央处理机（CPU），主要由寄存器系列（缓冲寄存器、数据寄存器、指令寄存器等）、运算器和控制器组成。微处理机的主要功能是根据键盘指令启动仪器进行测量工作，执行测量过程的检核和数据的传输、处理、显示、储存等工作，保证整个光电测量工作有条不紊地完成。输入输出单元是与外部设备连接的装置（接口），数据存储器是测量的数据库。为便于测量人员设计软件系统，处理某种目的的测量成果，在全站仪的数字计算机中还提供有程序存储器。

2.4.2 全站仪的构造

全站仪的外形和电子经纬仪相类似，图 2-51 所示是日本索佳公司生产的 SET2C 全站仪，该仪器测角精度为 $2s''$，测距精度为 $2mm + 2 \times 10 - 6D$（D 为所测距离）。在实际测量中，多数情况下需要角度和距离观测值，因此全站仪得到广泛应用。全站仪的基本功能

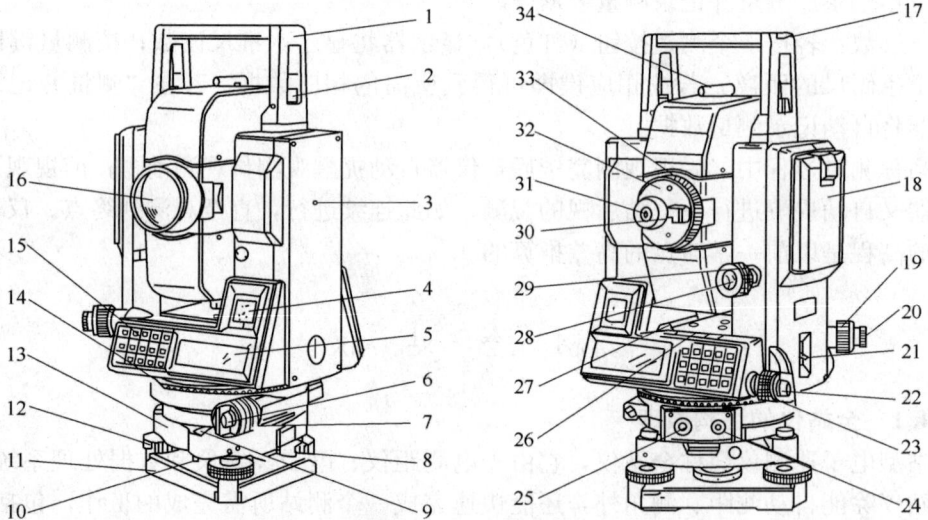

图 2-51　SET2C 全站仪

1—提柄；2—提柄固紧螺栓；3—仪器高标志；4—副显示窗；5—主显示窗；6—下盘制动钮；7—下盘制动钮护套；8—三角基座制动控杆；9—圆水准器；10—圆水准器校正螺栓；11—底板；12—脚螺旋；13—三角基座；14—水平度盘安置环；15—键盘；16—物镜；17—管式罗盘插口；18—电池；19—光学对点器调焦环；20—光学对点器目镜；21—电源开关；22—水平制动钮；23—水平微动手轮；24—数据输出插口；25—外接电源插口；26—照准部水准器；27—照准部水准器校正螺栓；28—垂直制动钮；29—垂直微动手轮；30—望远镜倒镜把手；31—望远镜目镜；32—望远镜分划板校正盖；33—望远镜调焦环；34—粗照准器

34

是在仪器照准目标后，通过微处理器的控制，能自动完成测距、水平方向和天顶距读数、观测数据的显示、存储。

1. 全站仪的望远镜

目前的全站仪基本上采用望远镜光轴（视准轴）和测距光轴完全同轴的光学系统，如图 2-52 所示，一次照准就能同时测出距离和角度。望远镜能作 360° 自由纵转，其操作如同一般经纬仪。

2. 竖轴倾斜的自动补偿

经纬仪照准部的整平可使竖轴铅直，但受气泡灵敏度和作业的限制，仪器的精确整平有一定困难。这种竖轴不铅直的误差称为竖轴误差。竖轴误差对水平方向和竖直角的影响不能通过盘左、盘右读数取中数消除。因此，在一些较高精度的电子经纬仪和全站仪中安置了竖轴倾斜自动补偿器，以自动改正竖轴倾斜对水平方向和竖直角的影响。精确的竖轴补偿器，仪器整平到 3′ 范围以内，其自动补偿精度可达 0.1″。

OPTON 公司的双轴液体补偿器如图 2-53 所示，图中由发光管 1 发出的光，经物镜组 6 发射到液体 4，全反射后，又经物镜组 7 聚焦至光电接收器 2 上。光电接收器为一光电二极管阵列。一方面将光信号转变为电信号；另一方面，还可以探测出光落点的位置。光电二极管阵列可分为 4 个象限，其原点为竖轴竖直时光落点的位置。当竖轴倾斜时（在补偿范围内），光电接收器接收到的光落点位置就发生了变化，其变化量即反映了竖轴在纵向（沿视准轴方向）上的倾斜分量 L 和横向（沿横轴方向）上的倾斜分量 T。位置变化信息传输到内部的微处理器处理，对所测的水平角和竖直角自动加以改正（补偿）。

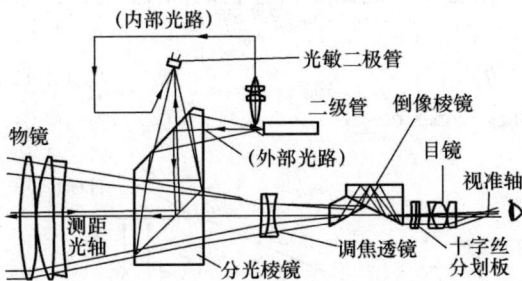

图 2-52　全站仪的望远镜光路图

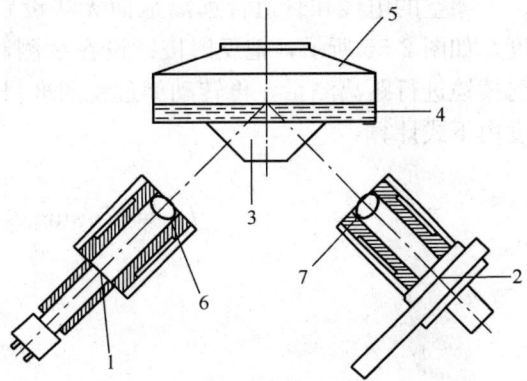

图 2-53　双轴液体补偿器

1—发光管；2—接收二极管阵列；3—棱镜；4—硅油；
5—补偿器液体盒；6—发射物镜；7—接收物镜

若竖轴在纵向上的倾斜分量为 L，横向上的倾斜分量为 T，则补偿器对竖直角（或天顶距）和水平角的改正公式为

$$Z = Z_L + L \quad \text{或} \quad V = V_L + L \tag{2-9}$$

$$H = H_L + T/\tan Z = H_L + T\cot Z = H_L + T\tan V \tag{2-10}$$

式中　Z 为显示（改正后）的天顶距；Z_L 为观测（未改正）的天顶距（下标 L 意为盘左观测）；V_L 为观测（未改正）的竖直角；V 为显示（改正后）的竖直角；H 为显示（改

正后）的水平方向值；H_L 为观测（未改正）的水平方向值。

3. 数据记录

全站仪观测数据的记录，随仪器的结构不同有三种方式：一种是通过电缆，将仪器的数据传输接口和外接的记录器连接起来，数据直接存储在外接的记录器中；另一种是仪器同部有一个大容量的内存，用于记录数据；还有的仪器是采用插入数据记录卡。外接的记录器又称为电子手簿，实际生产中常利用掌上电脑作为电子手簿。全站仪和电子手簿的数据通信，通过专用电缆以及设定数据传送条件来实现。

4. 全站仪程序功能

全站仪除基本测角（同经纬仪）、测距（同测距仪）功能外，还有其他一些功能，但不同型号的仪器差别很大。有些全站仪可进行自由设站，计算测站点的坐标，进行支导线测量和计算；测站定向和极坐标测量及坐标点的放样，还可进行对边测量、悬高测量以及面积测量及计算等。这些测量功能的计算公式，大部分在后面有关章节讲述，这里仅讲述对边测量和悬高测量的计算公式。

1）对边测量

如图 2-54 所示，在测站点上依次测量各反射棱镜的距离 S_1、S_2 和水平角 θ_1，以及高差 h_{A1}、h_{A2}，则可求得 P_1 至 P_2 间的距离 C 和高差 h_{12}：

$$C = \sqrt{S_1^2 + S_2^2 - 2S_1 \cdot S_2 \cdot \cos\theta_1} \tag{2-11}$$

$$h_{12} = h_{A2} - h_{A1}$$

2）悬高测量

架空的电线和管道管远离地面无法设置反射棱镜，而采用悬高测量，就能测量其高度。如图 2-55 所示，把反射棱镜设在欲测高度目标之下，输入反射棱镜高，然后照准反射棱镜进行距离测量，再转动望远镜照准目标，便能显示地面至目标物的高度。目标的高度由下式计算：

$$H_1 = h_1 + h_2 \tag{2-12}$$

$$h_2 = S \cdot \sin z_1 \times \cot z_2 - S \cdot \cos z_1$$

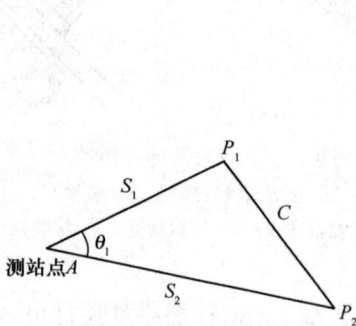

图 2-54 对边测量　　　　　　图 2-55 悬高测量

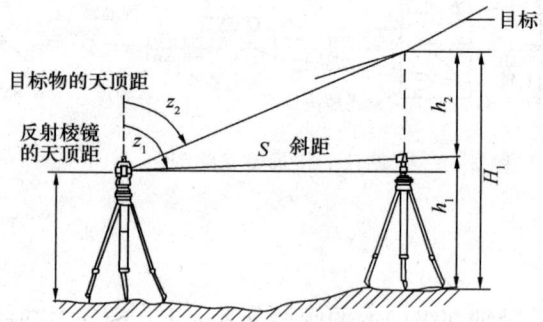

2.4.3 自动全站仪

自动全站仪是一种能自动识辨、照准和跟踪目标的全站仪，又称为测量机器人。如徕卡公司生产的 TCA2003 全自动全站仪，该仪器测角精度为 0.5s，测距精度为 1mm＋1×

$10^{-6}D$（D 为所测距离）。

自动全站仪由伺服电机驱动照准部和望远镜的转动和定位，在望远镜中要有同轴自动目标识别装置，能自动照准棱镜进行测量。它的基本原理是：仪器向目标发射激光束，经反射棱镜返回，并被仪器中的 CCD 相机接受，从而计算出反射光点中心位置，得到水平方向和天顶距的改正数，最后启动电机，驱动全站仪转向棱镜，自动精确照准目标。

2.4.4　仪器使用的注意事项和养护

测距仪是一种结构复杂、价格昂贵的先进测量仪器，全站仪更是如此。目前生产单位拥有的数量较少，如果仪器损坏或发生故障，都会给生产带来直接影响。因此，必须严格遵守操作规程，正确使用。

1. 使用注意事项

（1）新购置的仪器，如果首次使用，应结合仪器认真阅读仪器使用说明书。通过反复学习、使用和总结，力求做到"得心应手"，最大限度地发挥仪器的作用。

（2）测距仪的测距头不能直接照准太阳，以免损坏测距的发光二极管。

（3）在阳光下或阴雨天气进行作业时，应打伞遮阳、遮雨。

（4）在整个操作过程中，观测者不得离开仪器，以避免发生意外事故。

（5）仪器应保持干燥，遇雨后应将仪器擦干，放在通风处，完全晾干后才能装箱。

（6）全站仪在迁站时，即使很近，也应取下仪器装箱。

（7）运输过程中必须注意防震，长途运输最好装在原包装箱内。

2. 仪器的养护

（1）仪器应经常保持清洁，用完后使用毛刷、软布将仪器上落的灰尘除去。如果仪器出现故障，应与厂家或厂家委派的维修部联系修理，决不可随意拆卸仪器，造成不应有的损害。仪器应放在清洁、干燥、安全的房间内，并由专人保管。

（2）棱镜应保持干净，不用时要放在安全的地方，如有箱子应装在箱内，以避免碰坏。

（3）电池充电应按说明书的要求进行。

2.5　全球卫星定位系统（GPS）

卫星定位测量是 20 世纪 70 年代发展起来的。目前，卫星定位系统主要有美国的 GPS、俄罗斯的 GLONASS、欧洲的伽利略卫星导航系统和我国的北斗卫星定位系统。其中，GPS 是技术相对成熟，应用最为广泛的卫星定位系统。

2.5.1　GPS 的组成

GPS 主要由空间星座、地面控制和用户设备三部分组成。

1. 空间星座

GPS 卫星星座如图 2-56 所示。卫星数为 21＋3（21 颗工作卫星，3 颗备用卫星，目前发射的卫星数已经超过 32 颗），工作卫星均匀分布在 6 个相对于赤道倾角为 55°的近似圆轨道上，轨道面之间夹角为 60°，卫星高度为 20200km，运行速度为 3800m/s，卫星运行周期为 11h58min（1 恒星时），载波频率为 1.575GHz 和 1.227GHz，卫星通过天顶时，卫星的可见时间为 5h，在地球表面上任何地点、任何时刻，在卫星高度角 15°以上，平均可同时观测到 6 颗卫星，最多可达 11 颗卫星。正常情况下，在我国境内全天能够见到 5～8颗 GPS 卫星，基本能够满足我国用户进行连续不断的导航定位测量的需要。

GPS 工作卫星的主体呈圆柱形，直径为 1.5m，两侧安装有 4 片双叶太阳能电池翼板，总面积为 7.2m²，设计寿命为 7.5 年，如图 2-57 所示。卫星上设有 4 台高精度的原子钟（1 台使用，3 台备用），即两台铷原子钟（频率稳定度为 1×10^{-12}）、两台铯原子钟（频率稳定度为 1×10^{-13}）。卫星姿态采用三轴稳定方式，使螺旋天线阵列辐射的电磁波束对准地球。

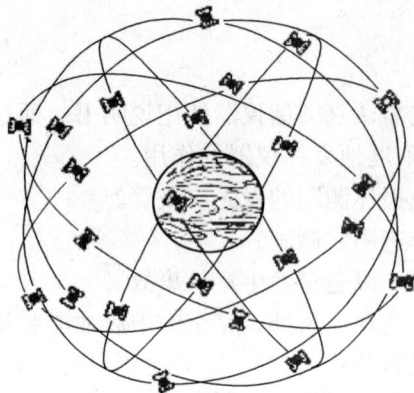

图 2-56　GPS 卫星星座

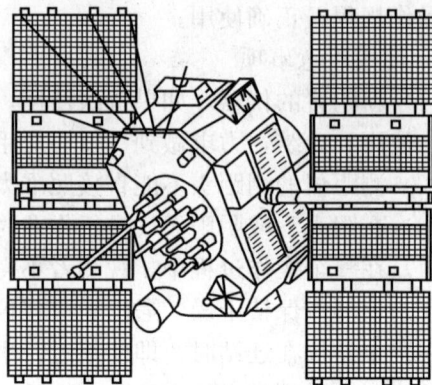

图 2-57　GPS 卫星

GPS 工作卫星用 L 波段的两个无线载波（19cm 和 24cm 波段）向地面用户连续不断地发送导航定位信号（简称"GPS 信号"），并用导航电文报告自己的位置及其他在轨卫星的概略位置。在飞越地面注入站上空时，接受由地面注入站用 S 波段（10cm 波段）发送的导航电文和其他有关信息，适时地发送给广大用户。接受由地面主控站通过注入站发送的卫星调度命令，从而及时改正运行偏差或启用备用时钟等。

2. 地面控制

地面控制部分由分布在全球的若干跟踪站组成的监控系统组成，分为主控站、注入站和监控站。5 个监控站位于美国本土的科罗拉多斯普林斯和夏威夷，大西洋的阿森松岛，太平洋的夸贾林和印度洋的迪戈加西亚，如图 2-58 所示。

（1）主控站 1 个。根据所有观测资料编算各卫星的星历、卫星钟差和大气层的修正参数，提供全球定位系统的时间基准，调整卫星运行姿态，启用备用卫星。主控站同时具有监控站和注入站的功能。

（2）监控站 5 个。对 GPS 卫星进行连续观测，以采集数据和监测卫星的工作状况，经计算机初步处理后，将数据传输到主控站。所有 5 个地面站都是监控站。

（3）注入站 3 个。在主控站的控制下，将主控站编算的卫星星历、钟差、导航电文和其他控制指令等注入相应的卫星存储系统，并检测注入信息的正确性。

整个 GPS 的地面监控部分，除主控站外均无人值守。各站间用现代化的通信网络连接，通过计算机和原子钟的精确控制，各项工作实现了高度的自动化和标准化。

3. 用户设备

图 2-58 GPS 地面控制部分

用户部分即接收部分，基本设备就是 GPS 信号接收机、机内软件及 GPS 数据的后处理软件包。GPS 信号接收机的任务是跟踪可见卫星的运行，捕获一定卫星高度截止角的待测卫星信号，并对 GPS 信号进行变换、放大和处理，解译 GPS 卫星所发送的导航电文，测量出 GPS 信号从卫星到接收机天线的传播时间，实时地计算出测站的三维位置、三维速度和时间。它由天线、前置放大器、信号处理单元、控制和显示单元、记录单元、供电单元组成。

GPS 接收机发展的趋势是重量轻、体积小、耗电少、速度快、操作简单、使用方便。GPS 接收机按用途分为导航型、测地型和授时型三种。按携带形式分为袖珍式、背负式、车载式、舰用式、机载式、弹载式和星载式七种。按工作原理分为有码接收机和无码接收机。按使用载波频率分为单频接收机（用一个载波频率）和双频接收机（用两个载波频率 L1、L2）。按接收卫星种类分为单星接收机和多星接收机（可同时接收 GPS、GLO-NASS、北斗等卫星信号）。双频和多星接收机是目前精确定位的主要用机。

工程测量使用的 GPS 测地型接收机用于精密相对定位时，单频接收机在一定距离内精度可达 $10\text{mm}+2\times10^{-6}D$，双频接收机精度可达 $5\text{mm}+1\times10^{-6}D$。

目前，GPS 差分技术数据处理的软件也较为先进，功能齐全，内容丰富，使用简单。用该软件可以把 GPS 接收机在外业测量的数据进行处理而得出精密的定位结果，以满足用户的要求。

2.5.2 GPS 坐标系

1. WGS-84 坐标系

WGS-84 坐标系是美国根据卫星大地测量数据建立的大地测量基准，是目前 GPS 所采用的坐标系。GPS 卫星发布的星历及 GPS 接收机所观测得到的成果就是基于此坐标系。

WGS-84 坐标系是一种协议地球坐标系。其原点位于地球质量的中心，WGS-84 坐标系所采用的椭球体称为 WGS-84 椭球体，椭球的主要参数为：长半轴 $a=6378137$，扁率 $\alpha=1/298.257223563$。

2. GPS 坐标转换

GPS 卫星是绕地球运动的，卫星所在的位置与其选择的坐标系统和时间系统是分不开的。GPS 系统是基于 WGS-84 坐标系的，而我国工程测量中所采用的大多是 1980 西安坐标系或地方坐标系。因此，需要对 WGS-84 坐标系进行转换。

1）空间直角坐标系的转换

WGS-84 坐标系的坐标原点为地球质量中心，而 1980 西安坐标系的坐标原点是参考椭球中心。所以在两个坐标系之间进行转换时，应进行坐标系的平移，平移量可分解为 $(\Delta x_0, \Delta y_0, \Delta z_0)$。又因为 WGS-84 坐标系的 3 个坐标轴方向也与 1980 西安坐标系的坐标轴方向不同，所以还需将 1980 西安坐标系分别绕 x 轴、y 轴和 z 轴旋转 ωx、ωy、ωz。此外，两坐标系的尺度也不相同，还需进行尺度转换。

要在两个空间直角坐标系之间转换，需要知道 3 个平移参数 $(\Delta x_0, \Delta y_0, \Delta z_0)$，3 个旋转参数 $(\omega x、\omega y、\omega z)$ 及尺度比因子 m。为求得 7 个转换参数，在两个坐标系中至少应有 3 个公共点，即已知 3 个点在 WGS-84 中的坐标和在 1980 西安坐标系中的坐标。

两个空间直角坐标系之间转换，计算只需输入 7 个转换参数或公共点坐标、椭球参数、中央子午线经度和 x、y 加常数即可，其他计算工作由软件自动完成。

2）平面直角坐标系的转换

在两平面直角坐标系之间进行转换，需要有 4 个转换参数，其中 2 个平移参数 $(\Delta x_0, \Delta y_0)$、1 个旋转参数 ω 和 1 个尺度比因子 m。为求得 4 个转换参数，应至少有 2 个公共点。

3）高程系统的转换

GPS 所测得的地面高程是以 WGS-84 椭球面为高程起算面的。而我国的 1985 年国家高程基准是以黄海平均海水面作为高程起算面的。所以，必须进行高程系统的转换。使用较多的高程系统转换方法是高程拟合法、区域似大地水准面精化法和地球模型法。

2.5.3　GPS 定位原理

1. 基本原理

卫星定位系统确定点位的方法与测量学中的距离交会法相似，也是利用测距交会的原理确定点位。GPS 卫星发射测距信号和导航电文，导航电文中含有卫星的位置信息。用户用 GPS 接收机在某一时刻同时接收 3 颗以上的 GPS 卫星信号，测量出测站点（接收机天线中心）P 至 3 颗以上 GPS 卫星的距离，并解算出 GPS 卫星的空间坐标，再利用距离交会法解算出测站点 P 的三维坐标。

在 GPS 定位中，GPS 卫星始终在高速运动，其坐标随时间在快速变化着。需要通过 GPS 卫星信号实时测量出测站至卫星之间的距离，同时由卫星的导航电文解算出卫星的三维坐标，并进行测站点的定位。依据测距的原理，其定位原理与方法主要有伪距法定位、载波相位测量定位以及差分 GPS 定位等。

2. GPS 卫星定位方法分类

1）静态定位与动态定位

GPS 的定位方法，按用户接收机天线在测量中所处的状态，可分为静态定位和动态定位。静态定位，即在定位过程中，接收机天线（观测站）的位置相对于周围地面点而言，处于静止状态。而动态定位则正好相反，即在定位过程中，接收机天线处于运动状态，定位结果是连续变化的。

2）绝对定位和相对定位

按定位的结果，可分为绝对定位和相对定位。

绝对定位亦称单点定位，是利用 GPS 独立确定用户接收机天线在 WGS-84 坐标系中的绝对位置，即利用 GPS 卫星和用户接收机之间的距离观测值直接确定用户接收机天线在 WGS-84 坐标系中相对于坐标系原点（地球质心）的绝对位置。GPS 单点定位的实质就是空间距离的后方交会。这种定位模式的特点是作业方式简单，可以单机作业。绝对定位一般用于导航等精度要求不高的定位。

GPS 相对定位亦称差分 GPS 定位，是在 WGS-84 坐标系中确定接收机天线与某一地面参考点之间的相对位置，或两观测站之间的相对位置，也是目前 GPS 精度最高的一种定位方法。其基本定位原理为，用两台 GPS 用户接收机分别安置在基线的两端，并同步观测相同的 GPS 卫星，以确定基线端点（测站点）在 WGS-84 坐标系中的相对位置（亦称基线向量）。

3）组合定位

各种定位方法还可有不同的组合，如静态绝对定位、静态相对定位、动态绝对定位、动态相对定位等。目前在道路工程领域，应用最广泛的是静态相对定位和动态相对定位。

按相对定位的数据解算是否具有实时性，又可将其分为后处理定位和实时动态定位（RTK）。其中，后处理定位又可分为静态（相对）定位和动态（相对）定位。

2.5.4 GPS 测量的应用

1. 工程控制测量

应用 GPS 建立控制网，对于特大桥、隧道、互通式立交等进行控制，宜采用静态 GPS 测量，对于一般路线的控制，可采用实时 GPS 动态测量（RTK）。

目前，国内已逐步采用 GPS 技术布设备等级的路线带状平面控制网、桥梁及隧道平面控制网。很多高速公路在建设中先利用 GPS 建立首级控制网，然后用常规方法布设导线。实践证明，在几十公里范围内的点位误差只有 2cm 左右，达到了常规方法难以实现的精度，同时可大大缩短工期。GPS 技术同样应用于特大桥梁的控制测量中，由于无须通视，可构成较强的网形，提高点位精度，同时对检测常规测量的支点也非常有效。通过采用 GPS 对用常规方法建立的高精度边角网进行测量检核，GPS 检测网达到了毫米级精度。

2. 绘制大比例尺地形图

高等级公路建设之前都必须利用中比例尺地形图进行路线选线设计，路线选定后要由测绘部门按所选路线走向测绘大比例尺地形图，以便设计人员进行详细设计。用传统方法测图，先要建立控制网，然后进行碎部测量，绘制成大比例尺地形图。其工作量大、速度慢、花费时间长。采用 GPS 技术以卫星作为共同基准，各点间无须通视，为控制点的选择提供了极大的方便，在进行路线勘测设计或进行测图控制测量时，具有布网灵活、不受气候条件限制、测量精度高、工作效率高和成本低等诸多优点。用实时动态测量（RTK），在沿线每个碎部点上仅需停留较短时间，即可获得每点坐标，结合输入的点特征编码及属性信息，构成碎部点的数据，在室内即可用绘图软件成图。由于只需要采集碎部点的坐标和输入其属性信息，而且采集速度快，大大降低了测图的难度，既省时又省力。

3. 路线中线测量

进行路线中线测量，可应用实时动态测量（RTK）。目前，RTK 中都配有丰富的专业软件可供选择，例如专门为道路测量设计的软件，内置有道路设计程序，只需事先将路线交点的里程和坐标及曲线要素输入，便可由程序自动生成道路中线。采用 RTK 测量系统在野外测设中桩时，可按中桩里程逐一调出待放样的中桩点坐标，根据流动台 RTK 控制器屏幕显示的导引，把需要放样的点逐一测设到地面上，精度可达 1cm。这样可以一次性地完成全部中桩的测设，每放样一个点只需几分钟，而且成果可靠。由于每个点的测量都是独立完成的，不会产生累积误差，各点放样精度趋于一致。在中桩放样的同时还可得到各中桩的地面高程，同时完成纵断面的测量。因此，应用 RTK 测量可大大地提高路线测量的效率。

4. 路线纵、横断面测量

路线中线确定后，可以利用测绘得到的带状数字地形图，并根据中桩点坐标，通过绘图软件，绘出路线纵断面和各桩点的横断面。由于不需要再到现场进行纵、横断面测量，从而大大减少了外业工作。即使需要到现场进行断面测量，也可采用 RTK 快速完成。

随着 GPS 技术的不断发展及其在道路工程测量中的广泛应用，道路工程测量的手段和作业方法产生了革命性的变革，卫星定位测量在道路勘测、施工放样、工程监理、竣工测量等方面有着广阔的应用前景。

第3章 基 本 测 量 方 法

3.1 水 准 测 量

测量地面上各点高程的工作，称为高程测量。高程测量根据所使用的仪器和施测方法不同，分为水准测量、三角高程测量和气压高程测量。水准测量是高程测量中最基本的和精度较高的一种测量方法，在国家高程控制测量、工程勘测和施工测量中被广泛采用。本节将着重介绍水准测量原理、水准测量的施测方法及成果检核和计算等内容。三角高程将在第 6 章讲述。

3.1.1 水准测量原理

水准测量是利用一条水平视线，并借助水准尺，来测定地面两点间的高差，这样就可由已知点的高程推算出未知点的高程。如图 3-1 所示，欲测定 A、B 两点之间的高差 h_{AB}，可在 A、B 两点上分别竖立有刻划的尺子——水准尺，并在 A、B 两点之间安置一台能提供水平视线的仪器——水准仪。根据仪器的水平视线，在 A 点尺上读数，设为 a；在 B 点尺上读数，设为 b；则 A、B 两点间的高差为

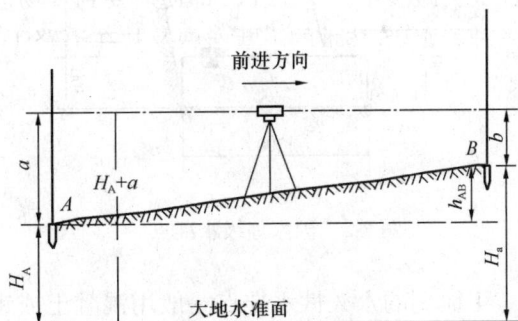

图 3-1 水准测量原理

$$h_{AB} = a - b \qquad (3-1)$$

如果水准测量是由 A 到 B 进行的，如图 3-1 中的箭头所示，由于 A 点为已知高程点，故 A 点尺上读数 a 称为后视读数；B 点为欲求高程的点，则 B 点尺上读数 b 为前视读数。高差等于后视读数减去前视读数。$a > b$，高差为正；反之，为负。

若已知 A 点的高程 H_A，则 B 点的高程为

$$H_B = H_A + h_{AB} = H_A + (a - b) \qquad (3-2)$$

还可通过仪器的视线高 H_i 计算 B 点的高程，即

$$\left.\begin{array}{l} H_i = H_A + a \\ H_B = H_i - b \end{array}\right\} \qquad (3-3)$$

式 (3-2) 是直接利用高差 h_{AB} 计算 B 点高程的，称高差法，式 (3-3) 是利用仪器视线高程 H_i 计算 B 点高程的，称仪高法。当安置一次仪器要求测出若干个前视点的高程时，仪高法比高差法方便。

3.1.2 水准测量的实施

1. 水准点和水准路线

1）水准点

为了统一全国的高程系统和满足各种测量的需要，测绘部门在全国各地埋设并测定了很多高程点，这些点称为水准点（Bench Mark），简记 *BM*。水准测量通常是从水准点引测其他点的高程。水准点有永久性和临时性两种。国家等级水准点如图 3-2 所示，一般用石料或钢筋混凝土制成，深埋到地面冻结线以下。在标石的顶面设有用不锈钢或其他不易锈蚀的材料制成的半球状标志。有些水准点也可设置在稳定的墙脚上，称为墙上水准点，如图 3-3 所示。

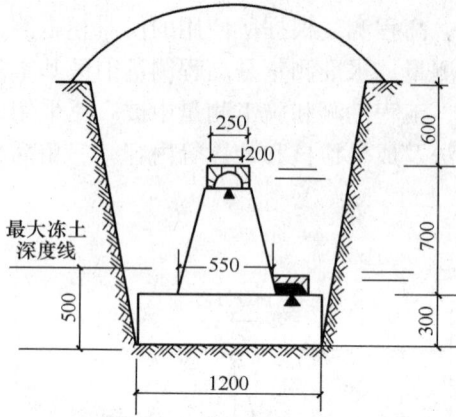

图 3-2　国家等级水准点

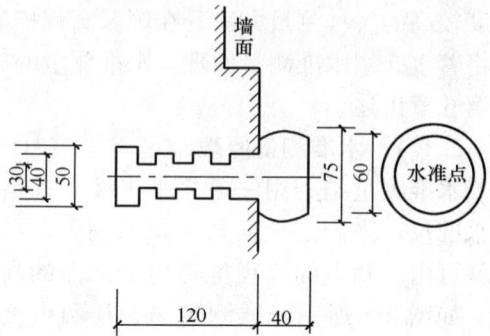

图 3-3　墙上水准点

工地上的永久性水准点一般用混凝土或钢筋混凝土制成，其式样如图 3-4（*a*）所示。临时性的水准点可用地面上突出的坚硬岩石或用大木桩打入地下，桩顶钉以半球形铁钉，如图 3-4（*b*）所示。

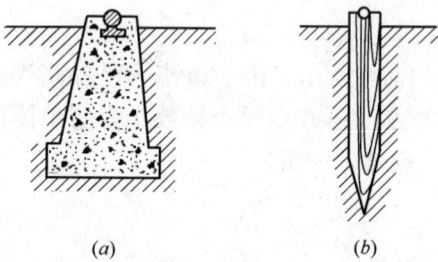

（*a*）　　　　　（*b*）

图 3-4　一般水准点

埋设水准点后，应绘出水准点与附近固定建筑物或其他地物的关系图，在图上还要写明水准点的编号和高程，称为点之记，以便于日后寻找水准点位置之用。水准点编号前通常加 *BM* 字样，作为水准点的代号。

2）水准路线

在两水准点之间进行水准测量所经过的路线称为水准路线。根据测区的情况不同，水准路线可布设成以下几种形式。

（1）闭合水准路线

如图 3-5（*a*）所示，从某一已知水准点 *BM*₁ 开始，沿各高程待定的水准点 1、2、3、4 进行水准测量，最后仍回到原水准点 *BM*₁，称为闭合水准路线。沿闭合环进行水准测量时，各段高差的总和理论上应等于零，可以作为水准测量正确性与否的检验。

（2）附合水准路线

如图 3-5（*b*）所示，从已知水准点 *BM*₁ 出发，沿各高程待定的水准点 1、2、3 进行水准测量，最后附合到另一个已知高程的水准点 *BM*ₙ 上，称为附合水准路线。附合水准

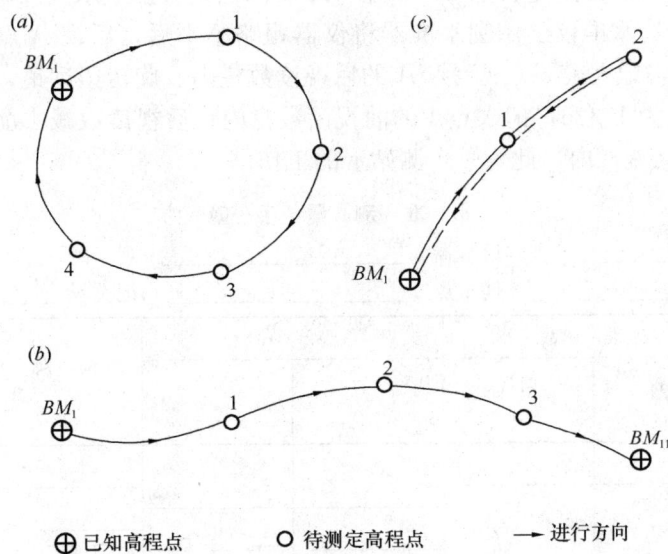

图 3-5　水准路线

路线上进行水准测量所得各段的高差总和理论上应等于两端已知水准点间的高差，可以作为水准测量正确性与否的检验。

（3）支水准路线

如图 3-5（c）所示，从一个已知高程的水准点 BM_1 出发，沿各高程待定的水准点 1、2 进行水准测量，其路线既不闭合又不附合，称为支水准路线。支水准路线应进行往、返水准测量，往测高差总和与返测高差总和绝对值应相等，而符号相反，以此作为支水准路线测量正确性与否的检验。

2. 水准测量的实施

当欲测的高程点距水准点较远或高差很大时，就需要连续多次安置仪器以测出两点的高差。如图 3-6 所示，水准点 A 的高程为 27.354m，现拟测量 B 点的高程，其观测步骤如下：

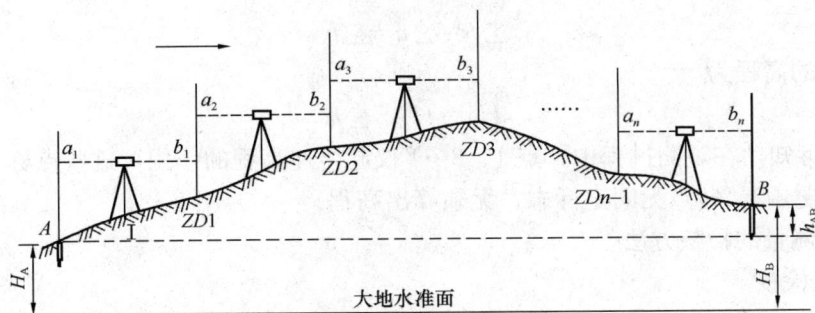

图 3-6　水准测量的实例

45

在离 A 点约 100m 处选定转点 ZD1，在 A、1 两点上分别立水准尺。在距点 A 和点 1 等距离的 Ⅰ 处，安置水准仪。用圆水准器将仪器粗略整平后，后视 A 点上的水准尺，精平后读数得 1.297，记入表 3-1 观测点 A 的后视读数栏内。旋转望远镜，前视点 1 上的水准尺，精平后读数为 1.326，记入点 1 的前视读数栏内。后视读数减去前视读数得到高差为 −0.029，记入高差栏内。此为一个测站上的工作。

水 准 测 量 手 簿 表 3-1

日　期＿＿＿＿＿＿＿＿＿ 仪　器 ＿＿＿＿＿＿＿＿＿ 观　测 ＿＿＿＿＿＿＿＿＿

天　气＿＿＿＿＿＿＿＿＿ 地　点 ＿＿＿＿＿＿＿＿＿ 记　录 ＿＿＿＿＿＿＿＿＿

测点	水准尺读数		高差（m）		高程 (m)	备注
	后视 (a)	前视 (b)	＋	－		
					41.695	
BM$_A$	1.297					
ZD$_1$	1.319	1.326		0.029		
ZD$_2$	1.776	1.678		0.359		
ZD$_3$	1.516	0.983	0.793			
ZD$_4$	1.453	1.231	0.285			
B		1.685		0.232	42.153	
计算校核 Σ	7.361	6.903	1.078	0.620		
	Σa−Σb＝+0.458		Σh＝+0.458			

点 1 上的水准尺不动，把 A 点上的水准尺移到点 2，仪器安置在点 1 和点 2 之间，同法进行观测和计算，依次测到 B 点。

显然，每安置一次仪器，便可测得一个高差，即

$$h_1＝a_1−b_1$$

$$h_2＝a_2−b_2$$

$$\cdots\cdots$$

$$h_5＝a_5−b_5$$

将各式相加，得

$$\sum h＝\sum a−\sum b$$

则 B 点的高程为

$$H_B＝H_A＋\sum h \tag{3-4}$$

由上述可知，在观测过程中，点 1、2…4 仅起传递高程的作用，这些点称为转点，常用简写 TP 或 ZD。转点无固定标志，无须算出高程。

3. 水准测量的检核方法

1）计算检核

由式（3-4）看出，B 点对 A 点的高差等于各转点之间高差的代数和，也等于后视读数之和减去前视读数之和，因此，此式可用来作为计算的检核。如表 3-1 中

$$\sum h＝+0.458\text{m}$$

$$\sum a - \sum b = 7.361 - 6.903 = +0.458\text{m}$$

这说明高差计算是正确的。

终点 B 的高程 H_B 减去 A 点的高程 H_A，也应等于 $\sum h$，即

$$H_B - H_A = \sum h$$

在表 3-1 中为

$$42.153 - 41.695 = +0.458\text{m}$$

这说明高程计算也是正确的。

计算检核只能检查计算是否正确，并不能检核观测和记录时是否产生错误。

2）测站检核

如上所述，B 点的高程是根据 A 点的已知高程和转点之间的高差计算出来的。若其中测错任何一个高差，B 点的高程就不会正确。因此，对每一站的高差，都必须采取措施进行检核测量。这种检核称为测站检核。测站检核通常采用变动仪器高法或双面尺法。

（1）变动仪器高法：是在同一个测站上用两次不同的仪器高度，测得两次高差以相互比较进行检核。即测得第一次高差后，改变仪器高度（应大于 10cm）重新安置，再测一次高差。两次所测高差之差不超过容许值（例如等外水准容许值为 6mm），则认为符合要求，取其平均值作为最后结果，否则必须重测。

（2）双面尺法：是仪器的高度不变，而立在前视点和后视点上的水准尺分别用黑面和红面各进行一次读数，测得两次高差，相互进行检核。若同一水准尺红面与黑面读数（加常数后）之差不超过 3mm，且两次高差之差又未超过 5mm，则取其平均值作为该测站观测高差。否则，需要检查原因，重新观测。

3.1.3 水准测量的成果整理

水准测量外业工作结束后，要检查手簿，再计算各点间的高差。经检核无误后，才能进行计算和调整高差闭合差。最后计算各点的高程。以上工作，称为水准测量的内业。

1. 附合水准路线闭合差的计算和调整

如图 3-7 所示，A、B 为两个水准点。A 点高程为 56.345m，B 点高程为 59.039m。各测段的高差，分别为 h_1、h_2、h_3 和 h_4。

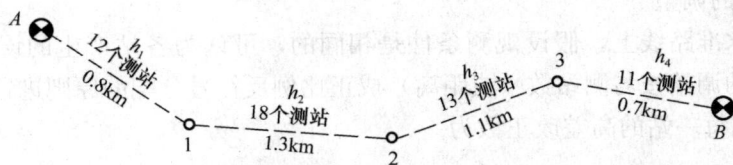

图 3-7 附合水准路线观测成果略图

显然，各测段高差之和的理论值应等于 A、B 两点的高程之差，即

$$\sum h_{理} = H_B - H_A \tag{3-5}$$

实际上，由于测量工作中存在着误差，使式（3-5）不相等，其差值即为高差闭合差，以符号 f_h 表示，即

$$f_h = \sum h_{测} - (H_B - H_A) \tag{3-6}$$

高差闭合差可用来衡量测量成果的精度，等外水准测量的高差闭合差容许值规定为

$$\left.\begin{array}{ll}\text{平地} & f_{h容}=\pm40\sqrt{L}\\ \text{山地} & f_{h容}=\pm12\sqrt{n}\end{array}\right\} \tag{3-7}$$

式中，L 为水准路线长度，以 km 计；n 为测站数。

若高差闭合差不超过容许值，说明观测精度符合要求，可进行闭合差的调整。现以图 3-7 中的观测数据为例，记入表 3-2 中进行计算说明。

水准测量成果计算表 表 3-2

测段编号	点名	距离 L（km）	测站数	实测高差（m）	改正数（m）	改正后的高差（m）	高程（m）	备注
1	2	3	4	5	6	7	8	9
1	A	0.8	12	+2.785	-0.010	+2.775	56.345	
2	1	1.3	18	-4.369	-0.016	-4.385	59.120	
3	2	1.1	13	+1.980	-0.011	+1.969	54.735	
4	3	0.7	11	+2.345	-0.010	+2.335	56.704	
Σ	B	3.9	54	+2.741	-0.047	+2.694	59.039	
辅助计算		$f_h=+47\text{mm}$ $\quad n=54 \quad$ $-f_h/n=-0.87\text{mm}$ $\qquad f_{h容}=\pm12\sqrt{54}=\pm88\text{mm}$						

1）高差闭合差的计算

$$f_h=\sum h_{测}-(H_B-H_A)=2.741-(59.039-56.345)=+0.047\text{m}$$

设为山地，故 $\qquad f_{h容}=\pm12\sqrt{n}=\pm12\sqrt{54}=\pm88\text{mm}$

$|f_h|<|f_{h容}|$，其精度符合要求。

2）闭合差的调整

在同一条水准路线上，假设观测条件是相同的，可认为各站产生的误差机会是相同的，故闭合差的调整按与测站数（或距离）成正比例反符号分配的原则进行。本例中，测站数 $n=54$，故每一站的高差改正数为

$$-\frac{f_h}{n}=-\frac{47}{54}=-0.87\text{mm}$$

各测段的改正数，按测站数计算，分别列入表 3-2 中的第 6 栏内。改正数总和的绝对值应与闭合差的绝对值相等。第 5 栏中的各实测高差分别加改正数后，便得到改正后的高差，列入第 7 栏。最后求改正后的高差代数和，其值应与 A、B 两点的高差（H_B-H_A）相等，否则，说明计算有误。

3）高程的计算

根据检核过的改正后高差，由起始点 A 开始，逐点推算出各点的高程，列入第 8 列栏中。最后算的 B 点高程应与已知的高程 H_B 相等，否则说明高程计算有误。

2. 闭合水准路线闭合差的计算与调整

闭合水准路线各段高差的代数和理论值应等于零，即

$$\sum h_{理} = 0$$

由于存在着测量误差，必然产生高差闭合差

$$f_h = \sum h_{测} \tag{3-8}$$

闭合水准路线高差闭合差的调整、容许值的计算，均与附合水准路线相同。

3. 支水准路线闭合差的计算与调整

为了检核成果，采用往、返观测，往返高差的代数和理论值应为零，其高差闭合差 f_h 为

$$f_h = \sum h_{往} + \sum h_{返} \tag{3-9}$$

当 $|f_h| \leqslant |f_{h容}|$ 时，按下式计算高差，其符号同往测。

$$h_{平} = (\sum h_{往} - \sum h_{返})/2 \tag{3-10}$$

3.1.4 水准测量的误差及注意事项

1. 水准测量的误差来源

水准测量误差包括仪器误差、观测误差和外界条件的影响三个方面。

1）仪器误差

（1）仪器校正后的残余误差

例如水准管轴与视准轴不平行，虽经校正但仍然残存少量误差等。这种误差的影响与距离成正比，只要观测时注意使前、后视距离相等，便可消除或减弱此项误差的影响。

（2）水准尺误差

由于水准尺刻划不准确，尺长变化、弯曲等影响，会影响水准测量的精度，因此，水准尺须经过检验才能使用。至于尺的零点差，可在一水准测段中使测站为偶数的方法予以消除。

2）观测误差

（1）水准管气泡居中误差

设水准管分划值为 τ''，居中误差一般为 $\pm 0.15\tau''$，采用符合式水准器时，气泡居中精度可提高一倍，故居中误差为

$$m_\tau = \pm \frac{0.15\tau''}{2\rho''} D \tag{3-11}$$

式中，D 为水准仪到水准尺的距离。

（2）读数误差

在水准尺上估读毫米数的误差，与人眼的分辨能力、望远镜的放大倍率以及视线长度有关，通常按下式计算

$$m_v = \frac{60''}{V} \cdot \frac{D}{\rho''} \tag{3-12}$$

式中，V 为望远镜的放大倍率；$60''$ 为人眼的极限分辨能力。

（3）视差影响

当存在视差时，十字丝平面与水准尺影像不重合，若眼睛观察的位置不同，便读出不同的读数，因而也会产生读数误差。

（4）水准尺倾斜影响

水准尺倾斜将使尺上读数增大，如水准尺倾斜 $3°30'$，在水准尺上 1m 处读数时，将会产生 2mm 的误差；若读数大于 1m，误差超过 2mm。

3）外界条件的影响

（1）仪器下沉

由于仪器下沉，使视线降低，从而引起高差误差。若采用"后、前、前、后"的观测程序，可减弱其影响。

（2）尺垫下沉

如果在转点发生尺垫下沉，将使下一站后视读数增大，这将引起高差误差。采用往返观测的方法，取成果的中数，可以减弱其影响。

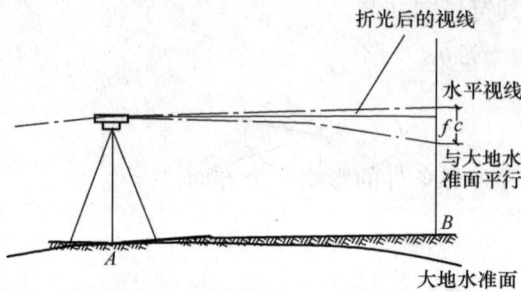

图 3-8　地球曲率及大气折光误差

（3）地球曲率及大气折光影响

如图 3-8 所示，用水平视线代替大地水准面在尺上读数产生的误差为 Δh（见式（1-6）），此处用 C 代替 Δh，则

$$C=\frac{D^2}{2R} \tag{3-13}$$

式中，D 为仪器到水准尺的距离；R 为地球的平均半径，为 6371km。

实际上，由于大气折光，视线并非是水平的，而是一条曲线（见图 3-8），曲线的曲率半径约为地球半径的 7 倍，其折光量的大小对水准尺读数产生的影响为

$$r=\frac{D^2}{2\times7R} \tag{3-14}$$

折光影响与地球曲率影响之和为

$$f=C-r=\frac{D^2}{2R}-\frac{D^2}{14R}=0.43\frac{D^2}{R} \tag{3-15}$$

如果使前后视距离 D 相等，由式（3-15）计算的 f 值则相等，地球曲率和大气折光的影响将得以消除或大大减弱。

（4）温度影响

温度的变化不仅引起大气折光的变化，而且当烈日照射水准管时，由于水准管本身和管内液体温度的升高，气泡向着温度高的方向移动，而影响仪器水平，产生气泡居中误差，观测时应注意撑伞遮阳。

2. 水准测量时应注意的事项

水准测量成果不符合要求多数是由于测量人员疏忽大意造成的，为此除要求测量人员对工作认真负责外，在测量时注意以下事项，可以减少不必要的返工重测。

（1）读数前观察，符合水准气泡居中后，方可读数，读完数后应检查符合水准气泡是否居中。

（2）读尺时不能误读整米数，或误把 6 读成 9。

（3）未读下一站的后视，立尺员不能将转点上的尺垫碰撞或拔起。

（4）用塔尺作水准测量时，尺节自动下滑未被发现。

（5）记录人听错、记错，或把前、后视读数位置搞错。

（6）误把十字丝的上、下视距丝当做十字丝横丝在水准尺上读数。

3.2 角 度 测 量

3.2.1 角度测量原理

在常规测量工作中，地面点点位通常是用投影三维定位方法来确定的，即将地面点的空间位置分解为水平位置和高程位置来确定。为了确定地面点的平面位置，通常需要观测水平角，为了确定地面点的高程位置，除了采用水准测量方法外，还经常通过观测竖直角按三角原理来确定。

1. 水平角测量原理

水平角就是从一点出发的两条方向线所构成的空间角在水平面上的投影。

图 3-9 中 O 为测站点，角 AOB（即 β）为测站点和目标点构成的空间角，它在水平面 P 上的投影角 A_1OB_1（即 β_0）即为角 AOB 的水平角。通常水平角是从起始方向按顺时针度量的，其取值范围为 $[0°\sim360°]$。由图 3-9 还可以看出，水平角 β_0 是通过方向线 OA 和 OB 的两个竖面所形成的两面角。显然，水平角可以在两竖面交线上的任意一点上进行量测。因此，可以设想，在测站点的上方某一高度水平放置一个有分划的圆盘，使其中心（O'）恰位于过测站点 O 的铅垂线（O' O）上。由过 OA 的竖直面与圆盘的交线可得一目标的读数 a，再由过 OB 的竖面与圆盘的交线得另一目标读数 b。当圆盘的刻划按顺时针注记时，右方目标读数 b 减去左方目标（一般称为起始目标）读数 a 可得水平角 β_0，即：

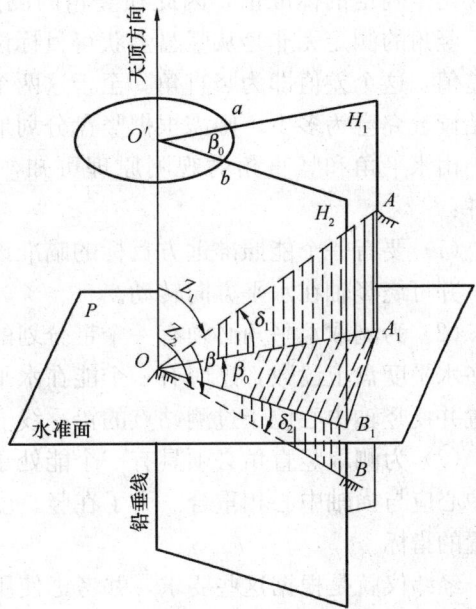

图 3-9 水平角和竖直角观测原理

$$\beta_0 = b - a \qquad (3\text{-}16)$$

2. 竖直角测量原理

竖直角是空间方向线与水平面或天顶方向的夹角，简称竖角，又称垂直角。

空间方向线与水平面的交角称为高度角，而空间方向线与天顶方向的夹角称为天顶距。高度角从水平面开始度量。当空间方向线位于水平面之上时，高度角为正，称为仰角，图 3-9 中的 δ_1 为仰角，是正高度角；当空间方向线位于水平面之下时，高度角为负，称为俯角，图 3-9 中的 δ_2 为俯角，是负高度角。高度角的取值范围为 $[0°\sim\pm90°]$。

对于野外观测而言，天顶方向是指过测站点的铅垂方向的反方向。天顶距通常用 Z 表示，它是从天顶方向度量的，其取值范围为 $[0°\sim180°]$，如图 3-9 所示。由图 3-9 还可看出，同一空间方向线的高度角 δ 和天顶距 Z 之间的关系为：

$$Z = 90° - \delta \qquad \text{(3-17)}$$

由竖直角的定义可知，竖直角是针对某一空间方向线而独立定义的。因此，某一方向线的竖角，可以利用竖直安置在过该空间方向线的竖直面内的有刻划的圆盘（称为竖直度盘，简称竖盘）来量测。例如，若欲量测图 3-9 中 OA 方向的高度角，应将竖盘安置在过 OA 的竖直面 H_1 内，通过 OA 方向线可以在竖盘上得到一个竖盘读数（称为目标读数），再从过竖盘中心 O 点的水平面与竖盘的交线可得另一个读数（称为水平始读数），两读数之差即为高度角。若欲测 OA 方向的天顶距，除获得一个目标读数外，还应从过 O 点的天顶方向在竖盘上得到另一个读数（称为天顶始读数），两读数的差值即为天顶距。

由于水平始读数或天顶始读数的理论值可由竖盘注记形式确定，当仪器安置好之后，这应是个确定的标准值，因此在竖角的测定时，实际上仅需测定目标读数即可。由此可见，竖角的测定无非是从竖盘上获得目标读数再与水平始读数或天顶始读数相比较而获得其差值，这个差值即为竖直角。至于这两个读数中哪一个是被减数，以及水平始读数或天顶始读数究竟为多少，则需根据竖盘分划形式而定。

由水平角和竖直角的观测原理可知，用于角度测量的经纬仪必须具有下述的基本条件：

（1）要有一个能照准远方目标的瞄准设备，它不但能上下绕横轴转动而形成一竖直平面，并可绕竖轴在水平方向转动。

（2）为测取水平角必须有一个带分划的圆盘（即水平度盘），其中心应与竖轴相重合。为在水平度盘上读数，还应有一个能在水平度盘上读数的指标。为将水平度盘安置在水平位置并使竖轴中心位于过测站点的铅垂线方向上，应具有仪器整平装置和对中装置。

（3）为测取竖直角必须具有一个能处于竖直位置并带分划的圆盘（即竖直度盘），且其中心应与横轴中心相重合。为了在竖直度盘上读数，应具有能被安置在水平位置或竖直位置的指标。

经纬仪就是根据这些要求，并考虑使用上的便利而设计制造的。

3.2.2 水平角观测方法

1. 经纬仪的安置

在用经纬仪进行测角之前，必须把仪器安置在测站上。经纬仪的安置包括对中和整平两项工作。

1）对中和整平

（1）对中

对中的目的是使仪器的中心（竖轴）与测站点位于同一铅垂线上。

对中时，先把三脚架张开，架在测站点上，要求高度适宜，架头大致水平。然后挂上垂球，平移三脚架使垂球尖大致对准测站点。再将三脚架踩实，装上仪器，此时应把连接螺旋稍微松开，在架头上移动仪器精确对中，误差小于 2mm，旋紧连接螺旋即可。

在用垂球对中时，应及时调整垂球线的长度，使得垂球尖尽量靠近测站点，以保证对中精度。但不得与测站点接触。

（2）整平

整平的目的是使仪器的竖轴竖直，水平度盘处于水平位置。

整平时，松开水平制动螺旋，转动照准部，使水准管大致平行于任意两个脚螺旋的连线，如图 3-10（a）所示，两手同时向内或向外旋转这两个脚螺旋使气泡居中。气泡的移动方向一般与左手大拇指（或右手食指）移动的方向一致。再将照准部旋转 90°，水准管处于原来位置的垂直位置，如图 3-10（b）所示，用另一个脚螺旋使气泡居中。如此反复操作，直至照准部转到任何位置，气泡都居中为止。

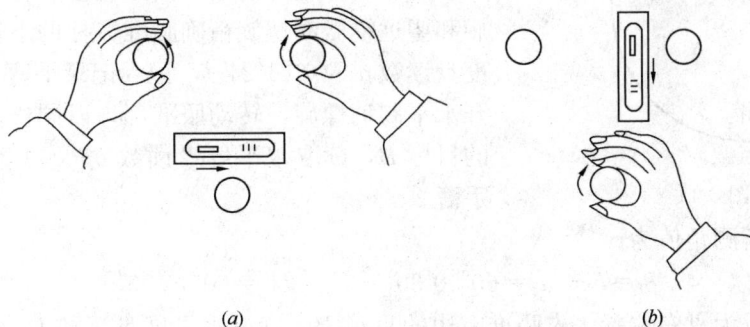

(a)   (b)

图 3-10　经纬仪整平

2）使用光学对中器对中和整平

由于用垂球对中不仅受风力影响，而且当三脚架架头倾斜较大时，也会给对中带来影响。因此目前生产的光学经纬仪均装有光学对中器。用光学对中器对中，精度可达到 1～2mm，高于垂球对中精度。

使用光学对中器对中，应与整平仪器结合进行，其操作步骤如下：

（1）将仪器置于测站点上，三个脚螺旋调至中间位置，架头大致水平，光学对中器大致位于测站点的铅垂线上，将三脚架踩实。

（2）旋转光学对中器的目镜，看清分划板上的圆圈，拉或推动目镜使测站点影像清晰。

（3）旋转脚螺旋使光学对中器对准测站点。

（4）利用三脚架的伸缩螺旋调整架腿的长度，使圆水准器气泡居中。

（5）用脚螺旋整平照准部水准管。

（6）用光学对中器观察测站点是否偏离分划板圆圈中心。如果偏离中心，稍微松开三脚架连接螺旋，在架头上平行移动仪器，圆圈中心对准测站点后旋紧连接螺旋。

（7）重新整平仪器，直至在整平仪器后，光学对中器对准测站点为止。

2. 水平角观测方法

水平角的测量方法，一般是根据测角的精度要求、所使用的仪器以及观测方向的数目而定。工程上常用的方法有测回法和方向观测法。

1）测回法

测回法适用于观测只有两个方向的单角。这种方法要用盘左和盘右两个位置进行观测。观测时目镜朝向观测者，如果竖盘位于望远镜的左侧，称为盘左；如果位于右侧，则称为盘右。通常先以盘左位置测角，称为上半测回。两个半测回合在一起称为一测回。有时水平角需要观测数测回。

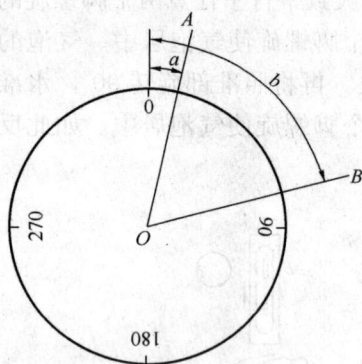

图 3-11

如图 3-11 所示，将仪器安置在 O 点上，用测回法观测水平角 AOB，具体步骤如下：

（1）盘左位置，松开水平制动螺旋和望远镜制动螺旋，用望远镜上的准星、照门或粗瞄器瞄准左边的目标 A，旋紧两制动螺旋，进行目镜和物镜对光，使十字丝和目标成像清晰，消除视差，再用水平微动螺旋和望远镜微动螺旋精确瞄准目标的下部，读取水平度盘读数 a_1（$0°01'24''$），记入记录手簿（表 3-3）。松开水平制动螺旋，转动照准部，以同样方法瞄准右边的目标 B，读取水平度盘读数 b_1（$60°50'30''$），记入手簿。

上半测回所测角值为

$$\beta_1 = b_1 - a_1 = 60°50'30'' - 0°01'24'' = 60°49'06''$$

（2）倒镜成为盘右位置，先瞄准右边的目标 B，读取水平度盘读数 b_2（$240°50'30''$），记入手簿。再瞄准左边的目标 A，读取读数 a_2（$180°01'30''$），记入手簿。

下半测回所测角值为

$$\beta_2 = b_2 - a_2 = 240°50'30'' - 180°01'30'' = 60°49'00''$$

测回法观测记录手簿　　　　　　　　　　　　表 3-3

测站	盘位	目标	水平度盘读数 （° ′ ″）	半测回角值 （° ′ ″）	一测回角法 （° ′ ″）	备　注
O	左	A	0　01　24	60　49　06	60　49　03	
		B	60　50　30			
	右	A	180　01　30	60　49　00		
		B	240　50　30			

J_6 级光学经纬仪盘左、盘右两个"半测回"角值之差不超过 $40''$ 时，取其平均值即为一测回角值：

$$\beta = \frac{1}{2}(\beta_1 + \beta_2) = 60°49'03''$$

由于水平度盘注记是顺时针方向增加的，因此在计算角值时，无论是盘左还是盘右，均应用右边目标的读数减去左边目标的读数，如果不够减，则应加上 $360°$ 再减。

当观测几个测回时，为了减少度盘分划误差的影响，各测回应根据测回数 n，按 $180°/n$ 变换水平度盘位置。例如观测三个测回，$180°/3 = 60°$，第一测回盘左时起始方向的读数应配置在 $0°$ 稍大些。第二测回盘左时起始方向的读数应配置在 $60°$ 左右。第三测回盘左时起始方向的读数应配置在 $60° + 60° = 120°$ 左右。

2）方向观测法

在一个测站上需要观测两个以上的方向时，一般采用方向观测法。

如图 3-12 所示，仪器安置在 O 点上，观测 A、B、C、D 各方向之间的水平角，其观测步骤如下：

（1）盘左：

选择方向中一明显目标如 A 作为起始方向（或称零方向），精确瞄准 A，水平度盘配置在 $0°$ 或稍大些，读取读数记入记录手簿，然后顺时针方向依次瞄准 B、C、D，读取读数记入记录手簿中。为了检核水平度盘在观测过程中是否发生变动，应再次瞄准 A，读取水平度盘读数，此次观测称为归零，A 方向两次水平度盘读数之差称为半测回归零差。

以上为上半测回。

（2）盘右：

按逆时针方向依次瞄准 A、D、C、B、A，读取水平度盘读数，记入记录手簿中，检查半测回归零差，此为下半测回。

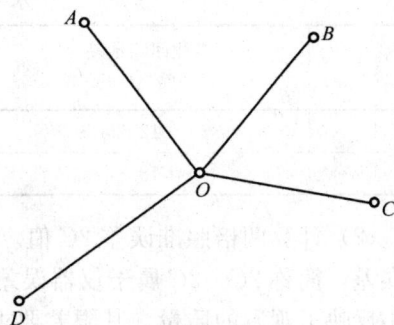
图 3-12

这样就完成了一个测回的观测工作。如果要观测 n 个测回，每测回仍应按 $180°/n$ 的差值变换水平度盘的起始位置。

方向观测法的记录格式见表 3-4。计算步骤和限差要求说明如下：

方向观测法记录手簿 表 3-4

测回	测回数	目标	水平度读数 盘左 (° ′ ″)	水平度读数 盘右 (° ′ ″)	2C (″)	平均读数 (° ′ ″)	归零方向值 (° ′ ″)	各测回平均归零方向值 (° ′ ″)	备注
O	1	A	0 02 42	180 02 42	0	(0 02 38) 0 02 42	0 00 00	0 00 00	
		B	60 18 42	240 18 30	+12	60 18 36	60 15 58	60 15 56	
		C	116 40 18	296 40 12	+6	116 40 15	116 37 37	116 37 28	
		D	185 17 30	5 17 36	−6	185 17 33	185 14 55	185 14 47	
		A	0 02 30	180 02 36	−6	0 02 33			
	2	A	90 01 00	270 01 06	−6	(90 01 09) 90 01 03	0 00 00		
		B	150 17 06	330 17 00	+6	150 01 03	60 15 54		
		C	206 38 30	26 38 24	+6	206 38 27	116 37 18		
		D	275 15 48	95 15 48	0	275 15 48	185 14 39		
		A	90 01 12	270 01 18	−6	90 01 15			

（1）计算半测回归零差，不得大于限差规定值（表 3-5），否则应重测。

仪器	半测回归零差 (″)	一测回内 2C 互差 (″)	同一方向值各测回互差 (″)
J₂	12	18	12
J₆	18		24

(2) 计算两倍照准误差 2C 值。同一方向盘左读数减去盘右读数±180°，称为两倍照准误差，简称 2C。2C 属于仪器误差，同一台仪器 2C 值应当是一个常数，因此 2C 的变动大小反映了观测的质量，其限差要求见表 3-5。由于 J₆ 级经纬仪的读数受到度盘偏心差的影响，因而未对 2C 互差作出规定。

(3) 计算各方向的盘左和盘右读数的平均值，即

$$平均读数 = \frac{1}{2}[盘左读数 + (盘右读数 ± 180°)]$$

在计算平均读数后，起始方向 OA 有两个平均读数，应再取平均，写在表中括号内，作为 A 的方向值。

(4) 计算归零方向值。将计算出的各方向的平均读数分别减去起始方向 OA 的两次平均读数（括号内之值），即得各方向的归零方向值。

(5) 各测回同一方向的归零方向值进行比较，其差值不应大于表 3-5 之规定。取各测回同一方向归零方向值的平均值作为该方向的最后结果。

如果欲求水平角值，只须将相关的两平均归零方向值相减即可得到。

3.2.3 竖直角测量

1. 竖直度盘的构造

竖直度盘部分包括竖盘、竖盘指标水准管和竖盘指标水准管微动螺旋，如图 3-13 所示。竖盘固定在望远镜横轴的一端，其面与横轴垂直。望远镜绕横轴旋转时，竖盘亦随之转动，而竖盘指标不动。竖盘指标为分（测）微尺的零分划线，它与竖盘指标水准管固连在一起，当旋转竖盘指标水准管微动螺旋使指标水准管气泡居中时，竖盘指标即处于正确位置。

竖盘的注记形式有顺时针与逆时针两种。当望远镜视线水平，竖盘指标水准管气泡居中时，盘左竖盘读数应为 90°，盘右竖盘读数则为 270°。

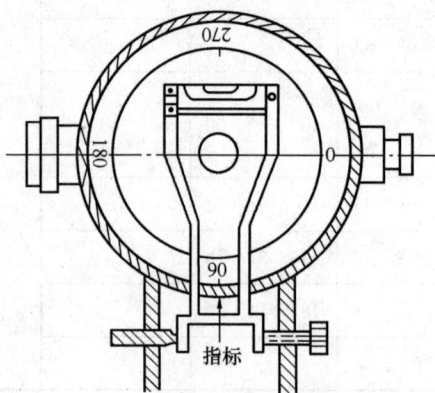

图 3-13 竖直度盘

2. 竖直角计算公式

如前所述，竖直角为同一竖面内目标视线方向与水平线的夹角。所以，观测竖直角与观测水平角一样也是两个方向的读数之差，但有两点不同，即

1) 竖直角的两个方向中有一个是水平方向，它的竖盘读数为一定值，盘左为 90°，盘右为 270°，所以观测时只须读取目标视线方向的竖盘读数。

2）由于竖盘注记有顺时针和逆时针两种形式，因此竖直角的计算公式也不同：

（1）顺时针注记形式。图 3-14 所示为顺时针注记竖盘。盘左时，视线水平的读数为 90°，当望远镜逐渐抬高（仰角），竖盘读数在减少，因此竖直角

$$\alpha_{左} = 90° - L \qquad (3-18)$$

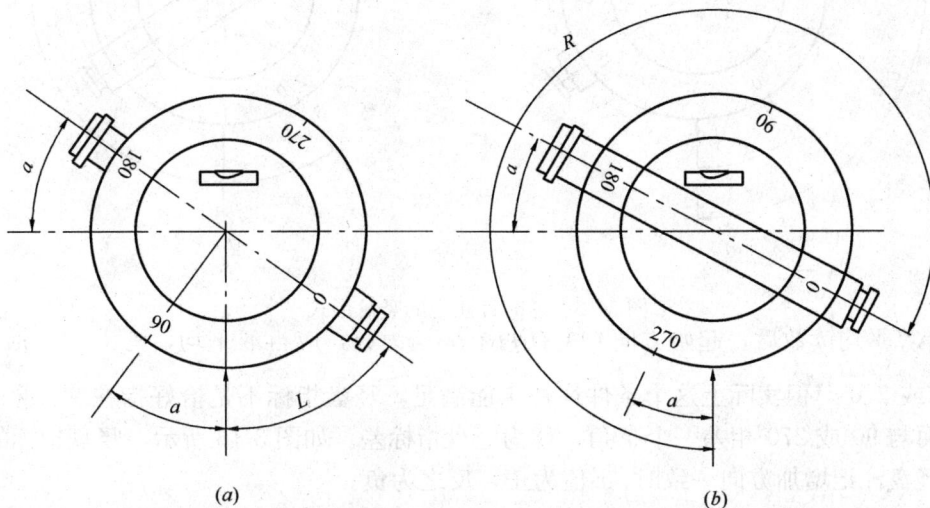

图 3-14　顺时针注记竖盘形式
（a）盘左；（b）盘右

同理
$$\alpha_{右} = R - 270° \qquad (3-19)$$

式中，L、R 分别为盘左、盘右瞄准目标的竖盘读数。

一测回的竖直角值为

$$\alpha = \frac{1}{2}(\alpha_{左} + \alpha_{右})$$

或者

$$\alpha = \frac{1}{2}(R - L - 180°) \qquad (3-20)$$

（2）逆时针注记形式。图 3-15 所示为逆时针注记竖盘。仿照顺时针注记的推求方法，可得其竖直角计算公式：

$$\alpha_{左} = L - 90° \qquad (3-21)$$
$$\alpha_{右} = 270° - R \qquad (3-22)$$

一测回的竖直角值为

$$\alpha = \frac{1}{2}(\alpha_{左} + \alpha_{右})$$

或者
$$\alpha = \frac{1}{2}(L - R + 180°) \qquad (3-23)$$

3. 竖盘指标差

上面述及的是一种理想的情况，即当视线水平，竖盘指标水准管气泡居中时，竖盘读

57

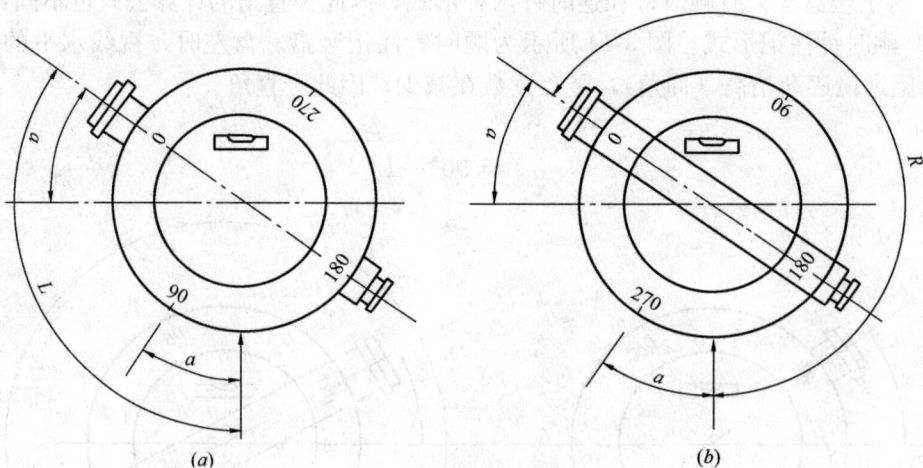

图 3-15　逆时针注记的竖盘形式

(a) 盘左；(b) 盘右

数为 90°或 270°。但实际上这个条件往往未能满足，竖盘指标不是恰好指在 90°或 270°整数上，而与 90°或 270°相差一个 x 角，称为竖盘指标差。如图 3-16 所示，竖盘指标的偏移方向与竖盘注记增加方向一致时，x 值为正，反之为负。

下面以图 3-16 所示的顺时针注记竖盘为例，说明竖盘指标差的计算公式。

由图 3-16 可以明显看出，由于指标差 x 的存在，使得盘左、盘右读得的 L、R 均大了一个 x。为了得到正确的竖直角 α，则

$$\alpha = 90° - (L - x) \tag{3-24}$$

$$\alpha = (R - x) - 270° \tag{3-25}$$

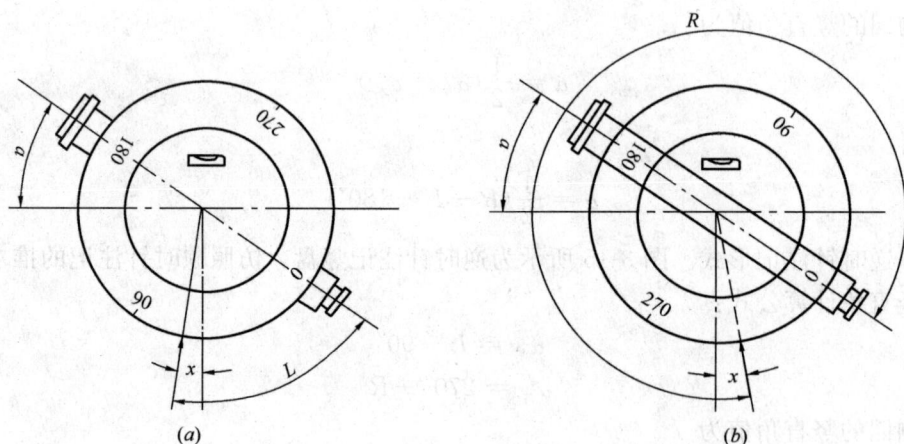

图 3-16　竖直度盘指标差

(a) 盘左；(b) 盘右

式 (3-24) 与式 (3-25) 相加，可得：

$$\alpha = \frac{1}{2}(R - L - 180°) \tag{3-26}$$

这与式（3-20）完全相同，说明用盘左、盘右各观测一次竖直角，然后取其平均值作为最后结果，可以消除指标差的影响。

如将式（3-24）与式（3-25）相减，可得：

$$x = \frac{1}{2}(L + R - 360°) \tag{3-27}$$

式（3-27）即为竖盘指标差的计算公式。对于逆时针注记竖盘同样适用。

4. 竖直角观测与计算

将仪器安置在测站上，按下列步骤进行观测：

1）在盘左位置用水平中丝照准目标，调整竖盘指标水准管气泡居中后，读取竖盘读数 L，记入记录手簿（表3-6）。

2）在盘右位置用水平中丝照准目标，调整竖盘指标水准管气泡居中后，读取竖盘读数 R，记入记录手簿，测回观测结束。

3）根据仪器竖盘注记形式确定竖直角计算公式，计算竖直角和指标差。

竖直角观测记录手簿　　　　　　　　　　　　　　　　　　表 3-6

测站	目标	盘位	竖盘读数 (° ′ ″)	半测回竖直角 (° ′ ″)	指标差 (″)	一测回竖直角 (° ′ ″)	备 注
O	A	左	77 32 30	+12 27 30	+06	+12 27 36	
		右	282 27 42	+12 27 42			
	B	左	96 26 42	−06 26 42	+24	−06 26 18	
		右	263 34 06	−06 26 54			

4）竖直角观测的有关规定：

（1）竖直角测定应在目标成像清晰稳定的条件下进行。

（2）盘左、盘右两盘位照准目标时，其目标成像应分别位于竖丝左、右附近的对称位置。

（3）观测过程中，若发现指标差绝对值大于 $30″$ 时，应注意予以校正。

（4）J_6 级经纬仪竖盘指标差的变化范围不应超过 $15″$。

3.3　距离测量与直线定向

3.3.1　钢尺量距

1. 直线定线

当两个地面点之间的距离较长或地势起伏较大时，为使量距工作方便起见，可分成几段进行丈量。这种把多根标杆标定在已知直线上的工作称为直线定线。一般量距用目视定线，方法如下述。

如图 3-17 所示，A、B 为待测距离的两个端点，先在 A、B 点上持立标杆，甲立在 A 点后 1～2m 处，由 A 瞄向 B，使视线与标杆边缘相切，甲指挥乙持标杆左右移动，直到

A、2、B 三标杆在一条直线上，然后将标杆竖直地插下。直线定线一般应由远到近，即先定点1，再定点2。

图 3-17　直线定线

2. 钢尺量距

钢尺量距的基本要求是"直、平、准"。直，就是要量两点间的直线长度，要求定线直；平，就是要量出两点间的水平距离，要求尺身水平；准，要求对点、投点、读数要准确，要符合精度要求。

目估定线或经纬仪定线后即可进行丈量工作。丈量工作一般需要三人，分别担任前司尺员、后司尺员和记录员。丈量方法依地形而有所不同。

1) 平坦地面量距

丈量时后司尺员持钢尺零点端，前司尺员持钢尺末端，通常在土质地面上用测钎标示尺段端点位置。丈量时尽量用整尺段，一般仅末段用零尺段丈量。如图 3-18 所示，地面两点间的水平距离为

$$D = nl + q \qquad\qquad (3\text{-}28)$$

式中，n 为尺段数；l 为钢尺长度；q 为不足一整尺的余长。

为了防止错误和提高丈量结果的精度，需进行往、返丈量。一般用相对误差来表示成果的精度。计算相对误差时，往返测差数取绝对值，分母取往返测的平均值，并化为分子为 1 的分数表达式。例如，AB 往测长为 327.47m，返测长为 327.35m，则相对误差为

$$K = \frac{|D_{往} - D_{返}|}{D_{平均}} = \frac{0.12}{327.41} = \frac{1}{2700}$$

一般要求 K 在 1/3000～1/1000 之间，当量距相对误差没有超过规范要求时，取往、返丈量结果的平均值作为两点间的水平距离。

2) 倾斜地面量距

若地面起伏不大，可将钢尺一端抬高，目估使尺面水平，按平坦地面量距方法进行。若地面坡度较大，可将一整尺段距离分段丈量，其一端用垂球对点。如图 3-19 所示。

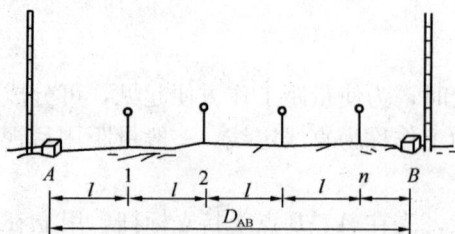

图 3-18　平坦地面量距方法

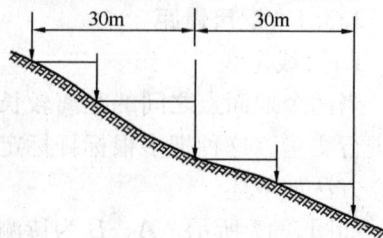

图 3-19　倾斜地面量距方法

当倾斜地面的坡度均匀，大致成一倾斜面时，可以沿斜坡丈量 AB 的斜距 L，测得 A、B 两点间的高差 h，则水平距离为：

$$D = \sqrt{L^2 - h^2}$$
$$\text{或} D = L + \Delta D_{\text{h}} \tag{3-29}$$

式中，ΔD_{h} 为量距的倾斜改正，见图 3-20。

$$\Delta D_{\text{h}} = D - L = (L^2 - h^2)^{1/2} - L = L\left[\left(1 - \frac{h^2}{L^2}\right)^{1/2} - 1\right]$$

$$\Delta D_{\text{h}} = L\left[\left(1 - \frac{h^2}{2L^2} - \frac{1}{8}\frac{h^4}{L^4} - \cdots\right) - 1\right] = -\frac{h^2}{2L} - \frac{1}{8}\frac{h^4}{L^3} - \cdots$$

一般 h 与 L 相比总是很小，式中二次项以上的各项可略去不计，故倾斜改正数为

$$\Delta D_{\text{h}} = -\frac{h^2}{2L}$$

若测得地面的倾角 α，则

$$D = L \cdot \cos\alpha$$

用一般方法量距，量距精度只能达到 $1/5000 \sim 1/1000$，当量距精度要求更高时，例如 $1/40000 \sim 1/10000$，就要求采用精密量距法进行丈量，由于精密量距法野外工作相当繁重，同时，鉴于目前测距仪和全站仪已经较普及，要达到更高的测距精度已是很容易的事，故精密量距法不再介绍。

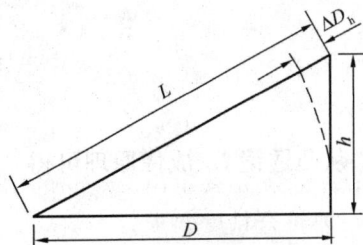

图 3-20 倾斜改正

3.3.2 视距测量

视距测量是利用望远镜内的视距装置配合视距尺，根据几何光学和三角测量原理，同时测定距离和高差的方法。最简单的视距装置是在测量仪器（如经纬仪、水准仪）的望远镜十字丝分划板上刻制上、下对称的两条短线，称为视距丝，如图 3-21 所示，视距测量中的视距尺可用普通水准尺，也可用专用视距尺。

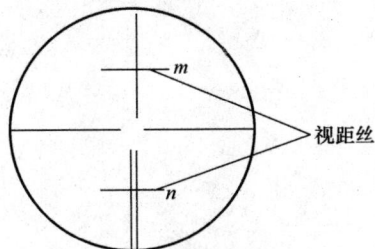

图 3-21 视距丝

视距测量精度一般为 $1/300 \sim 1/200$，精密视距测量可达 $1/2000$。视距测量用一台经纬仪即可同时完成两点间的平距和高差的测量，操作简便。当地形起伏较大时，常用于碎部测量和图根控制网的加密。

1. 视线水平时的视距公式

目前测量上常用的望远镜是内调焦望远镜。图 3-22 为内调焦望远镜原理图。

R 为视距尺，L_1 为望远镜物镜，焦距为 f_1。L_2 为调焦物镜，焦距为 f_2。V 为仪器中心，即竖轴中心。K 为十字丝板，b 为十字丝板与调焦物镜 L_2 间的距离。δ 为仪器中心与物镜 L_1 间的距离。当望远镜瞄准视距尺时，移动 L_2 使标尺像落在十字丝面上。通过上、下两个视距丝 m、n 就可读取视距尺上 M、N 两点的读数。其差称为尺间隔 n：

$$n = N - M$$

从图中可见，待测距离 D 为

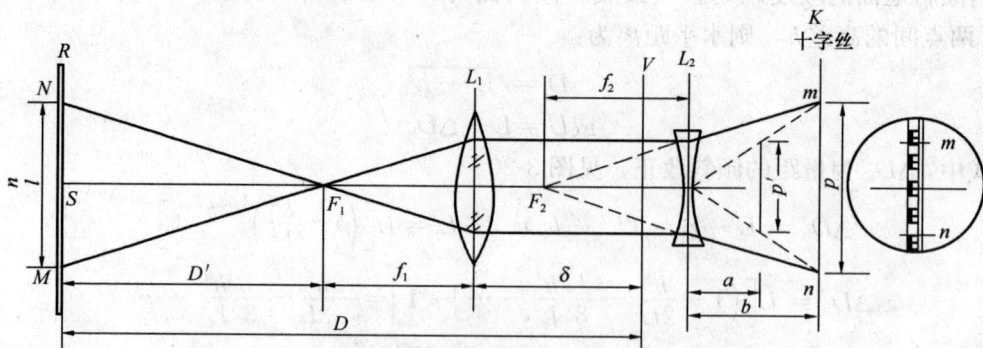

图 3-22　内调焦望远镜原理

$$D = D' + f_1 + \delta \tag{3-30}$$

从凸透镜 L_1 成像原理可得

$$\frac{D'}{f_1} = \frac{n}{p'} \tag{3-31}$$

式中，p' 为经过 L_1 后的像长。

由调焦透镜（凹透镜）成像原理可得

$$\frac{p}{p'} = \frac{b}{a} \tag{3-32}$$

式中，p 为 p' 经过凹透镜 L_2 后的像长；a 为物距；b 为像距。

根据凹透镜成像公式可得

$$\frac{1}{b} - \frac{1}{a} = \frac{1}{f_2}$$

$$\frac{b}{a} = \frac{f_2 - b}{f_2}$$

将上式代入式（3-32），可得

$$\frac{1}{p'} = \frac{f_2 - b}{f_2 p}$$

再代入式（3-31）则得

$$D' = \frac{f_1(f_2 - b)}{f_2 p} n \tag{3-33}$$

设望远镜对无穷远目标调焦时，像距为 b_∞。而 $b = b_\infty + \Delta b$，代入式（3-33）和式（3-30）得

$$D = \frac{f_1(f_2 - b_\infty)}{f_2 p} n - \frac{\Delta b f_1}{f_2 p} n + f_1 + \delta$$

令

$$K = \frac{f_1(f_2 - b_\infty)}{f_2 p}, \quad c = \frac{-f_1 \Delta b}{f_2 p} n + f_1 + \delta$$

则

$$D = Kn + c$$

式中，K 为视距乘常数，一般设计为 100；c 为视距加常数，其值很小，可以忽略

不计。

故

$$D = Kn = 100n \tag{3-34}$$

视线水平时的高差见图 3-23，可得

$$h = i - l \tag{3-35}$$

式中，i 为仪器高，即仪器横轴至桩顶的距离；l 为中丝读数，即十字丝中丝在标尺上的读数。

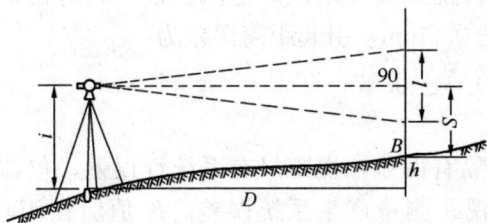

图 3-23　视线水平时的视距测量　　　　　图 3-24　视线倾斜时的视距测量

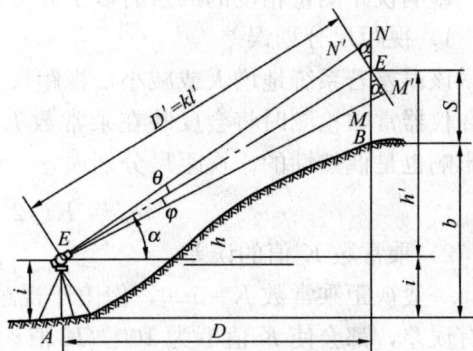

2. 视线倾斜时的视距公式

当地面起伏比较大，望远镜倾斜才能瞄到视距尺时（图 3-24），此时视线不再垂直于视距尺。因此，需要将 B 点视距尺的尺间隔 n，即 M、N 读数差，换算为垂直于视线的尺间隔 n'，即图中 M'、N' 的读数差。求出斜距 D'，然后再求水平距离 D。

设视线竖直角为 α，由于十字丝上、下丝的间距很小，视线夹角约为 $34'$，故可以将 $\angle EM'M$ 和 $\angle EN'N$ 近似看成直角。$\angle MEM' = \angle NEN' = \alpha$。从图中可见：

$$M'E + EN' = (ME + EN)\cos\alpha$$
$$n' = n\cos\alpha \tag{3-36}$$
$$D' = kn' = kn\cos\alpha$$

水平距离 D 为

$$D = D'\cos\alpha = kn\cos^2\alpha \tag{3-37}$$

初算高差 h' 为

$$h' = D'\sin\alpha = kn\cos\alpha\sin\alpha = \frac{1}{2}kn\sin2\alpha \tag{3-38}$$

A、B 两点高差为

$$h = h' + i - l = \frac{1}{2}kn\sin2\alpha + i - l \tag{3-39}$$

3. 视距测量的观测与计算

视距测量主要用于地形测量、测定测站点至地形点的水平距离及高差。其观测步骤如下：

（1）在测站上安置经纬仪，量取仪器高 i（桩顶至仪器横轴中心的距离），精确到厘米；

（2）瞄准竖直于测点上的标尺，并读取中丝读数 l 值；

（3）用上、下视距丝在标尺上读数，将两数相减得视距间隔 n；

（4）使竖盘水准管气泡居中，读取竖盘读数，求出竖直角 α。

视距测量的计算可直接用式（3-37）和式（3-39），计算平距和高差。

4. 视距测量误差

影响视距测量精度的因素有以下几方面。

1）视距尺分划误差

该误差若系统地增大或减小，视距尺分划误差对视距测量将产生系统性误差。这个误差在仪器常数检测时将会反映在乘常数 K 上。若视距尺分划误差是偶然误差，对视距测量影响也是偶然性的。视距尺分划误差一般为 $\pm0.5\text{mm}$，引起距离误差为

$$m_{\text{d}} = K(\sqrt{2} \times 0.5) = \pm0.071$$

2）乘常数 K 值的误差

一般视距乘常数 $K=100$，但由于视距丝间隔有误差，视距尺有系统性误差，仪器检定有误差，都会使 K 值不为 100。K 值误差使视距测量产生系统误差。K 值应在 100 ± 0.1 之内，否则应该改正。

3）竖直角测量误差

竖直角观测误差对视距测量有影响。

4）视距丝读数误差

视距丝读数误差是影响视距测量精度的重要因素。它与视距远近成正比，距离越远误差越大，所以视距测量中要根据测图对测量精度的要求限制最远视距。

5）视距尺倾斜对视距测量的影响

视距公式是在视距尺严格与地面垂直条件下推导出的。若视距尺倾斜，设其倾角为 $\Delta\gamma$。现对视距测量公式（3-37）进行微分，得视距测量误差：

$$\Delta D = -2kn\cos\alpha\sin\alpha\frac{\Delta\gamma}{\rho} \tag{3-40}$$

其相对误差为

$$\frac{\Delta D}{D} = \left| \frac{-2kn\cos\alpha\sin\alpha}{kn\cos^2\alpha}\frac{\Delta\gamma}{\rho} \right| = 2\tan\alpha\frac{\Delta\gamma}{\rho} \tag{3-41}$$

一般视距测量精度为 $1/300$。要保证 $\dfrac{\Delta D}{D} \leqslant \dfrac{1}{300}$，视距测量时倾角误差应满足

$$\Delta\gamma \leqslant \frac{\rho''\cot\alpha}{600} = 5.8'\cot\alpha \tag{3-42}$$

根据上式可计算出不同竖直角测量时倾角的允许值，见表3-7。

不同竖直角与倾角允许值　　　　　　　　　　　　　　表3-7

竖直角	3°	5°	10°	20°
$\Delta\gamma$ 允许值	1.8°	1.1°	0.5°	0.3°

由此可见，视距尺倾斜时，对视距测量影响不可忽视，特别在山区，倾角大时，更要

注意。必要时可在视距尺上附加圆水准器。

5. 外界气象条件对视距测量的影响

1）大气折光的影响

视线穿过大气时会产生折射，其光程从直线变成曲线，造成误差，由于视线靠地面时折光大，所以规定视线应高出地面 1m 以上。

2）大气湍流的影响

空气的湍流将使视距成像不稳定，造成视距误差。当视线接近地面或水面时这种现象更为严重，所以视线要高出地面 1m 以上。除此之外，风和大气能见度对视距测量也会产生影响。风力过大，尺子会抖动，空气中灰尘和水汽会使视距尺成像不清晰，造成读数误差，所以应选择良好的天气进行测量。

3.3.3 直线定向

确定地面上两点之间的相对位置，仅知道两点之间的水平距离是不够的，还必须确定此直线与标准方向之间的关系。确定直线与标准方向之间的关系称为直线定向。

1. 标准方向的种类

1）真子午线

通过地球表面某点的真子午面的切线方向，称为该点的真子午线方向。真子午线方向是用天文测量方法或用陀螺经纬仪测定的。

2）磁子午线

磁子午线方向是在地球磁场的作用下，磁针自由静止时其轴线所指的方向。磁子午线方向可用罗盘仪测定。

3）坐标纵轴（x 轴）

我国采用高斯平面直角坐标系，每一 6°带 或 3°带 内都以该带的中央子午线的投影作为坐标纵轴。因此，在该带内直线定向，就用该带的坐标纵轴方向作为标准方向。如采用假定坐标系，则用假定的坐标纵轴（x 轴）作为标准方向。

2. 表示直线方向的方法

测量工作中，常采用方位角来表示直线的方向。由标准方向的北端起，顺时针方向量到某直线的水平角度，称为该直线的方位角。角值由 0°～360°。

1）真方位角 A

如图 3-25 所示，若标准方向 PN 为真子午线方向，并用 A 表示真方位角，则 A_1、A_2 分别为直线 $P1$、$P2$ 的真方位角。

2）磁方位角 A_m

若 PN 为磁子午线方向，则各角分别为相应直线的磁方位角，磁方位角用 A_m 表示。

3）坐标方位角 α

若 PN 为坐标纵轴方向，则各角分别为相应直线的坐标方位角，用 α 表示。

3. 反坐标方位角

测量工作中的直线都是具有一定方向的。如图 3-26 所示，直线 AB 的点 A 是起点，点 B 是终点，直线 AB 的坐标方位角 α_{AB} 称为直

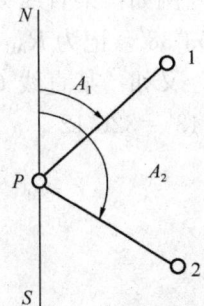

图 3-25 直线定向的方法

线 AB 的正坐标方位角，直线 BA 的坐标方位角 α_{BA} 称为直线 AB 的反坐标方位角（是直线 BA 的正坐标方位角）。正、反坐标方位角相差 $180°$，即

$$\alpha_{AB} = \alpha_{BA} \pm 180° \qquad (3\text{-}43)$$

由于地面各点的真（或磁）子午线收敛于两极，并不互相平行，致使直线的正、反真（或磁）方位角相差不等于 $180°$，给测量计算带来不便，所以，测量工作中均采用坐标方位角进行直线定向。

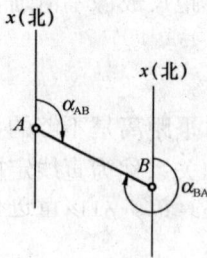

图 3-26　正反坐标方位角

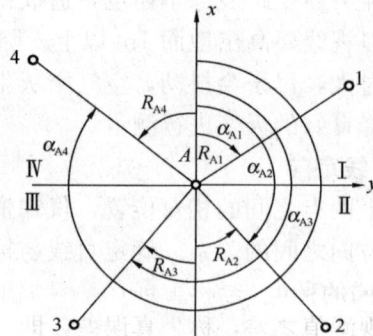

图 3-27　正反坐标方位角

4. 象限角

x 和 y 坐标轴方向把一个圆周分成 Ⅰ、Ⅱ、Ⅲ、Ⅳ 四个象限，测量中规定，象限按顺时针编号（数学中的象限是按逆时针编号的）。某直线与 x 轴北方向或南方向所夹的锐角（$0°\sim90°$）再冠以象限符号称为该直线的象限角 R，如图 3-27 所示。根据象限角和坐标方位角的定义可得到象限角和坐标方位角的关系，见表 3-8。

象限角与坐标方位角的关系　　　　　　　　　　　　　　　　　表 3-8

象限	象限角与坐标方位角的关系
Ⅰ	$\alpha = R$
Ⅱ	$\alpha = 180° - R$
Ⅲ	$\alpha = 180° + R$
Ⅳ	$\alpha = 360° - R$

例如：某直线 AB 的坐标方位角 $\alpha_{AB} = 126°22'$，其象限角为南偏东（$180° - 126°22'$）$= 53°38'$，记为 $R_{AB} = \text{SE}53°38'$。

又如：某直线 CD 的象限角 $R_{CD} = \text{NW}33°48'$，则其坐标方位角应为：$\alpha_{CD} = 360° - 33°48' = 326°12'$。

第 4 章　测量误差基础知识

4.1　测量误差概念

自然界任何客观事物或现象都具有不确定性，加之因科学技术的发展水平，导致人们认识能力的局限性，只能不断地接近客观事物或现象的本质，而不能穷尽它。即人们对客观事物或现象的认识总会存在不同程度的误差。这种误差在对变量进行观测和量测的过程中反映出来，称为测量误差。

1. 真误差

测量中的被观测量，客观上都存在着一个真实值，简称真值。对该量进行观测得到观测值。真值与观测值之差，称为真误差，即

$$真误差＝真值－观测值 \tag{4-1}$$

2. 测量误差的反映

测量中不可避免地存在着测量误差。例如，为求某段距离，往返丈量若干次；为求某角度，重复观测几测回。这些重复观测的观测值之间存在着差异。又如，为求某平面三角形的三个内角，只要对其中两个内角进行观测就可得出第三个内角值。但为检验测量结果，对三个内角均进行观测，这样三个内角之和往往与真值180°产生差异。第三个内角的观测是"多余观测"。这些"多余观测"导致的差异事实上就是测量误差。换句话说，测量误差正是通过"多余观测"产生的差异反映出来的。

3. 测量误差的来源

产生测量误差的原因很多，其来源概括起来有以下三方面。

1) 测量仪器

任何仪器只具有一定限度的精密度，使观测值的精密度受到限制。例如，在用只刻有厘米分划的普通水准尺进行水准测量时，就难以保证估读的毫米值完全准确。同时，仪器因装配、搬运、磕碰等原因存在着自身的误差，如水准仪的视准轴不平行于水准管轴，就会使观测结果产生误差。

2) 观测者

由于观测者的视觉、听觉等感官的鉴别能力有一定的局限，所以在仪器的安置、使用中都会产生误差，如整平误差、照准误差、读数误差等。同时，观测者的工作态度、技术水平和观测时的身体状况等也是对观测结果的质量有直接影响的因素。

3) 外界环境条件

测量工作都是在一定的外界环境条件下进行的，如温度、风力、大气折光等因素，这些因素的差异和变化都会直接对观测结果产生影响，必然给观测结果带来误差。

测量工作由于受到上述三方面因素的影响，观测结果总会产生这样或那样的观测误差，即在测量工作中观测误差是不可避免的。测量外业工作的责任就是要在一定的观测条

件下，确保观测成果具有较高的质量，将观测误差减少或控制在允许的限度内。

4. 测量误差的分类

按测量误差对测量结果影响性质的不同，可将测量误差分为粗差、系统误差和偶然误差三类。

1）粗差

粗差也称错误，是由于观测者使用仪器不正确或疏忽大意，如测错、读错、听错、算错等造成的错误，或因外界条件发生意外的显著变动引起的差错。粗差的数值往往偏大，使观测结果显著偏离真值。因此，一旦发现含有粗差的观测值，应将其从观测成果中剔除出去。一般地讲，只要严格遵守测量规范，工作中仔细谨慎，并对观测结果作必要的检核，粗差是可以发现和避免的。

2）系统误差

在相同的观测条件下，对某量进行的一系列观测中，数值大小和正负符号固定不变或按一定规律变化的误差，称为系统误差。

系统误差具有累积性，它随着单一观测值观测次数的增多而积累。系统误差的存在必将给观测成果带来系统的偏差，反映了观测结果的准确度。准确度是指观测值对真值的偏离程度或接近程度。

为了提高观测成果的准确度，首先要根据数理统计的原理和方法判断一组观测值中是否含有系统误差，其大小是否在允许的范围以内；然后采用适当的措施消除或减弱系统误差的影响。通常有以下三种方法。

（1）测定系统误差的大小，对观测值加以改正

如用钢尺量距时，通过对钢尺的检定求出尺长改正数，对观测结果加尺长改正数和温度变化改正数，来消除尺长误差和温度变化引起的误差这两种系统误差。

（2）采用对称观测的方法

使系统误差在观测值中以相反的符号出现，加以抵消。如水准测量时，采用前、后视距相等的对称观测，以消除由于视准轴不平行于水准管轴所引起的系统误差；经纬仪测角时，用盘左、盘右两个观测值取中数的方法可以消除视准轴误差等系统误差的影响。

（3）检校仪器

将仪器存在的系统误差降低到最小限度，或限制在允许的范围内，以减弱其对观测结果的影响。如经纬仪照准部水准管轴不垂直于竖轴的误差对水平角的影响，可通过精确检校仪器并在观测中仔细整平的方法，来减弱其影响。

系统误差的计算和消除，取决于我们对它的了解程度。用不同的测量仪器和测量方法，系统误差的存在形式不同，消除系统误差的方法也不同。必须根据具体情况进行检验、定位和分析研究，采取不同措施，使系统误差减小到可以忽略不计的程度。

3）偶然误差

在相同的观测条件下对某量进行一系列观测，单个误差的出现没有一定的规律性，其数值的大小和符号都不固定，表现出偶然性，这种误差称为偶然误差，又称为随机误差。

例如，用经纬仪测角时，就单一观测值而言，由于受照准误差、读数误差、外界条件变化所引起的误差、仪器自身不完善引起的误差等综合的影响，测角误差的大小和正负号都不能预知，具有偶然性。所以测角误差属于偶然误差。

偶然误差反映了观测结果的精密度。精密度是指在同一观测条件下，用同一观测方法对某量多次观测时，各观测值之间相互的离散程度。

在观测过程中，系统误差和偶然误差往往是同时存在的。当观测值中有显著的系统误差时，偶然误差就居于次要地位，观测误差呈现出系统的性质；反之，呈现出偶然的性质。因此，对一组剔除了粗差的观测值，首先应寻找、判断和排除系统误差，或将其控制在允许的范围内，然后根据偶然误差的特性对该组观测值进行数学处理，求出最接近未知量真值的估值，称为最或是值；同时，评定观测结果质量的优劣，即评定精度。这项工作在测量上称为测量平差，简称平差。本章主要讨论偶然误差及其平差。

4.2 偶然误差的特性

由前所述，偶然误差单个出现时不具有规律性，但在相同条件下重复观测某一量时，所出现的大量的偶然误差却具有一定的规律性。这种规律性可根据概率原理，用统计学的方法来分析研究。

例如，在相同条件下对某一个平面三角形的三个内角重复观测了 358 次，由于观测值含有误差，故每次观测所得的三个内角观测值之和一般不等于 $180°$，按下式算得三角形各次观测的真误差 Δ_i：

$$\Delta_i = 180° - (a_i + b_i + c_i)$$

式中，a_i, b_i, c_i 为三角形三个内角的各次观测值（$i = 1, 2, \cdots, 358$）。

现取误差区间 $d\Delta$（间隔）为 $0.2''$，将误差按数值大小及符号进行排列，统计出各区间的误差个数 k 及相对个数 $\frac{k}{n}$（$n = 358$），见表 4-1。

误差统计表

表 4-1

误差区间 $d\Delta$	负误差		正误差	
	个数 k	相对个数 $\frac{k}{n}$	个数 k	相对个数 $\frac{k}{n}$
0.0～0.2	45	0.126	46	0.128
0.2～0.4	40	0.112	41	0.115
0.4～0.6	33	0.092	33	0.092
0.6～0.8	23	0.064	21	0.059
0.8～1.0	17	0.047	16	0.045
1.0～1.2	13	0.036	13	0.036
1.2～1.4	6	0.017	5	0.014
1.4～1.6	4	0.011	2	0.006
1.6 以上	0	0.000	0	0.000
总和	181	0.505	177	0.495

从上表的统计数字中，可以总结出在相同的条件下进行独立观测而产生的一组偶然误差，具有以下四个统计特性：

（1）有界性：在一定的观测条件下，偶然误差的绝对值不会超过一定的限度，即偶然误差是有界的；

（2）单峰性：绝对值小的误差比绝对值大的误差出现的机会大；

（3）对称性：绝对值相等的正、负误差出现的机会相等；

（4）补偿性：在相同条件下，对同一量进行重复观测，偶然误差的算术平均值随着观测次数的无限增加而趋于零，即

$$\lim_{n \to \infty} \frac{\Delta_1 + \Delta_2 + \cdots + \Delta_n}{n} = \lim_{n \to \infty} \frac{[\Delta]}{n} = 0 \qquad (4\text{-}2)$$

式中，[ ] 表示求和。

上述第四个特性是由第三个特性导出的，它说明偶然误差具有补偿性。这个特性对深入研究偶然误差具有十分重要的意义。

表 4-1 中相对个数 $\frac{k}{n}$ 称为频率。若以横坐标表示偶然误差的大小，纵坐标表示 $\frac{频率}{组距}$，即 $\frac{k}{n}$ 再除以 $d\Delta$（本例取 $d\Delta = 0.2''$），则纵坐标代表 $\frac{k}{0.2n}$ 之值，可绘出误差统计直方图，如图 4-1 所示。

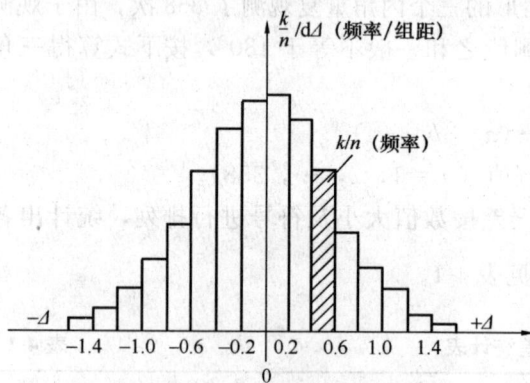

图 4-1　误差统计直方图　　　　　　　图 4-2　误差正态分布曲线

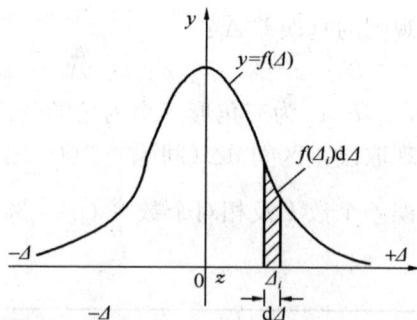

显然，图中所有矩形面积的总和等于 1，而每个长方条的面积中斜线所示的面积等于 $\frac{k}{0.2n} \times 0.2 = \frac{k}{n}$，即为偶然误差出现在该区间的频率。如偶然误差出现在 $+0.4'' \sim +0.6''$ 区间内的频率为 0.092。若使观测次数 $n \to \infty$，并将区间 $d\Delta$ 分得无限小（$d\Delta \to 0$），此时各组内的频率趋于稳定而成为概率，直方图顶端连线将变成一条光滑的对称曲线，如图 4-2 所示，该曲线称为高斯偶然误差分布曲线。在概率论中，称为正态分布曲线。也就是说，在一定的观测条件下，对应着一个确定的误差分布。曲线的纵坐标 y 是 $\frac{概率}{间距}$，它是偶然误差 Δ 的函数，记为 $f(\Delta)$。图 4-2 中斜线所表示的长方条面积 $f(\Delta_i)d\Delta$，则是偶然误差出现在微小区间 $\left(\Delta_i - \frac{1}{2}d\Delta, \Delta_i + \frac{1}{2}d\Delta\right)$ 内的概率，记为

$$P(\Delta_i) = f(\Delta_i)d\Delta$$

称为概率元素。

偶然误差出现在微小区间 $d\Delta$ 内的概率的大小与 $f(\Delta_i)$ 值有关。$f(\Delta_i)$ 越大，表示偶然

误差出现在该区间内的概率也越大，反之则越小。因此称 $f(\Delta)$ 为偶然误差的概率密度函数，简称密度函数，其公式为

$$f(\Delta) = \frac{1}{\sqrt{2\pi}\sigma}e^{-\frac{\Delta^2}{2\sigma^2}} \tag{4-3}$$

式中，参数 σ 是观测误差的标准差。

由偶然误差的特性可知，当观测次数无限增加时，偶然误差的算术平均值必然趋近于零。但实际上，对任何一个未知量不可能进行无限次观测，通常为有限次观测，因而不能以严格的数学理论去理解这个表达式，它只能说明这个趋势。但是，由于其正的误差和负的误差可以相互抵消，因此，我们可以采用多次观测，取观测结果的算术平均作为最终结果。

由于偶然误差本身的特性，它不能用计算改正和改变观测方法来简单地加以消除，只能用偶然误差的理论加以处理，以减弱偶然误差对测量成果的影响。

因为偶然误差对观测值的精度有较大影响，为了提高精度，削减其影响，一般地采用以下措施：

（1）在必要时或仪器设备允许的条件下适当提高仪器等级。

（2）多余观测。例如测一个平面三角形，只需测得其中两个角即可决定其形状。但实际上还测出第三个角，使观测值的个数大于未知量的个数，以便检查三角形内角和是否等于180°，从而根据闭合差评定测量精度和分配闭合差。

（3）求最可靠值。一般情况下未知量真值无法求得，通过多余观测，求出观测值的最或是值，即最可靠值。最常见的方法是求得观测值的算术平均值。

学习误差理论知识的目的，使我们能了解误差产生的规律，正确地处理观测成果，即根据一组观测数据，求出未知量的最可靠值，并衡量其精度；同时，根据误差理论制定精度要求，指导测量工作选用适当观测方法，以符合规定精度。

4.3 衡量精度的标准

1. 精度

在测量中，用精度来评价观测成果的优劣。精确度是准确度与精密度的总称。准确度主要取决于系统误差的大小；精密度主要取决于偶然误差的分布。对基本排除系统误差，而以偶然误差为主的一组观测值，用精密度来评价该组观测值质量的优劣。精密度简称精度。

在相同的观测条件下，对某量所进行的一组观测，这一组中的每一个观测值，都具有相同的精度。为了衡量观测值精度的高低，可以采用误差分布表或绘制频率直方图来评定，但这样做十分不便，有时不可能。因此，需要建立一个统一的衡量精度的标准，给出一个数值概念，使该标准及其数值大小能反映出误差分布的离散或密集的程度，称为衡量精度的指标。

2. 中误差

设在相同观测条件下，对任一个未知量进行了 n 次观测，其观测值分别为 l_1、l_2、$\cdots$、l_n，若该未知量的真值为 X，由式（4-1）可得相应的 n 个观测值的真误差 Δ_1、Δ_2、

$\cdots$、Δ_n。为了避免正负误差相抵消和明显地反映观测值中较大误差的影响，通常是以各个真误差的平方和的平均值再开方作为评定该组每一观测值的精度的标准，即

$$m = \pm\sqrt{\frac{\Delta_1^2 + \Delta_2^2 + \cdots + \Delta_n^2}{n}} = \pm\sqrt{\frac{[\Delta\Delta]}{n}} \tag{4-4}$$

m 称为中误差，由于是等精度观测，因此中误差是指该组每一个观测值都具有这个值的精度，也称为观测值中误差。

从上式可以看出误差与真误差的关系，中误差不等于真误差，它仅是一组真误差的代表值，中误差 m 值的大小反映了这组观测值精度的高低，而且它能明显地反映出测量结果中较大误差的影响。因此，一般都采用中误差作为评定观测质量的标准。

例如，设有甲、乙两个小组，对三角形的内角和进行了 9 次观测，分别求得其真误差为：

甲组：　　$-5''$，$-6''$，$+8''$，$+6''$，$+7''$，$-4''$，$+3''$，$-8''$，$-7''$

乙组：　　$-6''$，$+5''$，$+4''$，$-4''$，$-7''$，$+4''$，$-7''$，$-5''$，$+3''$

试比较这两组观测值的中误差。

根据式（4-4）有：

$$m_{甲} = \pm\sqrt{\frac{(-5)^2 + (-6)^2 + (+8)^2 + (+6)^2 + (+7)^2 + (-4)^2 + (+3)^2 + (-8)^2 + (-7)^2}{9}}$$
$$= \pm 6.2''$$

$$m_{乙} = \pm\sqrt{\frac{(-6)^2 + (+5)^2 + (+4)^2 + (-4)^2 + (-7)^2 + (+4)^2 + (-7)^2 + (-5)^2 + (+3)^2}{9}}$$
$$= \pm 5.2''$$

从计算结果可以看出 $m_{甲} > m_{乙}$，说明乙组的观测精度比甲组高。

3. 容许误差

在观测现场，观测者如何判断每一个观测值是否满足规范要求呢？由偶然误差的第一个特性可知，在一定观测条件下，偶然误差的绝对值不会超过一定的限值。如果在测量工作中某观测值的误差超过了这个限值，就认为这次观测的质量不符合要求，该观测结果应该舍去重测，这个界限称为容许误差或限差。那么应该如何确定这个限值呢？根据误差理论和实践的统计证明：在等精度观测的一组误差中，绝对值大于一倍中误差的偶然误差，其出现的机会为 32%；大于两倍中误差的偶然误差，其出现的机会只有 5%；大于三倍中误差的偶然误差，其出现的机会仅有 3‰，即大约三百多次观测中，才可能出现一次大于三倍中误差的偶然误差。因此，在观测次数不多的情况下，可认为大于三倍中误差的偶然误差实际上是不可能出现的。故通常以三倍中误差作为偶然误差的限差，即

$$\Delta_{容} = 3|m| \tag{4-5}$$

在对精度要求较高时，常取两倍中误差作为容许误差，即

$$\Delta_{容} = 2|m| \tag{4-6}$$

4. 相对误差

前面提及的真误差、中误差都是绝对误差，单纯比较绝对误差的大小，有时还不能判断观测结果精度的高低。例如，丈量两段距离，第一段的长度为 100m，其中误差为 $\pm 2cm$；第二段长度为 200m，其中误差为 $\pm 3cm$。如果单纯用中误差的大小评定其精度，

就会得出前者精度比后者精度高的结论。实际上丈量的误差与长度有关，距离愈大，误差的积累愈大。因此，必须用相对误差来评定其精度。相对误差就是中误差的绝对值与相应观测量之比，它是一个无量纲数，在测量上通常以分子为1的分数式表示。即

$$K = \frac{|M|}{D} = \frac{1}{D/|M|} \tag{4-7}$$

式中，M 为中误差；D 为观测值。

在上例中第一段的相对误差为：

$$K_1 = \frac{0.02\text{m}}{100\text{m}} = \frac{1}{5000}$$

第二段的相对误差为：

$$K_2 = \frac{0.03\text{m}}{200\text{m}} = \frac{1}{6600}$$

显然后者精度高于前者。

4.4 算术平均值的计算及精度评定

1. 算术平均值

设在相同的观测条件下，对某一未知量进行了 n 次观测，得观测值 l_1、l_2、$\cdots$、l_n，则该量的最可靠值就是算术平均值 x，即

$$x = \frac{l_1 + l_2 + \cdots + l_n}{n} = \frac{[l]}{n} \tag{4-8}$$

算术平均值就是最可靠值的原理，简要说明如下：

若 Δ_1、Δ_2、$\cdots$、Δ_n 表示 n 次等精度观测值 l_1、l_2、$\cdots$、l_n 的真误差，X 为该量的真值，则有

$$\left.\begin{aligned}\Delta_1 &= X - l_1 \\ \Delta_2 &= X - l_2 \\ \cdots \\ \Delta_n &= X - l_n\end{aligned}\right\} \tag{4-9}$$

将上列等式相加并除以 n，得

$$\frac{[\Delta]}{n} = X - \frac{[l]}{n}$$

根据偶然误差的第四个特性，有

$$\lim_{n \to \infty} \frac{[\Delta]}{n} = 0$$

由此得出：

$$X = \lim_{n \to \infty} \frac{[l]}{n}$$

即

$$\lim_{n \to \infty} x = X$$

从上式可见，当观测次数 n 趋于无限多时，算术平均值就是该量的真值，但实际工作中观测次数总是有限的，这样算术平均值不等于真值，但它与所有观测值比较都更接近于

真值。因此，可认为算术平均值是该量的最可靠值，故又称为最或然值。

2. 观测值改正数

在实际工作中，未知量的真值往往是不知道的，因此真误差 Δ_i 也无法求得，因而不能直接求观测值的中误差，但未知量的最或是值 x 与观测值 l_i 之差 v_i 是可以求得的，v_i 称为观测值改正数，即

$$\left.\begin{array}{l} v_1 = x - l_1 \\ v_2 = x - l_2 \\ v_n = x - l_n \end{array}\right\} \quad (i = 1, 2, \cdots, n) \tag{4-10}$$

求和

$$[v] = nx - [l]$$

两边除以 n 得：

$$\frac{[v]}{n} = x - \frac{[l]}{n}$$

由 $x = \dfrac{[l]}{n}$ 得：

$$[v] = 0 \tag{4-11}$$

由上式可知，对于任何一组等精度观测值，其改正数代数和等于零，这就是观测值改正数的特性，这一结论可检查计算的算术平均值和改正数是否正确。

3. 由观测值改正数计算观测值中误差

现在研究改正数 v 与真误差 Δ 之间的关系，从而导出以改正数表示观测值中误差的公式。

根据真误差定义得：

$$\left.\begin{array}{l} \Delta_1 = X - l_1 \\ \Delta_2 = X - l_2 \\ \cdots \\ \Delta_n = X - l_n \end{array}\right\} \tag{4-12}$$

由式（4-12）与式（4-10）对应相减得：

$$\begin{array}{l} \Delta_1 = v_1 + (X - x) \\ \Delta_2 = v_2 + (X - x) \\ \cdots \\ \Delta_n = v_n + (X - x) \end{array}$$

上式两边平方并相加得：

$$[\Delta\Delta] = [vv] + n(X - x)^2 + 2(X - x)[v]$$

因为 $[v] = 0$，所以

$$[\Delta\Delta] = [vv] + n(X - x)^2$$

上式两边除以 n 得：

$$\frac{[\Delta\Delta]}{n} = \frac{[vv]}{n} + (X - x)^2 \tag{4-13}$$

$(X - x)$ 是算术平均值的真误差，以 δ 表示，则

$$\delta^2 = (X - x)^2 = \left(X - \frac{[l]}{n}\right)^2 = \frac{1}{n^2}(nX - [l])^2$$

$$= \frac{1}{n^2}(X - l_1 + X - l_2 + \cdots + X - l_n)^2 = \frac{1}{n^2}(\Delta_1 + \Delta_2 + \cdots + \Delta_n)^2$$

$$= \frac{1}{n^2}(\Delta_1^2 + \Delta_2^2 + \cdots + \Delta_n^2 + 2\Delta_1\Delta_2 + 2\Delta_1\Delta_3 + \cdots + 2\Delta_{n-1}\Delta_n)$$

$$= \frac{[\Delta\Delta]}{n^2} + \frac{2}{n^2}(\Delta_1\Delta_2 + \Delta_1\Delta_3 + \cdots + \Delta_{n-1}\Delta_n)$$

由于 Δ_1、Δ_2、$\cdots$、Δ_n 是偶然误差，故 $\Delta_1\Delta_2$、$\Delta_2\Delta_3$、$\cdots$、$\Delta_{n-1}\Delta_n$ 也具有偶然误差的性质。根据偶然误差的第四个特性，当 n 相当大时，其总和接近于零；当 n 为较大有限值时，其值也远远比 $[\Delta\Delta]$ 小，可以略而不计。因而式（4-13）可以近似地写成：

$$\frac{[\Delta\Delta]}{n} = \frac{[vv]}{n} + \frac{[\Delta\Delta]}{n^2} \tag{4-14}$$

根据中误差定义，得

$$m^2 = \frac{[vv]}{n} + \frac{m^2}{n}$$

$$m = \pm\sqrt{\frac{[vv]}{n-1}} \tag{4-15}$$

式（4-15）即为利用观测值改正数计算中误差的公式。

4. 算术平均值中误差

算术平均值 x 的中误差 M_x，可由下式计算

$$M_x = \frac{m}{\sqrt{n}} \tag{4-16}$$

或

$$M_x = \sqrt{\frac{[vv]}{n(n-1)}} \tag{4-17}$$

4.5 误 差 传 播 定 律

1. 误差传播定律

前面阐述了用中误差作为衡量观测值精度的指标。但在实际测量工作中，某些量的大小往往不是直接观测到的，而是通过一定的函数关系间接计算求得的。表述观测值函数的中误差与观测值中误差之间关系的定律称为误差传播定律。

设 Z 为独立变量 x_1，x_2，$\cdots$，x_n 的函数，即

$$Z = f(x_1, x_2, \cdots, x_n)$$

其中 Z 为不可直接观测的未知量，真误差为 Δ_z，中误差为 m_z；各独立变量 $x_i(i = 1, 2, \cdots, n)$ 为可直接观测的未知量，相应的观测值为 l_i，真误差为 Δ_i，中误差为 m_i。

当各观测值带有真误差 Δ_i 时，函数也随之带有真误差 Δ_z。

$$Z + \Delta_z = (x_1 + \Delta_1, x_2 + \Delta_2, \cdots, x_n + \Delta_n)$$

按泰勒级数展开，取近似值

$$Z + \Delta_z = f(x_1, x_2, \cdots, x_n) + \left(\frac{\partial f}{\partial x_1}\Delta_1 + \frac{\partial f}{\partial x_2}\Delta_2 + \cdots + \frac{\partial f}{\partial x_n}\Delta_n\right)$$

即

$$\Delta_z = \frac{\partial f}{\partial x_1}\Delta_1 + \frac{\partial f}{\partial x_2}\Delta_2 + \cdots + \frac{\partial f}{\partial x_n}\Delta_n$$

若对各独立变量都测定了 K 次，则其平方和关系式为

$$\sum_{j=1}^{K}\Delta_{zj}^2 = \left(\frac{\partial f}{\partial x_1}\right)^2\sum_{j=1}^{K}\Delta_{1j}^2 + \left(\frac{\partial f}{\partial x_2}\right)^2\sum_{j=1}^{K}\Delta_{2j}^2 + \cdots + \left(\frac{\partial f}{\partial x_n}\right)^2\sum_{j=1}^{K}\Delta_{nj}^2$$

$$+ 2\left(\frac{\partial f}{\partial x_1}\right)\left(\frac{\partial f}{\partial x_2}\right)\sum_{j=1}^{K}\Delta_{1j}\Delta_{2j} + 2\left(\frac{\partial f}{\partial x_1}\right)\left(\frac{\partial f}{\partial x_3}\right)\sum_{j=1}^{K}\Delta_{1j}\Delta_{3j} + \cdots$$

由偶然误差的特性可知，当观测次数 $K \to \infty$ 时，上式中各偶然误差 Δ 的交叉项总和均趋向于零，又

$$\frac{\sum_{j=1}^{K}\Delta_{zj}^2}{K} = m_z^2, \qquad \frac{\sum_{j=1}^{K}\Delta_{ij}^2}{K} = m_i^2$$

则

$$m_z^2 = \left(\frac{\partial f}{\partial x_1}\right)^2 m_1^2 + \left(\frac{\partial f}{\partial x_2}\right)^2 m_2^2 + \cdots + \left(\frac{\partial f}{\partial x_n}\right)^2 m_n^2$$

或

$$m_z = \pm\sqrt{\left(\frac{\partial f}{\partial x_1}\right)^2 m_1^2 + \left(\frac{\partial f}{\partial x_2}\right)^2 m_2^2 + \cdots + \left(\frac{\partial f}{\partial x_n}\right)^2 m_n^2} \qquad (4\text{-}18)$$

式（4-18）即为观测值中误差与其函数中误差的一般关系式，称中误差传播公式。据此不难导出下列简单函数式的中误差传播公式，见表 4-2。

中误差传播公式 表 4-2

函数名称	函数式	中误差传播公式
倍数函数	$Z = Ax$	$m_z = \pm Am$
和差函数	$Z = x_1 \pm x_2$	$m_z = \pm\sqrt{m_1^2 + m_2^2}$
	$Z = x_1 \pm x_2 \pm \cdots \pm x_n$	$m_z = \pm\sqrt{m_1^2 + m_2^2 + \cdots + m_n^2}$
线性函数	$Z = A_1x_1 \pm A_2x_2 \pm \cdots \pm A_nx_n$	$m_z = \pm\sqrt{A_1^2m_1^2 + A_2^2m_2^2 + \cdots + A_n^2m_n^2}$

2. 误差传播定律的应用

中误差传播公式在测量中应用十分广泛。利用这个公式不仅可以求得观测值函数的中误差，还可以用来研究容许误差值的确定以及分析观测可能达到的精度等。下面举例说明其应用方法。

例 1 在 $1:500$ 的地形图上量得某两点间的距离 $d = 234.5\text{mm}$，其中误差 $m_d = \pm 0.2\text{mm}$，求该两点间的地面水平距离 D 的值及其中误差 m_D。

解：
$$D = 500d = 500 \times 0.2345 = 117.25\text{m}$$
$$m_D = \pm 500m_d = \pm 500 \times 0.0002 = \pm 0.10\text{m}$$

例 2 设对某一个三角形观测了其中 α、β 两个角，测角中误差分别为 $m_a = \pm 3.5''$，$m_\beta = \pm 6.2''$，试求 γ 角的中误差 m_γ。

解：
$$\gamma = 180° - \alpha - \beta$$
$$m_\gamma = \pm\sqrt{m_\alpha^2 + m_\beta^2} = \pm\sqrt{(3.5)^2 + (6.2)^2} = \pm 7.1''$$

例3 试推导出算术平均值中误差的公式：

前述算术平均值 $x = \dfrac{[l]}{n} = \dfrac{1}{n}l_1 + \dfrac{1}{n}l_2 + \cdots + \dfrac{1}{n}l_n$

设 $\dfrac{1}{n} = k$，则

$$x = kl_1 + kl_2 + \cdots + kl_n$$

因为等精度观测，各观测值的中误差相同，即
$m_1 = m_2 = \cdots = m_n$，得算术平均值的中误差为：

$$M = \pm\sqrt{k^2 m_1^2 + k^2 m_2^2 + \cdots + k^2 m_n^2}$$
$$= \pm\sqrt{\frac{1}{n^2}(m^2 + m^2 + \cdots + m^2)}$$
$$= \pm\sqrt{\frac{m^2}{n}}$$

所以：

$$M = \pm\frac{m}{\sqrt{n}} \tag{4-19}$$

式（4-19）表明，在相同的观测条件下，算术平均值的中误差与观测次数的平方根成反比。设观测值的中误差 $m = 1$，则算术平均值的中误差 M 与观测次数 n 的关系如图 4-3 所示，由图 4-3 可以看出，随着观测次数的增加，算术平均值的精度固然随之提高，但是，当观测次数增加到一定数值后（例如 $n = 10$）算术平均值精度的提高是很微小的。因此，不能单以增加观测次数来提高观测成

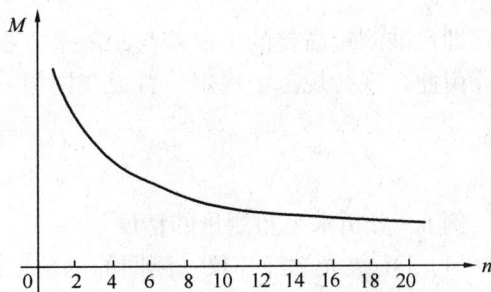

图 4-3　M 与 $\sqrt{n}$ 成反比

果的精度，还应设法提高观测本身的精度。例如，采用精度较高的仪器，提高观测技能，在良好的外界条件下进行观测等。

例4　推导用三角形闭合差计算测角中误差公式。

设等精度观测了 n 个三角形的内角，其测角中误差为 m_β，各三角形闭合差为 f_{β_1}，f_{β_2} $\cdots f_{\beta_n}$（$f_{\beta_i} = a_i + b_i + c_i - 180°$）。按中误差定义得三角形内角和的中误差 m_Σ 为

$$m_\Sigma = \pm\sqrt{\frac{[f_\beta f_\beta]}{n}}$$

由于内角和 Σ 是每个三角形各观测角之和，即

$$\Sigma_i = a_i + b_i + c_i$$

其中误差为：$m_\Sigma = \pm\sqrt{3} m_\beta$

故测角中误差 $$m_\beta = \pm\sqrt{\frac{[f_\beta f_\beta]}{3n}} \tag{4-20}$$

上式称为菲列罗公式，通常用在三角测量中评定测角精度。

例5　分析水准测量精度

设在 A、B 两水准点间安置了 n 站，每个测站后视读数为 a，前视读数为 b，每次读数的中误差均为 $m_{读}$，由于每个测站高差为：

$$h = a - b$$

根据误差传播定律，求得一个测站所测得的高差中误差 m_h 为：

$$m_h = \sqrt{2}\, m_{读}$$

如果采用黑、红双面尺或两次仪器高法测定高差，并取两次高差的平均值作为每个测站的观测结果，则可求得每个测站高差平均值的中误差 $m_{站}$ 为：

$$m_{站} = m_h / \sqrt{2} = m_{读}$$

由于 A、B 两水准点间共安置了 n 个测站，可求得 n 站总高差的中误差 m 为：

$$m = m_{站}\sqrt{n} = m_{读}\sqrt{n}$$

即水准测量高差的中误差与测站数的平方根成正比。

设每个测站的距离 S 大致相等，全长 $L = n \cdot S$，将 $n = L/S$ 代入上式

$$m = m_{站}\sqrt{1/S}\,\sqrt{L}$$

式中，$1/S$ 为每公里测站数，$m_{站}\sqrt{1/S}$ 为每公里高差中误差，以 u 表示，则

$$m = \pm u\sqrt{L} \tag{4-21}$$

即水准测量高差的中误差与距离平方根成正比。

由此，现行规范中规定，普通（图根）水准测量容许高差闭合差分别为：

$$f_{h容} = \pm 40\sqrt{L} \qquad\qquad (平地)$$

$$f_{h容} = \pm 12\sqrt{n} \qquad\qquad (山地)$$

例 6 分析水平角测量的精度

（1）DJ$_6$ 级光学经纬仪一测回的测角中误差

DJ$_6$ 级光学经纬仪通过盘左、盘右（即一测回）观测同一方向的中误差 $m_{方} = \pm 6''$ 作为出厂精度，也就是一测回方向中误差为 $\pm 6''$。由于水平角为两个方向值之差，$\beta = b - a$，故其中误差应为：

$$m_\beta = m_{方}\sqrt{2} = \pm 6''\sqrt{2} = \pm 8.5''$$

即 DJ$_6$ 级光学经纬仪一测回的测角中误差为 $\pm 8.5''$。考虑仪器本身误差及其他不利因素，取 $m_\beta = \pm 10''$。以两倍中误差作为容许误差，则

$$m_{\beta容} = 2 m_\beta = \pm 20''$$

因而规范中当用 DJ$_6$ 型光学经纬仪施测一测回时，测角中误差规定为 $\pm 20''$。

（2）三角形角度容许闭合差

用 DJ$_6$ 级光学经纬仪等精度观测三角形的三个内角，各角均用一测回观测，其三角形闭合差为：

$$W = (a_i + b_i + c_i) - 180°$$

已知测角中误差

$$m_\beta = m_a = m_b = m_c$$

按误差传播定律，三角形闭合差的中误差为

$$m_w = \sqrt{3}\, m_\beta$$

以 $m_\beta = \pm 8.5''$ 代入

最后结果为：
$$m_w = \pm 8.5 \times \sqrt{3} = \pm 15''$$

考虑仪器本身误差和其他不利因素，$m_w = \pm 20''$。取 3 倍中误差为容许误差，则规范规定用 DJ_6 级光学经纬仪施测一测回，三角形最大闭合差（容许闭合差）为 $\pm 60''$。

例 7 分析距离测量精度

（1）钢尺量距的精度

用尺长为 L 的钢尺丈量长度为 D 的距离，共丈量 n 个尺段，若已知每个尺段的中误差为 m，则
$$D = L_1 + L_2 + \cdots + L_n$$

按误差传播定律：
$$m_D = m\sqrt{n}$$

式中，n 为整尺段数，所以 $n = \dfrac{D}{L}$，将其代入上式：
$$m_D = \frac{m}{\sqrt{L}}\sqrt{D}$$

在一定的观测条件下，采用同一把钢尺和相同的操作方法，式中的 m 和 L 应为常数，令 $u = \dfrac{m}{\sqrt{L}}$，则
$$m_D = u\sqrt{D} \tag{4-22}$$

即丈量距离中误差与所量距离平方根成正比。

上式中，当 $D = 1$ 时，$m_D = u$，即 u 为丈量单位长度的中误差，例如 $D = 1\text{km}$，u 则为丈量 1km 的中误差。

在实际工作中，通常以两次丈量结果的校差 ΔD 与长度之比来评定精度，则
$$m_{\Delta D} = \sqrt{2}m_D = \sqrt{2}u\sqrt{D}$$

以两倍中误差作为容许误差，则
$$\Delta D_容 = 2\sqrt{2}u\sqrt{D}$$

在良好地区，一般用钢尺丈量一尺段，完全可达到 $2u = \pm 0.005\text{m}$，则
$$\Delta D_容 = \pm 0.005\sqrt{2}\sqrt{D} = 0.007\sqrt{D}$$

以常用长度 $D = 200\text{m}$ 代入，则
$$K_容 = \frac{\Delta D_容}{D} = \frac{1}{2020}$$

因此距离丈量规定相对误差不低于 $1/2000$。

（2）视距测量的测距精度

按倾斜视距公式：
$$D = Kn\cos^2\alpha$$

$$\frac{\partial D}{\partial n} = K\cos^2\alpha \qquad \frac{\partial D}{\partial \alpha} = -Kn\sin 2\alpha$$

水平距离中误差

$$m_D = \pm\sqrt{\left(\frac{\partial d}{\partial n}\right)^2 m_n^2 + \left(\frac{\partial D}{\partial \alpha}\right)^2 \left(\frac{m_\alpha}{\rho''}\right)^2}$$

$$= \pm\sqrt{(K\cos^2\alpha)^2 m_n^2 + (Kn\sin 2\alpha)^2 \left(\frac{m_\alpha}{\rho''}\right)^2}$$

由于根式内第二项的值很小，为讨论方便起见将其略去，则

$$m_D = \pm\sqrt{(K\cos^2\alpha)^2 m_n^2} = \pm K\cos^2\alpha \cdot m_n \tag{4-23}$$

式中，m_n 为标尺视间隔 n 的读数中误差。

因 $n =$ 下丝读数—上丝读数

故

$$m_n = \pm m_{读}\sqrt{2}$$

式中，$m_{读}$ 为根视距丝读数的中误差。

人眼的最小可分辨视角为 $60''$，DJ_6 级经纬仪望远镜放大倍数为 24 倍，则人的肉眼通过望远镜来观测时，可达到的分辨视角 $r = \dfrac{60''}{24} = 2.5''$。因此，一根视距丝的读数误差为 $\dfrac{2.5''}{206265''} \times D \approx 12.1 \times 10^{-6}D$，以它作为读数误差的 $m_{读}$ 代入上式后可得

$$m_n = \pm 12.1 \times 10^{-6} D\sqrt{2} \approx \pm 17.11 \times 10^{-6} D$$

又因视距测量时，一般情况下 α 值都不大，当 α 很小时 $\cos\alpha \approx 1$。为讨论方便起见将式（4-23）写为

$$m_D = \pm 17.11 \times 10^{-4} D$$

则相对中误差为

$$\frac{m_D}{D} = \pm 17.11 \times 10^{-4} = \pm 0.00171 \approx 1/584$$

再考虑到其他因素的影响，可以认为视距精度约 1/300。

第5章 道路工程控制测量

5.1 概 述

在绪论中已经指出：测量工作必须遵循"从整体到局部，由高级到低级，先控制后碎部"的原则。为此，必须首先建立控制网，然后根据控制网进行碎部测量和测设。由在测区内所选定的若干个控制点而构成的几何图形，称为控制网。控制网分为平面控制网和高程控制网两种。测定控制点平面位置（x，y）的工作，称为平面控制测量。测定控制点高程（H）的工作，称为高程控制测量。

在全国范围内建立的控制网，称为国家控制网。它是全国各种比例尺测图的基本控制，并为确定地球的形状和大小提供研究资料。国家控制网是用精密测量仪器和方法依照施测精度按一、二、三、四等四个等级建立的，其低级点受高级点逐级控制。

如图 5-1 所示，一等三角锁是国家平面控制网的骨干；二等三角网布设于一等三角锁环内，是国家平面控制网的全面基础；三、四等三角网为二等三角网的进一步加密。建立国家平面控制网，主要采用三角测量的方法。近几年来，电磁波测距技术在测量工作中得到广泛的应用，国家三角网的起始角（图 5-1 中用双线标明）采用电磁波测距仪直接测定。

如图 5-2 所示，一等水准网是国家高程控制网的骨干。二等水准网布设于一等水准环内，是国家高程控制网的全面基础。三、四等水准网为国家高程控制网的进一步加密。建立国家高程控制网，采用精密水准测量的方法。

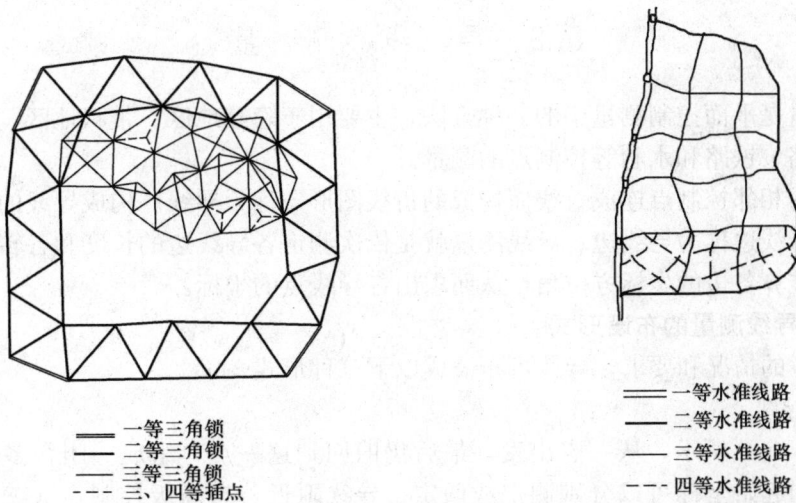

—— 一等三角锁
—— 二等三角锁
—— 三等三角锁
---- 三、四等插点

—— 一等水准线路
—— 二等水准线路
—— 三等水准线路
---- 四等水准线路

图 5-1 国家三角控制网布设图   图 5-2 国家高程控制网布设图

在城市或厂矿等地区，一般应在上述国家控制点的基础上，根据测区的大小和施工测量的要求，布设不同等级的城市平面控制网和高程控制网，以供地形测图和施工放样使用。国家或城市控制点的平面直角坐标和高程均已求得，其数据可向有关测绘部门索取。

在小区域（面积 15km² 以下）内建立的控制网，称为小区域控制网。测定小区域控制网的工作，称为小区域控制测量。小区域控制网分为平面控制网和高程控制网两种。小区域控制网应尽可能以国家或城市已建立的高级控制网为基础进行连测，将国家或城市高级控制点的坐标和高程作为小区域控制网的起算和校核数据。若测区内或附近无国家或城市控制点，或附近有这种高级控制点而不便连测时，则建立测区独立控制网。此外，为工程建设而建立的专用控制网，或个别工程出于某种特殊需要，在建立控制网时，也可以采用独立控制网。高等级公路的控制网，一般应与附近的国家或城市控制网连测。

小区域平面控制网，应视测区面积的大小分级建立测区首级控制和图根控制。

直接供地形测图使用的控制点，称为图根控制点，简称图根点。测定图根点位置的工作，称为图根控制测量。图根点的密度，取决于测图比例尺和地物、地貌的复杂程度。一般地区图根点的密度可参考表 5-1 的规定。

解析控制点密度　　　　　　　　　　　　　　　　表 5-1

测图比例尺	1：500	1：1000	1：2000	1：5000
图幅尺寸（cm）	50×50	50×50	50×50	40×40
解析控制点（个数）	8	12	15	30

小区域高程控制网也应视测区面积大小和工程要求采用分级的方法建立。一般以国家或城市等级水准点为基础，在测区建立三、四等水准线路或水准网；再以三、四等水准点为基础，测定图根点的高程。

道路工程测量属于小区域控制测量，因此，本章主要阐述小区域控制网建立的有关问题。下面将分别介绍用导线测量和小三角测量建立小区域平面控制网的方法；用三、四等水准测量和三角高程测量建立小区域高程控制网的方法；坐标换带计算。

5.2 导 线 测 量

导线测量是平面控制测量中的一种方法，主要用于隐蔽地区、带状地区、城建区、地下工程、公路、铁路和水利等控制点的测量。

将测区内相邻控制点连成直线而构成的折线图形，称为导线。构成导线的控制点，称为导线点，折线边称为导线边。导线测量就是依次测定各导线边的长度和各转折角；根据起算数据，推算各边的坐标方位角，从而求出各导线点的坐标。

5.2.1 导线测量的布设形式

根据测区的情况和要求，导线可布设成以下三种形式。

1. 闭合导线

如图 5-3（*a*）所示，从一点出发，最后仍旧回到这一点，组成一闭合多边形。导线起始方位角和起始坐标可以分别测定或假定。导线附近若有高级控制点（三角点或导线点），应尽量使导线与高级控制点连接，图 5-3（*b*）和图 5-3（*c*）是导线直接连接和间接连接的形式，其中 β_A、β_C 为连接角，D_{A1} 为连接边。连接可获得起算数据，使之与高级控制点连成统一的整体。闭合导线多用在面积较宽阔的独立地区作测图控制。

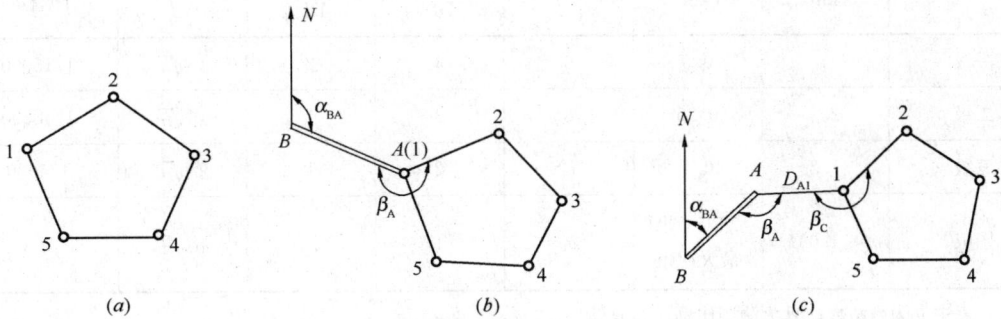

图 5-3　闭合导线

2. 附合导线

如图 5-4 所示，从一高级控制点出发，最后附合到另一高级控制点上。附合导线多用在带状地区作测图控制。此外，也广泛用于公路、铁路、水利等工程的勘测与施工。

3. 支导线

如图 5-5 所示，从一控制点出发，既不闭合也不附合于已知控制点上。

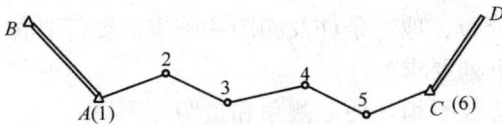

图 5-4　附合导线

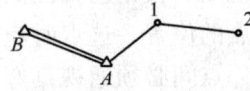

图 5-5　支导线

闭合导线和附合导线在外业测量与内业计算中都能校核，它们是布设导线的主要形式。支导线没有校核条件，差错不易发现，故支导线的点数不宜超过两个，一般仅作补点使用。此外，根据测区的具体条件，导线还可以布设成具有结点或多个闭合环的导线网，如图 5-6 所示。

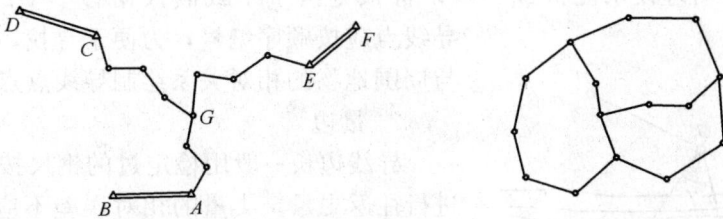

图 5-6　导线网

在局部地区的地形测量和一般工程测量中，根据测区范围及精度要求，导线测量分为一级导线、二级导线、三级导线和图根导线四个等级。它们可作为国家四等控制点或国家 E 级 GPS 点的加密，也可以作为独立地区的首级控制。各级导线测量的主要技术要求参考表 5-2。

等级	导线长度 (km)	平均边长 (km)	测角中误差 (")	测回数		角度闭合差 (")	相对 闭合差
				DJ$_6$	DJ$_2$		
一级	4	0.5	5	4	2	$10\sqrt{n}$	1/15000
二级	2.4	0.25	8	3	1	$16\sqrt{n}$	1/10000
三级	1.2	0.1	12	2	1	$24\sqrt{n}$	1/5000
图根	≤1.0M	≤1.5测图 最大视距	20	1	—	$40\sqrt{n}$	1/2000

注：表中 n 为测站数；M 为测图比例尺的分母。

导线测量按测定边长的方法分为：钢尺量距导线（也叫经纬仪导线）、视距导线以及电磁波测距导线等。本节所叙述的是钢尺量距和电磁波测距（全站仪）导线。

5.2.2　导线测量的外业

导线测量的外业工作包括：踏勘选点及建立标志、量边、测角和连测。

1. 踏勘选点及建立标志

选点前，应调查搜集测区已有的地形图和控制点的资料，先在已有的地形图上拟定导线布设方案，然后到野外去踏勘、核对、修改和落实点位。如果测区没有地形图资料，则需详细踏勘现场，根据已知控制点的分布、地形条件及测图和施工需要等具体情况，合理地选定导线点的位置。选点时应满足下列要求：

（1）相邻点间必须通视良好，地势较平坦，便于测角和量距；

（2）点位应选在土质坚实处，便于保存标志和安置仪器；

（3）视野开阔，便于测图或放样；

（4）导线各边的长度应大致相等，除特殊条件外，导线边长一般在 50～350m 之间，平均边长符合表 5-2 的规定；

（5）导线点应有足够的密度，分布较均匀，便于控制整个测区。

确定导线点位置后，应在地上打入木桩，桩顶钉一小钉作为导线点的标志。如导线点需长期保存，可埋设水泥桩或石桩，桩顶刻凿十字或嵌入锯有十字的钢筋作标志。

导线点应按顺序编号，为便于寻找，可根据导线点与周围地物的相对关系绘制导线点点位略图。

2. 量边

导线边长一般用检定过的钢尺按第 4 章的方法进行往返丈量。丈量的相对误差不应超过表 5-2 的规定。满足要求时，取其平均值作为丈量的结果。

用电磁波测距仪（或全站仪）测定导线边长的中误差一般约为±1cm。

如果导线边遇障碍，不能直接丈量，可采用电磁波测距仪（全站仪）测定。无测距仪时，可采用间接方法测定。如图 5-7 所示，导线边 FG 跨越河

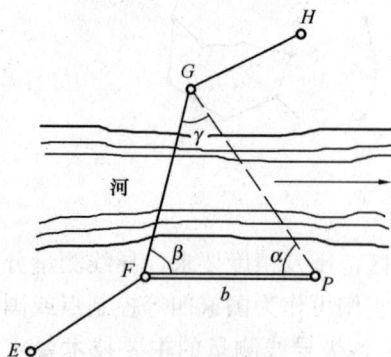

图 5-7　边长间接丈量

流，这时选定一点 P，要求基线 FP 便于丈量，且 ΔFGP 接近等边三角形。丈量基线长度 b，观测内角 α、β、γ，当内角和与 $180°$ 之差不超过 $60''$ 时，则将闭合差反符号均分于三个内角。然后用正弦定律算出导线边长 FG。

$$FG = b \cdot \frac{\sin\alpha}{\sin\gamma}$$

3. 测角

导线的转折角有左、右之分，在导线前进方向左侧的称为左角，而右侧的称为右角。对于附合导线应统一观测左角或右角（在公路测量中，一般是观测右角）；对于闭合导线，则观测内角。当采用顺时针方向编号时，闭合导线的右角即为内角，逆时针方向编号时，则左角为内角。

导线的转折角通常采用测回法进行观测。各级导线的测角技术要求参见表 5-2。对于图根导线，一般用 J_6 级经纬仪或全站仪测一个测回，盘左、盘右测得角值的较差不大于 $40''$ 时，则取其平均值作为观测结果。

4. 连测

如图 5-3（c）所示，导线与高级控制网连测，必须观测连接角 β_A、β_C、连接边 D_{A1}，作为传递坐标方位角和坐标之用。若附近无高级控制点，可用罗盘仪观测导线起始边的磁方位角，并假定起始点的坐标作为起算数据。

5.2.3 导线坐标计算中的基本公式

导线测量的最终目的是要获得每个导线点的平面直角坐标，因此外业工作结束后就要进行内业计算。求各导线点的坐标，需要依次推算各导线边的坐标方位角；由导线边的边长和坐标方位角，计算两相邻导线点的坐标增量，然后推算各点的坐标。

1. 坐标方位角的推算

如图 5-8 所示，α_{12} 为起始方位角。图 5-8（a）的 β_2 转折角为右角，推算 2-3 边的坐标方位角为

$$\alpha_{23} = \alpha_{12} + 180° - \beta_2$$

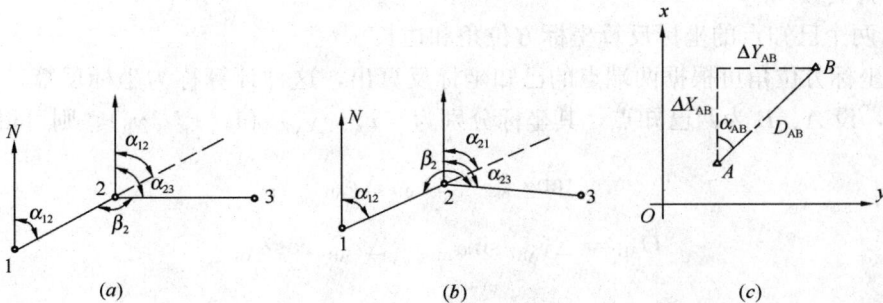

图 5-8 坐标方位角推算图
(a) β 为右角；(b) β 为左角；(c) 坐标增量

因此用右角推算方位角的一般公式为：

$$\alpha_{前} = \alpha_{后} + 180° - \beta_{右} \tag{5-1}$$

式中，$\alpha_{前}$ 表示前一条边的方位角；$\alpha_{后}$ 表示后一条边的方位角。

同时，图 5-8（b）中 β_2 为左角，推算方位角的一般式为：

$$\alpha_{前} = \alpha_{后} + \beta_{左} - 180° \tag{5-2}$$

必须注意，推算出的方位角如大于 360°，则应减去 360°，若出现负值时，则应加上 360°。

2. 根据已知点坐标、已知边长和坐标方位角计算未知点坐标

如图 5-8（c）所示，设 A 为已知点、B 为未知点，当 A 点的坐标（x_A，y_A）边长 D_{AB} 和坐标方位角 α_{AB} 均为已知时，则可求得 B 点的坐标（x_B，y_B）。这种计算称为坐标正算。由图知

$$\left.\begin{aligned} x_B &= x_A + \Delta x_{AB} \\ y_B &= y_A + \Delta y_{AB} \end{aligned}\right\} \tag{5-3}$$

其中：

$$\left.\begin{aligned} \Delta x_{AB} &= D_{AB} \cdot \cos\alpha_{AB} \\ \Delta y_{AB} &= D_{AB} \cdot \sin\alpha_{AB} \end{aligned}\right\} \tag{5-4}$$

所以式（5-3）又可写成

$$\left.\begin{aligned} x_B &= x_A + D_{AB} \cdot \cos\alpha_{AB} \\ y_B &= y_A + D_{AB} \cdot \sin\alpha_{AB} \end{aligned}\right\} \tag{5-5}$$

式中，Δx_{AB} 和 Δy_{AB} 分别称为纵、横坐标增量。

坐标方位角和坐标增量均带有方向性，注意下标的书写。当坐标方位角位于第一象限时，坐标增量均为正数；当坐标方位角位于第二象限时，Δx_{AB} 为负数，Δy_{AB} 为正数；当坐标方位角位于第三象限时，坐标增量均为负数；当坐标方位角位于第四象限时，Δx_{AB} 为正数，Δy_{AB} 为负数。

3. 由两个已知点的坐标反算坐标方位角和边长

边的坐标方位角可根据两端点的已知坐标反算出，这种计算称为坐标反算。如图 5-8（c）所示，设 A、B 为两已知点，其坐标分别为（x_A，y_A）和（x_B，y_B），则可得：

$$\tan\alpha_{AB} = \Delta y_{AB}/\Delta x_{AB} \tag{5-6}$$

$$D_{AB} = \Delta y_{AB}/\sin\alpha_{AB} = \Delta x_{AB}/\cos\alpha_{AB} \tag{5-7}$$

式中，$\Delta x_{AB} = x_B - x_A$；$\Delta y_{AB} = y_B - y_A$。

由式（5-7）算出两个 D_{AB}，用作相互校核。边长也可以用下式计算：

$$D_{AB} = \sqrt{\Delta x_{AB}^2 + \Delta y_{AB}^2} \tag{5-8}$$

按式（5-6）求得的 α_{AB} 是直线 AB 与 x 轴北向或南向的夹角（即直线 AB 的象限角 R），因此，应根据坐标增量 Δx、Δy 的正负号，按表 5-3 判断 AB 所在象限，再按表 5-4 把象限角换算成相应的坐标方位角。

坐标增量与象限判断			表 5-3
象限	方位角	Δx	Δy
I	0°～90°	+	+
II	90°～180°	−	+
III	180°～270°	−	−
IV	270°～360°	+	−

象限角与坐标方位角的关系	表 5-4
象限	象限角与坐标方位角的关系
I	$\alpha = R$
II	$\alpha = 180° - R$
III	$\alpha = 180° + R$
IV	$\alpha = 360° - R$

5.2.4 闭合导线坐标计算

闭合导线坐标计算是按一定的次序在表 5-5 中进行，也可以用计算程序在计算机上计算，计算前应检查外业观测成果是否符合技术要求，然后将角度、起始边方位角、边长和起算点坐标分别填入表 2、4、5、10、11 栏，或输入计算机。计算时还应绘制导线略图。现以闭合四边形导线为例，说明闭合导线坐标计算的步骤。

1. 角度闭合差的计算与调整

闭合导线实测的 n 个内角总和 $\Sigma\beta_{测}$ 不等于其理论值 $(n-2)\times180°$，其差称为角度闭合差，以 f_β 表示

$$f_\beta = \Sigma\beta_{测} - (n-2)\times180° \qquad (5\text{-}9)$$

各级导线角度闭合差的容许值 $f_{\beta容}$，如表 5-2 所示。如图根导线：$f_{\beta容} = \pm40''\sqrt{n}$。

若 $f_\beta \leqslant f_{\beta容}$，则可进行角度闭合差的调整，否则，应分析情况进行重测。角度闭合差的调整原则是，将 f_β 以相反的符号平均分配到各观测角中，即各角的改正数为：

$$V_\beta = -f_\beta/n \qquad (5\text{-}10)$$

计算时，根据角度取位的要求，改正数可凑整到 $1''$、$6''$ 或 $10''$。若不能均分，一般情况下，给短边的夹角多分配一点，使各角改正数的总和与反号的闭合差相等，即 $\Sigma V_\beta = -f_\beta$。

表 5-5 的五边形图根导线的计算实例，$f_\beta = -1'$，因取位至 $6''$，故其中两个角分配 $+12''$，其余两个角分配 $+18''$。分配的改正数应写在各观测角的上方，然后计算改正后的角值，填入 3 栏。

2. 推算各边的坐标方位角

根据起始方位角及改正后的转折角，可按下式依次推算各边的坐标方位角，填入表中 4 栏。

$$\alpha_{前} = \alpha_{后} + 180° - \beta_{右} \text{ 或 } \alpha_{前} = \alpha_{后} + \beta_{左} - 180°$$

实例中：

$$\alpha_{A1} \quad 50°16'18''$$
$$+) \quad 180°$$

		230°16′18″
$-)\beta_2$		120°12′00″
α_{12}		110°04′18″
$+)$		180°
		290°04′18″
$-)\beta_3$		87°03′00″
α_{23}		203°01′18″
$+)$		180°
		383°01′18″
$-)\beta_4$		113°23′18″
α_{34}		269°38′00″
$+)$		180°
		449°38′00″
$-)\beta_5$		120°45′12″
α_{4A}		328°52′48″
$+)$		180°
		508°52′48″
$-)\beta_1$		98°36′30″
		410°16′18″
$-)$		360°
α_{A1}		50°16′18″（计算无误）

在推算过程中，如果算出的 $\alpha_{前}>360°$，则应减去 360°；如果算出的 $\alpha_{前}<0°$，则应加上 360°。为了发现推算过程中的差错，最后必须推算至起始边的坐标方位角，看其是否与已知值相等，以此作为计算校核。

3. 计算各边的坐标增量

根据各边的坐标方位角 α 和边长 D，按式（5-4）计算各边的坐标增量，将计算结果填入表 6、7 栏。

4. 坐标增量闭合差的计算与调整

闭合导线的纵横坐标增量总和的理论值应为零，即

$$\left.\begin{array}{l} \sum \Delta x_{理} = 0 \\ \sum \Delta y_{理} = 0 \end{array}\right\} \tag{5-11}$$

由于测量误差，改正后的角度仍有残余误差，坐标增量总和的测量计算值 $\sum \Delta x_{测}$ 与 $\sum \Delta y_{测}$ 一般都不为零，其值称为坐标增量闭合差，以 f_x 与 f_y 表示，如图 5-9 所示。即

$$\left.\begin{array}{l} f_x = \Sigma\, \Delta x_{测} \\ f_y = \Sigma\, \Delta y_{理} \end{array}\right\} \qquad (5\text{-}12)$$

这说明，实际计算的闭合导线并不闭合，而存在一个缺口 1-1'这个缺口的长度称为导线全长闭合差，以 f 表示。由图知

$$f = \sqrt{f_x^2 + f_y^2}$$

导线越长，全长闭合差也越大。因此，通常用相对闭合差来衡量导线测量的精度，导线的全长相对闭合差按下式计算：

$$K = \frac{f}{\Sigma D} = \frac{1}{\dfrac{\Sigma D}{f}} \qquad (5\text{-}13)$$

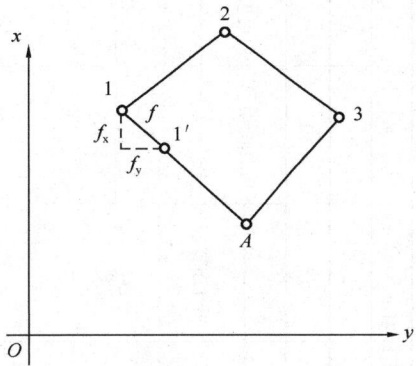

图 5-9　闭合导线

式中，ΣD 为导线边长的总和。导线的全长相对闭合差应满足表 5-2 的规定。否则，应首先检查外业记录和全部内业计算，必要时到现场检查，重测部分或全部成果。若 K 值符合精度要求，则可将增量闭合差 f_x、f_y 以相反符号，按与边长成正比分配到各增量中。任一边分配的改正数 $V_{\Delta x_{i,i+1}}$、$V_{\Delta y_{i,i+1}}$ 按下式计算：

$$\left.\begin{array}{l} V_{\Delta x_{i,i+1}} = -\dfrac{f_x}{\Sigma D} D_{i,i+1} \\[3mm] V_{\Delta y_{i,i+1}} = -\dfrac{f_y}{\Sigma D} D_{i,i+1} \end{array}\right\} \qquad (5\text{-}14)$$

改正数应按坐标增量取位的要求凑整到厘米或毫米，并且必须使改正数的总和与反符号闭合差相等，即

$$\Sigma V_{\Delta x} = -f_x$$
$$\Sigma V_{\Delta y} = -f_y$$

改正数写在各坐标增量计算值的上方，然后计算改正后的坐标增量，将其填入表中 8、9 栏。

5. 坐标计算

根据起始点的已知坐标和改正后的坐标增量，按式（5-5）依次推算各点的坐标，填入表中 10、11 栏。

如果导线未与高级点连接，则起算点的坐标可自行假定。为了检查坐标推算中的差错，最后还应推回到起算点的坐标，看其是否和已知值相等，以此作为计算校核。

5.2.5　附合导线坐标计算

附合导线的坐标计算与闭合导线的坐标计算基本上相同，但由于附合导线两端与已知点相连，所以在计算角度闭合差和坐标增量闭合差上不同。下面介绍这两项的计算方法。

1. 角度闭合差的计算

如图 5-10 所示，图（a）为观测左角、图（b）为观测右角时的导线略图，A、B、C、D 均为高级控制点，它们的坐标已知，起始边 AB 和终止边 CD 的坐标方位角 α_{AB}、α_{CD} 可根据式（5-6）求得。由起始方位角 α_{AB} 经各转折角推算终止边的方位角 α'_{CD} 与已知值 α_{CD} 不相等，其差数即为附合导线角度闭合差 f_β，即

表 5-5

闭合导线计算表

导线点号 1	观测角（右角）(° ′ ″) 2	改正后角值 (° ′ ″) 3	坐标方位角 (° ′ ″) 4	边长 (m) 5	坐标增量计算值 (m) Δx 6	Δy 7	改正后坐标增量 (m) Δx 8	Δy 9	坐标 (m) x 10	y 11
A			50 16 18						6236.812	7816.203
				151.260	−0.052 +96.678	−0.015 +116.332	+96.626	+116.317		
1	−18 120 12 18	120 12 00	110 04 18						6333.438	7932.520
				168.312	−0.058 −57.760	−0.016 +158.091	−57.818	+158.075		
2	−12 87 03 12	87 03 00	203 01 18						6275.620	8090.595
				148.121	−0.051 −136.325	−0.014 −57.924	−136.376	−57.938		
3	−12 113 23 30	113 23 18	269 38 00						6139.244	8032.657
				156.861	−0.054 −1.006	−0.015 −156.858	−1.060	−156.873		
4	−12 120 45 24	120 45 12	328 52 48						6138.184	7875.784
				115.256	−0.041 +98.669	−0.012 −59.569	+98.628	−59.581		
A	98 36 42	98 36 30							6236.812	7816.203
Σ	540 01 06	540 00 00		739.810	+0.256	+0.072	0	0		

角度闭合 合差及 改正数 的计算

$\Sigma \beta_{理} = 180° \times (5-2) = 540°$

$f_\beta = \Sigma \beta_{测} - \Sigma \beta_{理}$
= 540°01′06″ − 540° = +01′06″

$f_{\beta容} = \pm 40″\sqrt{n} = \pm 40″\sqrt{5} = \pm 1′29″$

$f_\beta < f_{\beta容}$

改正数 $V_i = -\dfrac{f_\beta}{n} = -\dfrac{66″}{5}$
= −13.2″

坐标增 量闭合 差的 计算

$\Sigma \Delta x_{理} = 0$, $\Sigma \Delta y_{理} = 0$

$f_x = +0.256$, $f_y = +0.027$

$V_{xA.1} = -\dfrac{0.256}{739.810} \times 151.260$
= −0.052

$V_{yA.1} = -\dfrac{0.072}{739.810} \times 151.260$
= −0.015

导线相 对闭合 差的 计算

$f_D = \sqrt{f_x^2 + f_y^2}$
= $\sqrt{0.256^2 + 0.072^2}$
= 0.266

$K = \dfrac{f}{\Sigma D} = \dfrac{0.266}{739.810}$
$\approx \dfrac{1}{2781} < \dfrac{1}{2000}$

草图

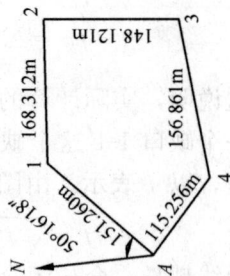

$$f_\beta = \alpha'_{CD} - \alpha_{CD} \qquad (5\text{-}15)$$

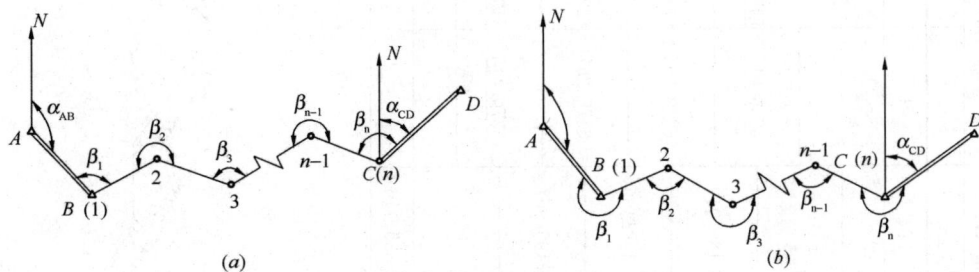

图 5-10　附合导线示意图

参照图 5-10，按式（5-1）或式（5-2）可推算终止边的坐标方位角。

β 为左角时：

$$\alpha'_{12} = \alpha_{AB} + \beta_1 - 180°$$
$$\alpha'_{23} = \alpha'_{12} + \beta_2 - 180°$$
$$\cdots\cdots$$
$$\underline{+)\alpha'_{CD} = \alpha'_{(n-1)n} + \beta_n - 180°}$$
$$\alpha'_{CD} = \alpha_{AB} + \sum \beta_{左} - n \cdot 180°$$

同理可得 β 为右角时：

$$\alpha'_{CD} = \alpha_{AB} + n \cdot 180° - \sum \beta_{右}$$

代入式（5-15）后，角度闭合差为：

$$f_\beta = (\alpha_{AB} - \alpha_{CD}) + \sum \beta_{左} - n \cdot 180°$$
$$f_\beta = (\alpha_{AB} - \alpha_{CD}) + n \cdot 180° - \sum \beta_{右}$$

或将上式写成一般式为

$$f_\beta = (\alpha_{始} - \alpha_{终}) + \sum \beta_{左} - n \cdot 180°$$
$$f_\beta = (\alpha_{始} - \alpha_{终}) + n \cdot 180° - \sum \beta_{右} \qquad (5\text{-}16)$$

必须特别注意，在调整角度闭合差时，若观测角为左角，则应以与闭合差相反的符号分配角度闭合差；若观测角为右角，则应以与闭合差相同的符号分配角度闭合差。

2. 坐标增量闭合差的计算

附合导线的起点及终点均是已知的高级控制点，其误差可以忽略不计。附合导线的纵、横坐标增量的总和，在理论上应等于终点与起点的坐标差值，即

$$\left.\begin{array}{l} \sum \Delta x_{理} = x_{终} - x_{始} \\ \sum \Delta y_{理} = y_{终} - y_{始} \end{array}\right\} \qquad (5\text{-}17)$$

由于量边和测角有误差，因此算出的坐标增量总和 $\sum \Delta x_{测}$、$\sum \Delta y_{测}$ 与理论值不相等，其差数即为坐标增量闭合差：

$$\left.\begin{array}{l} f_x = \sum \Delta x_{测} - (x_{终} - x_{始}) \\ f_y = \sum \Delta y_{测} = (y_{终} - y_{始}) \end{array}\right\} \qquad (5\text{-}18)$$

附合导线起始边及终止边的坐标方位角，可按式（5-6）、式（5-7）计算。

附合导线坐标计算实例见表 5-6。

附合导线计算表

表 5-6

导线点号	观测角(左角) (° ′ ″)	改正后角值 (° ′ ″)	坐标方位角 (° ′ ″)	边长 (m)	坐标增量计算值 (m) Δx	坐标增量计算值 (m) Δy	改正后坐标增量 (m) Δx	改正后坐标增量 (m) Δy	坐标 (m) x	坐标 (m) y
1	2	3	4	5	6	7	8	9	10	11
A			58 37 42							
B	(-9) 210 06 18	210 06 09	88 43 51	186.126	(-0.040) +4.123	(-0.040) +186.080	+4.083	+186.040	6236.812	7956.323
1	(-9) 138 24 36	138 24 27	47 08 18	203.483	(-0.043) +138.415	(-0.044) +149.153	+138.372	+149.109	6240.895	8142.363
2	(-9) 225 16 18	225 16 09	92 24 27	200.187	(-0.043) -8.409	(-0.043) +200.010	-8.452	+199.967	6379.267	8291.472
C	(-9) 75 27 36	75 27 27	347 51 54						6370.815	8491.439
D										
Σ	649 14 48			589.796	+134.129	+535.243	+134.003	+535.116		

角度闭合差及改正数计算	坐标增量闭合差的计算	导线相对闭合差的计算
$\alpha_{CD} = \alpha_{AB} + \Sigma\beta_测 - 180° \times 4$ $= 58°37'42" + \Sigma\beta_测 - 70°45'12"$ $= 347°52'30"$ $f_\beta = \alpha'_{CD} - \alpha_{CD}$ $= 347°52'30" - 347°51'54"$ $= +36"$ $f_容 = \pm 40"\sqrt{n} = \pm 40"\sqrt{4}$ $= \pm 1'20"$ $f_\beta < f_容$ 改正数 $V_i = -\dfrac{f_\beta}{n} = -\dfrac{36"}{4} = -9"$	$\Sigma\Delta x = +134.129$ $x_C - x_B = +134.0039$ $f_x = +0.126$ $\Sigma\Delta y = +535.243$ $y_C - y_B = +535.116$ $f_y = +0.127$	$f_D = \sqrt{f_x^2 + f_y^2}$ $= \sqrt{0.126^2 + 0.127^2}$ $= 0.179$ $K = \dfrac{f}{\Sigma D} = \dfrac{0.179}{589.796}$ $\approx \dfrac{1}{3295} < \dfrac{1}{2000}$ 草图

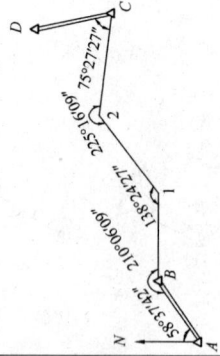

注：括号内为改正数。

5.3 小三角测量

小三角测量是建立小区域平面控制的一种方法，主要用于丘陵地区或山区的测图控制和施工控制测量。将测区各控制点组成相互连接的若干个三角形而构成三角网，这些三角形的顶点，称为三角点。所谓小三角测量就是在小范围内布设边长较短的小三角网，观测所有三角形的各内角，丈量1～2条边的长度（基线），用近似方法对角度进行调整，然后应用正弦定律算出各三角形的边长，再根据已知边的坐标方位角、已知点坐标（或假定坐标）推算各点坐标。与导线测量相比，它具有量距工作量少而测角的任务较重的特点。

5.3.1 小三角网的布设形式

根据测区地形条件、已有高级控制点分布情况及工程性质等要求，小三角网可布设成以下几种形式：

1. 单三角锁

如图 5-11（a）所示，它是由若干个单三角形组成的带状图形，两端各设有一条基线 AB 和 CD。单三角锁是在隧道勘测和施工时常用的形式，还用于在独立地区建立首级控制。

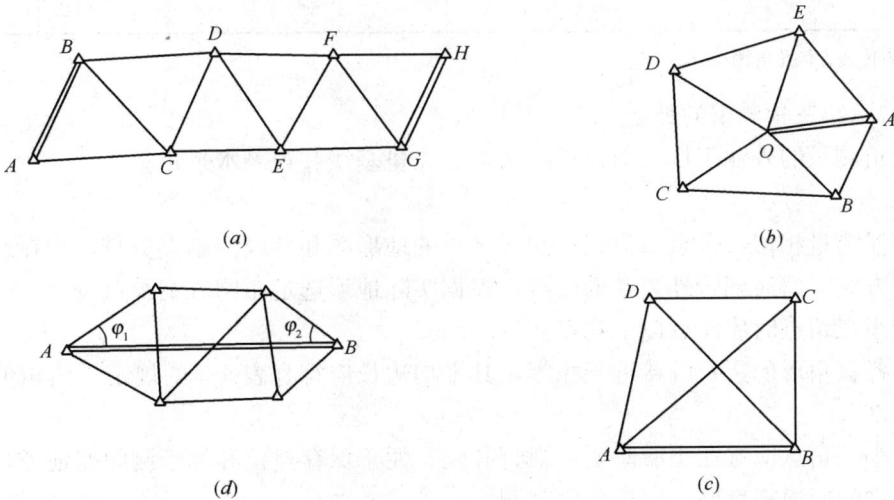

图 5-11 小三角网布设形式

2. 中点多边形

如图 5-11（b）所示，它是由几个三角形共一个顶点组成的中点多边形，OA 为基线。它是小区域的方圆测区建立测图控制时常用的形式。

3. 大地四边形

如图 5-11（c）所示，它是以 AB 为基线具有对角线的四边形。它是建立桥梁控制网常用的形式。

4. 线形三角锁

如图 5-11（d）所示，它是在两个高级控制点（A、B）之间布设的小三角锁。其特点是只需观测三角形内角以及定向角 φ_1 与 φ_2，不需要丈量基线就能解算出各点坐标。它是加密控制点的一种形式。

根据测区大小和精度要求，小三角测量分为一级、二级和图根小三角三个等级，各级的主要技术指标参照表 5-7。

小三角测量技术指标表   表 5-7

| 等级 | 平均边长 (m) | 测角中误差 (″) | 三角形个数 | 起始边边长相对中误差 | 最弱边长相对中误差 | 测回数 | | 三角形最大闭合差 | 方位角闭合差 (″) |
						J_6	J_2		
一级小三角	1000	±5	6～7	1/40000	1/20000	4	2	±15	—
二级小三角	500	±10	6～7	1/20000	1/10000	2	1	±30	—
图根小三角	≤测图最大视距的1.7倍	±20	13 以下	1/10000	—		1	±60	$\pm 40\sqrt{n}$

注：n 为传递方位角的测站数。

5.3.2 小三角测量的外业

小三角测量的外业工作主要包括：选点、丈量基线和观测水平角。

1. 选点

与导线测量相似，选点前应搜集测区已有的地形图和各级控制点资料，先在地形图上设计布网方案，然后到野外去踏勘选点，根据实际地形选定布网方案及点位。

选定小三角点时应注意以下几点：

（1）各三角形的边长应接近于相等，其平均边长应符合表 5-5 的规定，内角值不宜超出 $30°\sim120°$；

（2）小三角点应选在土质坚实、视野开阔、便于保存点位和便于测图的地方，并且相邻三角点之间应通视良好，便于角度观测；

（3）为桥梁、隧道布设的小三角网，应尽量将桥梁轴线的端点或隧道进出口控制点选为三角点；

（4）基线位置应选在地势平坦、便于量距的地段。

小三角点选定后，应在地上打下木桩或埋设标石作为标志，并依次进行编号绘制点位略图。观测时，为了照准的需要，应在三角点上设立标杆，或觇标。

2. 丈量基线

基线是推算三角形边长的起始边，其精度高低直接影响整个三角网的精度，因此丈量基线应使用检定过的钢尺按精密量距的方法进行，或用测距仪、全站仪采用对向观测法测量。技术要求见表 5-8。

基线丈量技术指标表

表 5-8

等级	名称	基线尺	作业尺数	丈量总次数	读定次数	估读(mm)	较差(mm)	尺段高差较差(mm)	定线偏差(cm)	相对中误差
一级小三角	基线	钢钢	1	2	3	0.1	0.5	3	5	1/80000
	起始边	普通	2	4	3	0.5	2.0	5	5	1/40000
二级小三角	起始边	普通	1~2	2	3	0.5	2.0	10	5	1/20000
图根小三角	起始边	普通	1~2	2	2	1.0	3.0	10	7	1/10000

表中"始起边",指小三角网的起始边,即起算边;所列"基线"指基线网中的实量基线。基线相对中误差的计算,参考表 5-9。

基线丈量计算表

表 5-9

次数	改正后基线长度(m)	V(mm)	VV
1	405.7530	0	0
2	405.7630	−10	100
3	405.7250	28	784
4	405.7710	−18	324
Σ	1623.0120	$[V]=0$	$[VV]=1208$
计算	平均值:$D_0=\dfrac{1623.0120}{4}=405.7530\text{m}$ 观测值中误差:$m=\pm\sqrt{\dfrac{[VV]}{n-1}}\pm\sqrt{\dfrac{1208}{3}}=\pm20.1\text{mm}$ 平均值中误差:$M=\pm\dfrac{m}{\sqrt{n}}=\pm\dfrac{20.1}{\sqrt{4}}=10.1\text{mm}$ 基线相对中误差:$K=\dfrac{M}{D_0}=\dfrac{10.1\times10^{-3}}{405.7530}=\dfrac{1}{40000}$		

3. 观测水平角

观测时可用 J_6 或 J_2 型经纬仪或全站仪按方向观测法进行。当观测方向少于或等于三个时,可用测回法观测。当一个三角形的内角测出后,应立即计算角度闭合差,若超过限差规定,应及时分析原因重测,若三角形的闭合差均满足要求,按菲列罗公式计算测角中误差:

$$m_\beta=\pm\sqrt{\frac{[f_\beta f_\beta]}{3n}} \tag{5-19}$$

式中，$[f_\beta f_\beta]$ 为各三角形角度闭合差的平方和；n 为三角形个数。

用上式算出的测角中误差不应超过表 5-5 中的规定。

若为独立的小三角锁，还应用罗盘仪测定起始边的磁方位角。

5.3.3　小三角测量的近似平差

小三角测量内业计算的最终目的是求算各三角点的坐标。其内容包括：外业观测成果的整理、检查，角度的近似平差，边长和坐标计算。下面分别介绍单三角锁和大地四边形的近似平差计算。

1. 单三角锁的计算

如图 5-12 所示，单三角锁应满足两个几何条件：一是图形条件，即各三角形内角和应为 180°；二是基线条件，即由起算边 D_0 用内角 a_i、b_i（称为传距角）推算的终边基线长度应等于实测值 D_n。计算时按上述条件，先后两次对观测角进行改正，以满足几何条件要求。最后用平差计算的角度推算边长和坐标。

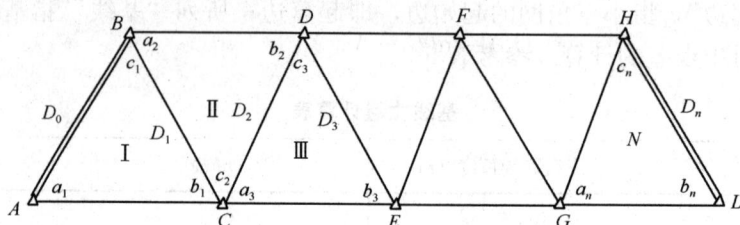

图 5-12　单三角锁

小三角测量的近似平差计算是在同一表格内进行的，计算前，先绘制计算略图，并对三角形的内角进行编号。按推算方向，将传距边（又称前进边）所对的角编号为 a_i，已知边所对的角编号为 b_i，第三边（又称间隔边）所对的间隔角编号为 c_i。按编号将观测值填入表 5-10 中的 1、2、3 栏。

1）角度闭合差的计算与调整——第一次角值改正

由于角度观测值带有误差，以致不能满足图形条件，产生角度闭合差 f_i，即

$$f_i = a_i + b_i + c_i - 180° \tag{5-20}$$

f_i 计算值不超过表 5-10 的规定，则将 f_i 反符号平均分配于三个内角的观测值上，即得第一次改正后的角值 a_i'、b_i'、c_i'

$$\left.\begin{aligned}a_i' &= a_i - f_i/3\\b_i' &= b_i - f_i/3\\c_i' &= c_i - f_i/3\end{aligned}\right\} \tag{5-21}$$

$$a_i' + b_i' + c_i' = 180°（校核） \tag{5-22}$$

第一次角值改正计算见表 5-10 内 3、4、5 栏。

2）基线闭合差的计算与调整——第二次角值改正

根据正弦定理，用改正后的角度 a_i'、b_i'，按求 D_1、$D_2 \cdots D_n$ 的推算程序列基线条件方程式

$$D'_n = D_0 \frac{\sin a'_1 \sin a'_2 \cdots \sin a'_n}{\sin b'_1 \sin b'_2 \cdots \sin b'_n} = D_0 \prod_{i=1}^{n} \frac{\sin a'_i}{\sin b'_i} \qquad (5\text{-}23)$$

算出的第二条基线长度 D'_n 应与其实量长度 D_n 相等，即应有

$$\frac{D_0 \prod\limits_{i=1}^{n} \sin a'_i}{D_n \prod\limits_{i=1}^{n} \sin b'_i} = 1 \qquad (5\text{-}24)$$

由于经第一次改正后的角值 a'_i、b'_i 及丈量的基线均不可能完全没有误差，致使式（5-23）不能满足，而产生基线闭合差。因为基线丈量的精度较高，其误差可略去不计，故仍须对 a'_i、b'_i 角进行第二次改正，以消除基线闭合差。设 a_i、b_i 的第二次改正数分别为 V''_{a_i} 和 V''_{b_i}，并将其代入式（5-24），即得基线条件方程

$$\frac{D_0 \prod\limits_{i=1}^{n} \sin(a'_i + V''_{a_i})}{D_n \prod\limits_{i=1}^{n} \sin(b'_i + V''_{b_i})} - 1 = 0 \qquad (5\text{-}25)$$

欲求出上式中的 V''_{a_i}、V''_{b_i}，须将上式按泰勒公式展开。设式（5-24）左端为 F，分别对 a'_i、b'_i 求偏导，则

$$\frac{\partial F}{\partial a'_i} = \frac{D_0 \sin a'_1 \sin a'_2 \cdots \sin a'_{i-1} \cos a'_i \sin a'_{i+1} \cdots \sin a'_n}{D_n \sum\limits_{i=1}^{n} \sin b'_i} \cdot \frac{\sin a'_i}{\sin a'_i}$$

$$= F \cdot \frac{\cos a'_i}{\sin a'_i}$$

即

$$\frac{\partial F}{\partial a'_i} = F \cdot \cot a'_i \qquad (5\text{-}26)$$

$$\frac{\partial F}{\partial b'_i} = \frac{D_0 \sum\limits_{i=1}^{n} \sin a'_i}{D_n \sin b'_1 \sin b'_2 \cdots \sin b'_{i-1} \sin^2 b'_i \sin b'_{i+1} \cdots \sin b'_n} \cdot (-\cos b'_i)$$

$$= -F \cdot \left(\frac{\cos b'_i}{\sin b'_i} \right)$$

即

$$\frac{\partial F}{\partial b'_i} = -F \cdot \cot b'_i \qquad (5\text{-}27)$$

由于 V''_{a_i}、V''_{b_i} 很小，以弧度为单位的 V''_{a_i}/ρ'、V''_{b_i}/ρ'（$\rho'' = 206265''$）更小，可以认为 $V''_{a_i}/\rho'' = \mathrm{d}a'_i$、$V''_{b_i}/\rho'' = \mathrm{d}b'_i$，代入式（5-25）得

$$F - 1 + F \cdot \sum_{i=1}^{n} \cot a'_i \cdot V''_{a_i}/\rho'' - F \cdot \sum_{i=1}^{n} \cot b'_i \cdot V''_{b_i}/\rho'' = 0$$

上式整理得

$$\frac{F-1}{F}\rho'' + \sum_{i=1}^{n}(\cot a_i' \cdot V''_{a_i} - \cot b_i' \cdot V''_{b_i}) = 0 \tag{5-28}$$

令

$$\left[1 - \frac{D_n \prod\limits_{i=1}^{n} \sin b_i'}{D_0 \prod\limits_{i=1}^{n} \sin a_i'}\right] \times \rho'' = W_{\text{基}}$$

则

$$\frac{F-1}{F} \times \rho'' = W_{\text{基}} \tag{5-29}$$

将式（5-29）代入式（5-28），即得基线条件方程式的最后形式为

$$\sum_{i=1}^{n}(\cot a_i' \cdot V''_{a_i} - \cot b_i' \cdot V''_{a_i}) + W_{\text{基}} = 0 \tag{5-30}$$

由于测角精度相同，为了不破坏已满足的图形条件，取改正数 V''_{a_i} 和 V''_{b_i} 绝对值相等而符号相反，即

$$V''_{a_i} = -V''_{b_i} = V'' \tag{5-31}$$

将上式代入式（5-30），解出第二次角值改正数

$$V'' = V''_{a_i} = -V''_{b_i} = -\frac{W_{\text{基}}}{\sum\limits_{i=1}^{n}(\cot a_i' + \cot b_i')} \tag{5-32}$$

最后的平差角值 A_i、B_i、C_i 应为

$$\left.\begin{array}{l} A_i = a_i' + V''_{a_i} \\[2mm] B_i = b_i' + V''_{b_i} \\[2mm] C_i = c_i' \end{array}\right\} \tag{5-33}$$

平差角应满足所有条件方程式，以作校核。即

$$\left.\begin{array}{l} A_i + B_i + C_i = 180° \\[4mm] \dfrac{D_0 \prod\limits_{i=1}^{n} \sin A_i}{D_n \prod\limits_{i=1}^{n} \sin B_i} = 1 \end{array}\right\} \tag{5-34}$$

第二次角值改正计算见表 5-10 的 6、7、8、9 栏和辅助计算。

单三角锁平差计算

表 5-10

三角形编号 (1)	角度编号 (2)	角度观测值 (°′″) (3)	第一次改正值 V′ (″) (4)	第一次改正后正值 (°′″) 5=3+4	正弦值 sinb'_i/sina'_i (6)	cotb'_i/cota'_i (7)	第一次改正值 V″ (″) (8)	平差后的角值 (°′″) 9=5+8	平差角的正弦值 (10)	边长 (m) (11)	边名 (12)
I	b_1	58 28 30	−4	58 28 26	0.852 402	0.61	+4	58 28 30	0.852 412	234.375	AB (D_0)
	c_1	42 29 56	−4	42 29 52		0.19	−4	42 29 52		185.749	AC
	a_1	79 01 46	−4	79 01 42	0.981 721			79 01 38	0.981 718	269.928	BC
	Σ_1	180 00 12 $f_1=+12''$	−12	180 00 00				180 00 00			
II	b_2	53 09 30	+2	53 09 32	0.800 301	0.75	+4	53 09 36	0.800 313	269.928	BC
	c_2	67 06 06	+2	67 06 08				67 06 08		301.701	CE
	a_2	59 44 18	+2	59 44 20	0.863 738	0.58	−4	59 44 16	0.863 728	291.316	CD
	Σ_2	179 59 54 $f_2=-6''$	+6	180 00 00				180 00 00			
III	b_3	66 07 30	−6	66 07 24	0.914 419	0.44	+4	66 07 28	0.914 427	291.316	CD
	c_3	62 16 58	−6	62 16 52				62 16 52		282.018	CE
	a_3	51 35 50	−6	51 35 44	0.783 645	0.79	−4	51 35 40	0.783 633	249.648	DE
	Σ_3	180 00 18 $f_3=+18''$	−18	180 00 00				180 00 00			
IV	b_4	52 24 15	+5	52 24 20	0.792 349	0.72	+4	52 24 24	0.792 361	249.648	DE
	c_4	39 41 15	+5	39 41 20				39 41 20		201.209	DF
	a_4	87 54 15	+5	87 54 20	0.999 332	0.04	−4	87 54 16	0.999 331	314.858	EF
	Σ_4	179 59 45 $f_4=-15''$	+15	180 00 00				180 00 00			
V	b_5	65 58 40	−9	65 58 31	0.913 370	0.45	+4	65 58 35	0.913 378	314.858	EF
	c_5	49 45 36	−9	49 45 27				49 45 27		263.129	EG
	a_5	64 16 11	−9	64 16 02	0.900 829	0.48	−4	64 15 58	0.900 820	310.529	FG (D_n)
	Σ_5	180 00 27 $f_5=+27''$	−27	180 00 00				180 00 00			

辅助计算

① V' 的计算

$$W_d = \left(1 - \frac{D_n \prod_l^n \sin b'_i}{D_0 \prod_l^n \sin a'_i}\right) \times \rho''$$
$$= 21.10$$

$$\sum_l^n (\cot b'_i + \cot a'_i) = 5.05$$

$$V'' = \frac{W_d}{\sum_l^n (\cot b'_i + \cot a'_i)} = -4''$$

$$V''_a = -4''$$
$$V''_b = 4''$$

② 检验计算

$D_0 = 234.375$m
$D_n = 310.531$m
$\dfrac{D_n \prod_1^5 \sin B_i}{D_0 \prod_1^5 \sin A_i} = 1.00$

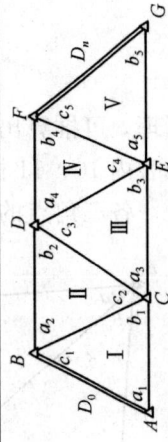

99

3）边长和坐标的计算

根据基线长度和平差后的角值用正弦定理可以算单三角锁中其他各边的长度，从图 5-12 第 I 个三角形中，可以写出：

$$\frac{D_0}{\sin B_1} = \frac{D_{AC}}{\sin C_1} = \frac{D_{BC}}{\sin A_1} = m_1$$

则

$$\left. \begin{aligned} m_1 &= D_0/\sin B_1 \\ D_{AC} &= m_1 \sin C_1 \\ D_{BC} &= m_1 \sin A_1 \end{aligned} \right\} \tag{5-35}$$

同理，可推算出三角形 II、III……各边的长度，直至终边 D_n 校核正确时为止。边长计算见表内 10、11 栏，标有横线者为已知数据。

各三角点的坐标，可按闭合导线的方法推算。

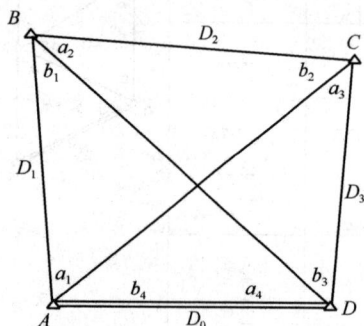

图 5-13　大地四边形

2. 大地四边形的计算

1）角度闭合差的计算与调整——第一次角值改正

如图 5-13 所示，大地四边形可列出多个图形条件方程，其中只有三个是独立的。这里取四边形内角和及两个对顶角为图形条件，即

$$\left. \begin{aligned} a_1 + a_2 + a_3 + a_4 + b_1 + b_2 + b_3 + b_4 - 360° &= 0 \\ (a_1 + b_1) - (a_3 + b_3) &= 0 \\ (a_2 + b_2) - (a_4 + b_4) &= 0 \end{aligned} \right\} \tag{5-36}$$

因为角度观测带有误差，使上述条件不能满足，产生闭合差：

$$\left. \begin{aligned} f_1 &= \sum_{i=1}^{4} a_i + \sum_{i=1}^{4} b_i - 360° \\ f_2 &= (a_1 + b_1) - (a_3 + b_3) \\ f_3 &= (a_2 + b_2) - (a_4 + b_4) \end{aligned} \right\} \tag{5-37}$$

角度闭合差按等精度观测平均分配的原则，为了消除 f_1，每个角应改正 $-f_1/8$；为了消除 f_2 并使改正后第一个条件不受破坏，a_1、b_1 应各改正 $-f_2/4$，而 a_3、b_3 应各改正 $+f_2/4$；同理，a_2、b_2 应改正 $-f_3/4$，a_4、b_4 应改正 $+f_3/4$。所以第一次角值改正数为：

$$\left. \begin{aligned} V'_{a_1} &= V'_{b_1} = -f_1/8 - f_2/4 \\ V'_{a_2} &= V'_{b_2} = -f_1/8 - f_3/4 \\ V'_{a_3} &= V'_{b_3} = -f_1/8 + f_2/4 \\ V'_{a_4} &= V'_{b_4} = -f_1/8 + f_3/4 \\ \sum V &= -f_1 \quad \text{（校核）} \end{aligned} \right\} \tag{5-38}$$

第一次改正后的角值 a'_i、b'_i，应为

$$\left.\begin{array}{l} a'_i = a_i + V'_{a_i} \\ b'_i = b_i + V'_{b_i} \end{array}\right\} \tag{5-39}$$

$$\left.\begin{array}{l} \sum_{i=1}^{4} a'_i + \sum_{i=1}^{4} b'_i = 360° \\ (a'_1 + b'_1) - (a'_3 + b'_3) = 0 \\ (a'_2 + b'_2) - (a'_4 + b'_4) = 0 \end{array}\right\} \tag{5-40}$$

2）边长闭合差的计算与调整——第二次角值改正

根据正弦定理，用第一次改正后的 a'_i、b'_i，从起始边 AB 出发，沿着求 D_1、D_2、D_3、D_0 的推算程序，得边长条件方程式：

$$\prod_{i=1}^{4} \frac{\sin(a'_i + V''_{a_i})}{\sin(b'_i + V''_{b_i})} - 1 = 0 \tag{5-41}$$

上式与单三角锁基线条件式相似，因此计算第二次改正数 V'' 的方法也完全相似。有关计算公式为

$$\left.\begin{array}{l} V''_a = -V''_{b_i} = V'' \\ V'' = -\dfrac{W_d}{\sum_{i=1}^{4} \cot a'_i + \sum_{i=1}^{4} \cot b'_i} \\ W_d = \left(1 - \prod_{i=1}^{4} \dfrac{\sin b'_i}{\sin a'_i}\right) \times \rho'' \end{array}\right\} \tag{5-42}$$

最后平差角值 A_i、B_i 应为

$$\left.\begin{array}{l} A_i = a'_i + V''_a \\ B_i = b'_i + V''_b \end{array}\right\} \tag{5-43}$$

$$\left.\begin{array}{l} \sum_{i=1}^{4} A_i + \sum_{i=1}^{4} B_i = 360° \\ (A_1 + B_1) - (A_3 + B_3) = 0 \\ (A_2 + B_2) - (A_4 + B_4) = 0 \\ \sum_{i=1}^{4} \dfrac{\sin A_i}{\sin B_i} = 1 \end{array}\right\} \tag{5-44}$$

3）边长和坐标计算

根据平差后的角值和起始边长推算各边长，校核无误后可按闭合导线推算各三角点坐标。大地四边形近似平差实例详见表 5-11。

大地四边形平差计算

表 5-11

角度编号	角度观测值 (° ′ ″)			第一次改正数			第一次改正后的角值 (° ′ ″)			正弦值 $\sin a_i$ / $\sin b_i$	余切值 $\cot a_i$ / $\cot b_i$	第二次改正值 V'' (″)	平差后的角值 (° ′ ″)			平差角的正弦 $\sin A_i$ / $\sin B_i$
				$-(f_1/8)$ (″)	$\mp f_2/4$	Σ (″)										
a_1	50	29	30	+3	+1	+4	50	29	34	0.771544	0.82	−4	50	29	30	0.771532
b_1	72	29	07	+3	+1	+4	72	29	11	0.953645	0.32	+4	72	29	15	0.953651
a_1+b_1	122	58	37				122	58	45							
a_1	28	08	56	+3	−2	+1	28	08	57	0.471769	1.87	−4	28	08	53	0.471752
b_2	28	52	18	+3	−3	0	28	52	18	0.482849	1.81	+4	28	52	22	0.482866
a_2+b_2	57	01	14				57	01	15							
a_3	76	19	11	+3	−1	+2	76	19	13	0.971633	0.24	−4	76	19	09	0.971628
b_3	46	39	30	+3	−1	+2	46	39	32	0.727280	0.94	+4	46	39	36	0.727294
a_3+b_3	122	58	41				122	58	45							
a_4	27	39	48	+3	+2	+5	27	39	53	0464297	1.91	−4	27	39	49	0.464280
b_4	29	21	16	+3	+3	+6	29	21	22	0.490236	1.78	+4	29	21	26	0.490253
a_4+b_4	57	01	04				57	01	15							
Σ	359	59	36	+24			360	00	00		9.69	0	360	00	00	

辅助计算：

$$f_1 = -24''$$
$$f_2 = -4''$$
$$f_3 = +10''$$

$$W_\mathrm{D} = \left(1 - \prod_{i=1}^{4} \frac{\sin b'_i}{\sin a'_i}\right) \times \rho'' = 39.57$$

$$\sum_{i=1}^{4}(\cot a'_i + \cot b'_i) = 9.69$$

$$V'' = \frac{W_\mathrm{D}}{\sum(\cot a'_i + \cot b'_i)} = -4''$$

$$V''_\mathrm{a} = -4'' \quad V''_\mathrm{b} = +4''$$

检验：

$$\prod_{i=1}^{4} \frac{\sin A_i}{\sin B_i} = 1$$

5.4　高程控制测量

在道路工程的地形测图和施工测量中，多采用三、四等水准测量作为首级高程控制。在进行高程控制测量以前，必须事先根据精度和需要在测区布置一定密度的水准点。水准点标志及标石的埋设应符合有关规范要求。

5.4.1　三、四等水准测量的技术要求

三、四等水准路线的布设，在加密国家控制点时，多布设为附合水准路线，结点网的形式；在独立测区作为首级高程控制时，应布设成闭合水准路线形式；而在山区、带状工程测区，可布设为水准支线。三、四等水准测量的主要技术要求详见表5-12和表5-13。

三、四等水准测量的主要技术指标（一）　　　　　　　　　　表5-12

等级	水准仪型号	视线长度(m)	前后视距差(m)	前后视距累积差(m)	视线离地面最低高度(m)	基本分划、辅助分划(黑红面)读数差(mm)	基本分划、辅助分划(红黑面)所测高差之差(mm)
三	DS$_1$	100	3	6	0.3	1.0	1.5
	DS$_2$	75				2.0	3.0
四	DS$_3$	100	5	10	0.2	3.0	5.0
五	DS$_3$	100	大致相等	—	—	—	—
图根	DS$_{10}$	≤100	—	—	—	—	—

注：1. 当成像显著清晰、稳定时，视线长度可按表中规定放长20%；
　　2. 当进行三、四等水准观测，采用单面标尺变更仪器高度时，所测两高差之差，应与黑红面所测高差之差的要求相同。

三、四等水准测量的主要技术指标（二）　　　　　　　　　　表5-13

等级	水准仪型号	水准尺	路线长度(km)	观测次数		每千米高差中误差(mm)	往反较差、附合或环线闭合差	
				与已知点联测	附合或环线		平地(mm)	出地(mm)
三	DS$_1$	因瓦	≤50	往返各一次	往一次	6	$12\sqrt{L}$	$4\sqrt{n}$
	DS$_2$	双面			往返各一次			
四	DS$_3$	双面	≤16	往返各一次	往一次	10	$20\sqrt{L}$	$6\sqrt{n}$
五	DS$_3$	单面	—	往返各一次	往一次	15	$30\sqrt{L}$	—
图根	DS$_{10}$	单面	≤5	往返各一次	往一次	20	$40\sqrt{L}$	$12\sqrt{n}$

注：1. 结点之间或结点与高级点之间，其路线的长度，不应大于表中规定的0.7倍。
　　2. L为往返测段、附合或环线的水准路线长度（km），n为测站数。

5.4.2　三、四等水准测量的方法

1. 测站观测程序

照准后视标尺黑面，按下、上、中丝读数；照准前视标尺黑面，按下、上、中丝读数；照准前视标尺红面，按中丝读数；照准后视标尺红面，按中丝读数。这样的顺序简称为"后前前后"（黑、黑、红、红）。四等水准测量每站观测顺序也可为后—后—前—前（黑、红、黑、红）。三、四等水准测量的观测记录及计算的示例见表5-14。

四等水准测量，如果采用单面尺观测，则可按变更仪器高法进行，观测顺序为：后—前—变仪器高度—前—后，变更仪器高前按三丝读数，以后则按中丝读数。

无论何种顺序，视距丝和中丝的读数均应在仪器精平时读数。

2. 计算与校核

首先将观测数据（1）、（2）、…、（8）按表5-14的形式记录。

1）视距计算

后视距离(9)＝100×[(1)－(2)]

前视距离(10)＝100×[(4)－(5)]

前后视距差值(11)＝(9)－(10)，此值应符合表5-12的要求。

视距差累积值(12)＝前站(12)＋本站(11)，其值应符合表5-12的要求。

2）高差计算

先进行同一标尺红、黑面读数校核，后进行高差计算。

前视黑、红读数差：(13)＝K_{106}＋(6)－(7)

后视黑、红读数差：(14)＝K_{105}＋(3)－(8)

(13)、(14)应等于零，不符值应满足表5-12的要求。否则应重新观测。

三、四等水准测量记录、计算表（双面尺法） 表 5-14

测站编号	后尺 下丝	前尺 下丝	方向及尺号	标尺读数		K＋黑－红	高差中数	备 注
	后尺 上丝	前尺 上丝		黑面	红面			
	后视距	前视距						
	视距差 d	∑d						
	(1)	(4)	后	(3)	(8)	(14)		
	(2)	(5)	前	(6)	(7)	(13)		
	(9)	(10)	后－前	(15)	(16)	(17)	(18)	
	(11)	(12)						
1	1.571	0.739	后105	1.384	6.171	0		
	1.197	0.363	前106	0.551	5.239	－1		
	37.4	37.6	后－前	＋0.833	＋0.932	＋1	＋0.8325	
	－0.2	－0.2						
2	2.121	2.196	后105	1.934	6.621	0		
	1.747	1.821	前106	2.008	6.796	－1		
	37.4	37.5	后－前	－0.074	－0.175	＋1	－0.0745	K 为水准尺常数，如：
	－0.1	－0.3						$K_{105}=4.787$
3	1.914	2.055	后105	1.726	6.513	0		$K_{106}=4.687$
	1.539	1.678	前106	1.866	6.554	－1		
	37.5	37.7	后－前	－0.140	－0.041	＋1	－0.1405	
	－0.2	－0.5						
4	1.965	2.141	后106	1.832	6.519	0		
	1.700	1.874	前105	2.007	6.793	＋1		
	26.5	26.7	后－前	－0.175	－0.274	－1	－0.1745	
	－0.2	－0.7						
5	1.540	2.813	后105	1.304	6.091			
	1.069	2.357	前106	2.585	7.272			
	47.1	45.6	后－前	－1.281	－1.181		－1.2810	
	＋1.5	＋0.8						
每页检核								

104

黑面高差：（15）＝（3）－（6）

红面高差：（16）＝（8）－（7）

红、黑面高差之差：（17）＝（15）－（16）±0.100

计算校核：（17）＝（14）－（13）

平均高差：（18）＝$\frac{1}{2}$[（15）＋（16）±0.100]

式中，0.100 为单、双号两尺常数 K 值之差。

3）计算的校核

高差部分按页分别计算后视红、黑面读数总和与前视读数总和之差，它应等于红、黑面高差之和。

对于测站数为偶数

$$\Sigma[(3)+(8)]-\Sigma[(6)+(7)]=\Sigma[(15)+(16)]=2\Sigma(18)$$

对于测站数为奇数

$$\Sigma[(3)+(8)]-\Sigma[(6)+(7)]=\Sigma[(15)+(16)]=2\Sigma(18)\pm0.100$$

视距部分，后视距总和与前视距总和之差应等于末站视距差累积值。校核无误后，可计算水准路线的总长度 $L=\Sigma(9)+\Sigma(10)$。

3. 成果计算

在完成一测段单程测量后，须立即计算其高差总和。完成一测段往、返观测后，应立即计算高差闭合差，进行成果检核。其高差闭合差应符合表 5-12 的规定。然后对闭合差进行调整，最后按调整后的高差计算各水准点的高程。

5.5 坐 标 换 带 计 算

高斯投影采用经差 6°或 3°分带的方法来限制投影长度的变形，而分带投影却导致各带成为互相独立的平面直角坐标系。当附合导线两端的已知控制点（如高等级公路、铁道等工程的已知控制点）不在同一投影带内时，应将在邻带的控制点坐标换算成同一带的坐标，然后才能计算导线坐标闭合差。过去坐标换带计算常采用查表法计算，很繁琐。现在电子计算机和各种可编程序的电子计算器在测量上得到广泛应用，可以通过高斯投影坐标计算公式进行坐标换带计算。

高斯投影坐标计算公式分为正反算。正算公式就是由大地坐标即经纬度 $(L，B)$ 求高斯平面坐标 $(x，y)$；反算公式就是由 $(x，y)$ 求 $(L，B)$。下面给出计算公式（公式推导从略）。

1. 高斯投影正算公式

$$\left.\begin{array}{l}x=X+Nt\left[\dfrac{1}{2}m^2+\dfrac{1}{24}(5-t^2+9\eta^2+4\eta^4)m^4+\dfrac{1}{720}(61-58t^2+t^4)m^6\right]\\[3mm]y=N\left[m+\dfrac{1}{6}(1-t^2+\eta^2)m^3+\dfrac{1}{120}(5-18t^2+t^4+14\eta^2-58\eta^2t^2)m^5\right]\end{array}\right\}$$

$$(5\text{-}45)$$

式中，X 为轴子午线上纬度等于 B 的某点至赤道的子午线弧长；$l=L-L_0$，L_0 为轴子午线经度；$m = \dfrac{\pi}{180°} \cdot l° \cdot \cos B$；$t = \tan B$；$\eta^2 = e'^2 \cos^2 B$，$e'^2$ 为椭球的第二偏心率；$N = c/\sqrt{1+\eta^2}$；c 为极曲率半径。

对于克拉索夫斯基椭球：

$$c = 6399698.902$$

$$e'^2 = 0.0067385415$$

$$X = 111134.8611B° - (32005.7799\sin B + 133.9238\sin^3 B)$$

$$+ (0.6973\sin^5 B + 0.0039\sin^7 B)\cos B \tag{5-46}$$

对于 1975 年国际椭球：

$$c = 6399596.652$$

$$e'^2 = 0.0067395018$$

$$X = 111134.0047B° - (32009.8575\sin B + 133.9602\sin^3 B)$$

$$+ (0.6976\sin^5 B + 0.0039\sin^7 B)\cos B \tag{5-47}$$

2. 高斯投影反算公式

令

$$n = \frac{y}{N_{\mathrm{f}}} = \frac{y\sqrt{1+\eta_{\mathrm{f}}^2}}{c} \tag{5-48}$$

$$\left.\begin{array}{l} B° = B°_{\mathrm{f}} - \dfrac{1+\eta_{\mathrm{f}}^2}{\pi}t_{\mathrm{f}}[90n^2 - 7.5(5 + 3t_{\mathrm{f}}^2 + \eta_{\mathrm{f}}^2 - 9\eta_{\mathrm{f}}^2 t_{\mathrm{f}}^2)n^4 + 0.25(61 + 90t_{\mathrm{f}}^2 + 45t_{\mathrm{f}}^4)]n^6 \\[2mm] L° = L_0 + \dfrac{1}{\pi\cos B_{\mathrm{f}}}[180n - 30(1 + 2t_{\mathrm{f}}^2 + \eta_{\mathrm{f}}^2)n^3 + 1.5(5 + 28t_{\mathrm{f}}^2 + 24t_{\mathrm{f}}^4)n^5] \end{array}\right\}$$

$$\tag{5-49}$$

式中，B_{f} 是底点纬度，系以 $x = X$ 所对应的大地纬度；t_{f}、η_{f}、N_{f} 均为相应于 B_{f} 之值。

底点纬度 B_{f} 可用迭代法求，由 X 反求 B_{f} 的迭代公式（适用克拉索夫斯基）如下：

迭代程序开始时设

$$B_{\mathrm{f}}^{(1)} = X/111134.8611 \tag{5-50}$$

以后各次迭代计算程序是

$$B_{\mathrm{f}}^{(i+1)} = \{X - F[B_{\mathrm{f}}^{(i)}]\}/111134.8611 \tag{5-51}$$

$$F[B_{\mathrm{f}}^{(i)}] = -[32005.7799\sin B_{\mathrm{f}}^{(i)} + 133.9238\sin^3 B_{\mathrm{f}}^{(i)} + 0.6973\sin^5 B_{\mathrm{f}}^{(i)}$$

$$+ 0.0039\sin^7 B_{\mathrm{f}}^{(i)}]\cos B_{\mathrm{f}}^{(i)} \tag{5-52}$$

重复迭代直至 $B_{\mathrm{f}}^{(i+1)} - B_{\mathrm{f}}^{(i)} < 1\times10^{-8}$ 为止。一般迭代六次即可。B_{f} 也可用下式直接计算：

对于克拉索夫斯基椭球：

$$B°_{\mathrm{f}} = 27.11115372595 + 9.02468257083(X - 3)$$

$$- 0.00579740442\,(X - 3)^2 - 0.00043532572\,(X - 3)^3$$

$$+0.00004857285 (X-3)^4 + 0.00000215727 (X-3)^5$$
$$-0.00000019399 (X-3)^6 \qquad (5\text{-}53)$$

对于 1975 年国际椭球：

$$B°_f = 27.11162289465 + 9.02483657729(X-3)$$
$$-0.00579850656 (X-3)^2 - 0.00043540029 (X-3)^3$$
$$+0.00004858357 (X-3)^4 + 0.00000215769 (X-3)^5$$
$$-0.00000019404 (X-3)^6 \qquad (5\text{-}54)$$

式（5-53）、式（5-54）中 X 均以毫米为单位。

利用高斯投影坐标计算公式进行坐标换带计算就是已知一点在轴子午线经度为 L_1 的某带上坐标为（x_1，y_1），换算其在轴子午线经度为 L_2 的邻带上的坐标（x_2，y_2），先按高斯投影反算公式（5-49）求出该点大地坐标（L，B）；再按高斯投影正算公式（5-45）计算其在邻带的坐标（x_2，y_2）。按这种方法进行换带计算时，应注意区分换带前后的轴子午线经度，无须考虑换带经度差和换带方向。

坐标换带计算实例见表 5-15。

坐标换带计算表　　　　　　　　　　　　　　　　表 5-15

序　号	符　号	坐标换带计算	复核计算
已知	x_1	2433586.693	243712.439
	y_1	250547.403	−59343.197
	L_1	111°	114°
	L_2	114°	111°
1	$B°_f$	21.99767746	21.98075144
2	t_f	0.403979074	0.403635488
3	η_f^2	0.005793097	0.005794493
4	n	0.03926109	−0.0092996375
5	$B°$	21.97974567°	21.97974565°
6	$L°$	113.425413333°	113.425413337°
7	$l° = L - L_2$	−0.574586667°	2.425413337°
8	m	−0.009299525	0.039254638
9	t	0.403615074	0.403615074
10	η^2	0.005794575	0.005794574
11	N	6381237.328	6381237.328
12	X	2431601.066	2431601.066
13	x_2	2431712.439	2433586.691
14	y_2	−59343.197	250547.402

第6章 地形图测绘

6.1 地形图基本知识

6.1.1 比例尺

1. 地形图比例尺的定义

就地图制图而言，要把地面上的线段描绘到地图平面上，要经过如下主要过程，即：首先将地面线段沿垂线投影到大地水准面上，然后归化到椭球体面上，再按某种方法将其投影到平面上，最后按某一比率将它缩小到地图上，这个缩小比率就是地图比例尺。

因此，地形图的比例尺可定义为：地形图上某线段的长度与实地对应线段的投影长度之比，即

$$\frac{1}{M} = \frac{d}{D} \tag{6-1}$$

式中，M 为地形图比例尺分母；d 为地形图上某线段的长度；D 为实地相应的投影长度。式（6-1）可用于地形图上的线段与实地对应线段投影长度之间的换算。

利用式（6-2）还可以求出地图上某区域面积与实地对应区域的投影面积之比的关系式，即

$$\frac{1}{M^2} = \frac{f}{F} \tag{6-2}$$

式中，f 为地图上某区域的面积；F 为实地对应区域的投影面积。

2. 地形图比例尺精度

地形图比例尺的大小，对于图上内容的显示程度有很大关系。因此，必须了解各种比例尺地图所能达到的最大精度。显然，地形图所能达到的最大精度取决于人眼的分辨能力和绘图与印刷的能力。其中，人眼的分辨能力是主要的因素。

由对人眼的分辨能力的分析可知，在一般情况下，人眼的最小鉴别角为 $\theta=60''$。若以明视距离 250mm 计算，则人眼能分辨出的两点间的最小距离约为 0.1mm。因此，某种比例尺地形图上 0.1mm 所对应的实地投影长度，称为这种比例尺地形图的最大精度，或称该地形图比例尺精度。例如：1∶100 万、1∶1 万、1∶500 的地图比例尺精度依次为 100m、1m、0.05m（表 6-1）。

比例尺精度表 表 6-1

比例尺	1∶500	1∶1000	1∶2000	1∶5000	1∶10000
比例尺精度（m）	0.05	0.1	0.2	0.5	1.0

比例尺精度对于地形图的测绘和使用有重要的指导意义。首先，根据比例尺精度可以确定在测图时距离测量应精确到什么程度。例如在 1∶2000 测图时，比例尺精度为 0.2m，故实地量距只需取到 0.2m，因为若量得再细致，在图上也无法表示出来。其次，当设计

规定需在图上能量出的实地最短长度时，根据比例尺精度可以确定合理的测图比例尺。例如某项工程建设，要求在图上能反映地面上 10cm 的精度，则所选图的比例尺就不能小于 1：1000。图的比例尺愈大，测绘工作量会成倍地增加，所以应该按城市规划和工程建设、施工的实际需要合理选择图的比例尺。

通常把 1：500、1：1000、1：2000、1：5000、1：10000 比例尺的地形图称为大比例尺图；1：2.5 万、1：5 万、1：10 万比例尺的地形图称为中比例尺图；1：20 万、1：50 万、1：100 万比例尺的地形图称为小比例尺图。

比例尺为 1：500 和 1：1000 的地形图一般用平板仪、经纬仪或全站仪测绘，这两种比例尺地形图常用于城市分区详细规划、工程施工设计等。比例尺为 1：2000、1：5000 和 1：10000 的地形图一般用更大比例尺的图缩制，大面积的大比例尺测图也可以用航空摄影测量方法成图。1：2000 地形图常用于城市详细规划及工程项目初步设计，1：5000 和 1：10000 的地形图则用于城市总体规划、厂址选择、区域布置、方案比较等。

中比例尺地形图系国家的基本图，由国家测绘部门负责测绘，目前均用航空摄影测量方法成图。小比例尺地形图一般由中比例尺图缩小编绘而成。

6.1.2 地形图分幅与编号

为了便于测绘、使用和保管地形图起见，需要将大面积的地形图进行分幅，并将分幅的地形图进行有系统的编号，因此需要研究地形图的分幅和编号问题。

地形图的分幅可分为两大类：一种是按经纬线分幅的梯形分幅法，另一种是按坐标格网划分的矩形分幅法。

1. 梯形分幅

1）国际 1：100 万地形图的分幅及编号

为了全球地形图的标准化，比例尺一百万分之一的地形图分幅编号由国际统一规定，做法是将整个地球表面用子午线分为 60 个 6°的纵列，由经度 180°起，自西向东用阿拉伯数字 1～60 编列号数。同时由赤道起，向南北两方直到纬度 88°止，以每隔 4°的纬度圈分成许多横行，这些横行用大写的拉丁字母 A、B、C……V 标明。以两极为中心，以纬度 88°为界的圆，则用 Z 标明。图 6-1 为北半球百万分之一地形图的分幅与编号。在北半球

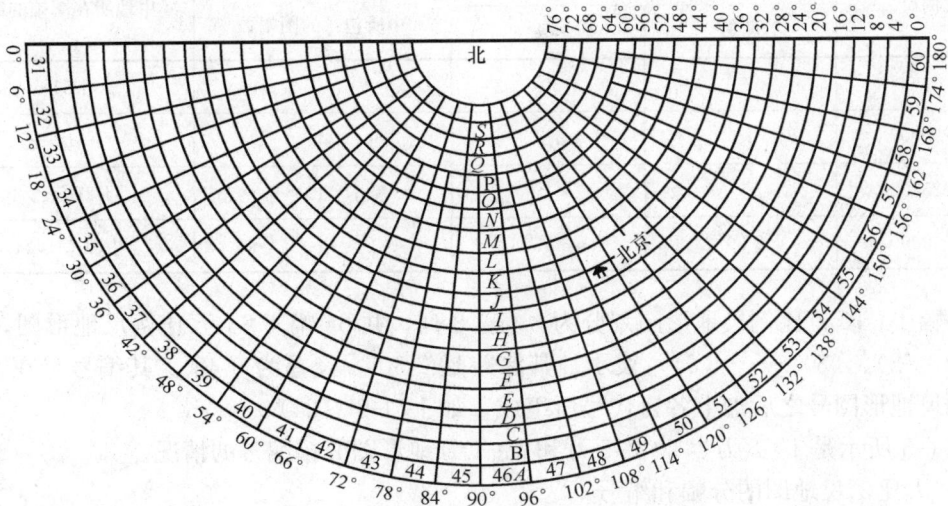

图 6-1　北半球百万分之一梯形分幅与编号

与南半球的图幅分别在编号前加 N、S 予以区别，因我国领域全部位于北半球，故省注 N。

由上所述可知，一张一百万分之一的地形图，它是由纬差 4°的纬线和经差 6°的子午线所形成的梯形。每一幅百万分之一的梯形图图号是由横行的字母与纵列的号数组成。例如甲地的纬度为北纬 39°54′30″，经度为东经 122°28′25″，其所在一百万分之一比例尺的图幅的编号为 J-51。

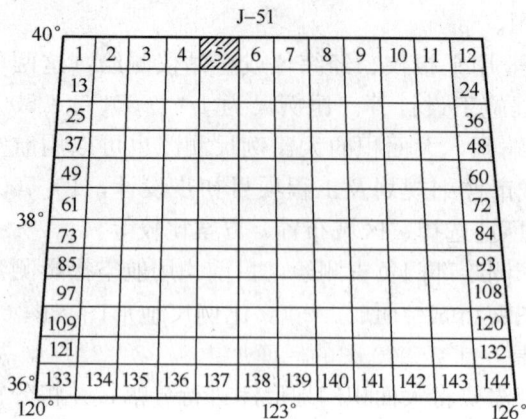

图 6-2　1/10 万地形图分幅与编号

2）1∶10 万地形图的分幅编号

将百万分之一的一幅图分为 144 幅 1∶10 万的图幅，图幅经度差 30′，纬度差为 20′，以 1，2，3，……144 为图幅代号。其编号的写法系在百万分之一图号编号面分别用阿拉伯数字 1 到 144 表示之，如图 6-2 所示。例如甲地所在 1∶10 万比例尺图幅的编号是 J-51-5。

3）1∶5 万至 1∶1 万地形图的分幅编号

这三种比例尺地形图的分幅编号是在 1∶10 万地形图的基础上进行的。

每幅 1∶10 万比例尺的地形图划分为 4 幅 1∶5 万地形图，分别以甲，乙，丙，丁表示，其编号是在 1∶10 万地形图的编号后加上各自的代号所组成。如甲地为 J-51-5-乙。

每幅 1∶5 万地形图划分为 4 幅 1∶2.5 万地形图，分别以数字 1，2，3，4 表示，其编号是在 1∶5 万地形图的编号后加上 1∶2.5 万地形图各自的代号所组成，如 J-51-5-乙-4。

表 6-2 表示了上述比例尺地形图的分幅方法和以甲地为例的编号。

各种比例尺地形图的分幅与编号表　　　　　　　　　　　　　　　表 6-2

比例尺	图幅的大小		在一张前列比例尺图幅中所包含的图幅数	甲地所在图幅的编号
	纬差	经差		
1∶100000	20′	30′	—	J-51-5
1∶50000	10′	15′	4	J-51-5-乙
1∶25000	5′	7′30″	4	J-51-5-乙-4
1∶10000	2′30″	3′45″	4	J-51-5-（24）

每幅 1∶10 万比例尺地形图划分为 8 行、8 列，共 64 幅 1∶1 万比例尺地形图，分别以（1）、（2）、（3）……（64）表示。其纬差是 2′30″，经差为 3′45″。其编号是在 1∶10 万比例尺地形图号之后加上各自代号所组成，如 J-51-5-（24）。

图 6-3 所示是 1∶5 万、1∶2.5 万和 1∶1 万地形图分幅编号的情况。

4）大比例尺地图的分幅和编号

1∶5000 及 1∶2000 比例尺地形图是在 1∶1 万地形图的基础上进行分幅编号。每幅

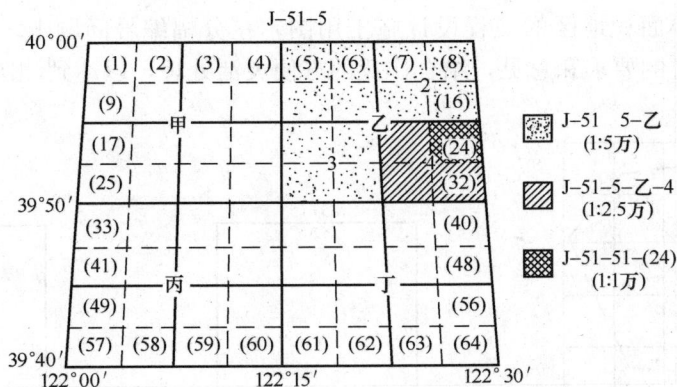

图 6-3 1∶5万、1∶2.5万和1∶1万地形图分幅与编号

1∶1万比例尺地形图分成 4 幅 1∶5000 的图（图 6-4（*a*）），其纬差为 $1'15''$，经差为 $1'52''.5$。其编号是在 1∶1万比例尺地形图后加上小写拉丁字母 a、b、c、d，例如甲地为 J-51-5-（24）-b。每幅 1∶5000 比例尺地形图又分成 9 幅 1∶2000 比例尺地形图（图 6-4（*b*）），其纬差为 $25''$，经差为 $37''.5$。其编号是在 1∶5000 图的后面加上 1、2、3、4……9 等数字，如甲地为 J-51-5-（24）-b-4。

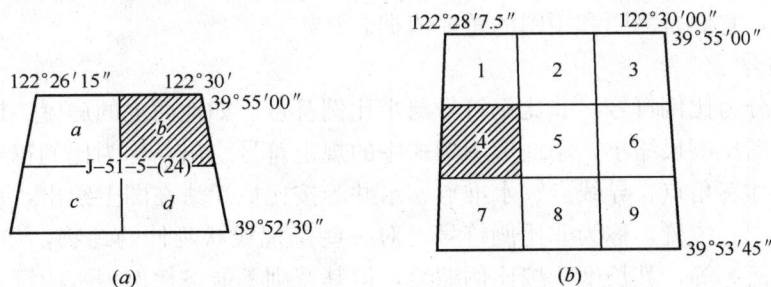

图 6-4 1∶5000 与 1∶2000 地形图分幅与编号

2. 矩形分幅

大比例尺图的图幅通常采取矩形分幅，一般规定在 1∶5000 比例尺时采用纵、横 40cm，即实地为 2km 的分幅。每个小方格为 10cm，每幅图 16 格。1∶2000、1∶1000、1∶500 比例尺测图时图幅纵横各 50cm，每个小方格为 10cm。每幅图共 25 格，以整公里（或百米）坐标进行分幅。如测区为狭长带状，为了减少图板和接图，也可采用任意分幅。

如测区的范围较大，整个测区需要在几幅甚至几十幅图中，这时应画一张分幅总图，图 6-5 为某测区比例尺 1∶1000 测图时的分幅图。该测区有整幅图 8 幅及不满一整幅的破幅图 16 幅。

这种比例尺图的图号，均用该图图廓西南角的坐标以公里数为单位表示。现举例说明之，图 6-6 为 1∶2000 比例尺地形图之图幅，其西南图角的坐标为 $X=83000m$（83km），$Y=15000m$（15km），故其图幅编号为 83＋15，而图 6-7 为某 1∶1000 比例尺地形图的图幅，其西南图角坐标为 $X=83500m$，$Y=15500m$，故该图幅号为 83.5＋15.5。

但也有用各种代号进行编号，如用工程代号与阿拉伯数字相结合的方法，因为大比例尺地形图不少是小面积地区的工程设计施工用图，在分幅编号问题上，要本着从实际出发，根据用图单位的要求和意见，结合作业的方便灵活处理，以达到测图、用图、管图方便为目的。

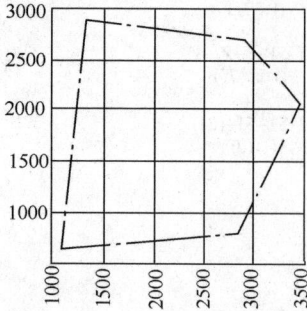

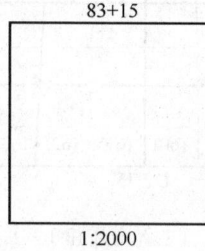

图 6-5　分幅总图　　　　图 6-6　1：2000 比例尺图号　　　图 6-7　1：1000 比例尺图号

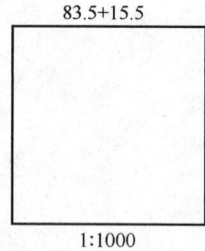

6.1.3　地形图图式

为了便于测图和用图，用各种符号将实地的地物和地貌表示在图上，这些符号为地形图图式。图式由国家测绘机关统一颁布。地形图图式中的符号有三种：地物符号、地貌符号、注记符号，它们是测图和用图的重要依据。

1. 地物符号

地物符号分为比例符号、非比例符号与半比例符号。如地面上的房屋、桥梁、旱田等地物可以按测图比例尺缩小，用地形图图式中的规定符号绘出，称为比例符号。某些地物的轮廓较小，如三角点、导线点、水准点、水井等按比例无法在图上绘出，只能用特定的符号表示它的中心位置，称为非比例符号。对一些呈现线状延伸的地物，如铁路、公路、管线、围墙、篱笆等，其长度能按比例缩绘，但其宽则不能按比例表示的符号称为半比例符号。

2. 地貌符号

在大比例尺地形图上最常用的表示地面高低起伏变化的方法是等高线法，所以等高线是常见的地貌符号。但对梯田、峭壁、冲沟等特殊的地貌，不便用等高线表示时，可根据地形图图式绘制相应的符号。

3. 注记符号

为了表明地物的种类和特性，除用相应的符号表示外，还需配合一定的文字和数字加以说明，如地名、县名、村名、路名、河流名称和水流方向以及高等线的高程和散点的高程等。

6.1.4　等高线

地形图上所表示的内容除地物外，另一部分内容就是地貌。

地貌是指地球表面高低起伏、凹凸不平的自然形态。地球表面的形态，主要是由地球本身内部矛盾运动（内力和外力作用）的结果而形成的。因此，地球表面的自然形态多数是有一定规律性的，认识了这种规律性，然后采用恰当的符号，即可将它表示在图纸上了。

1. 地貌的基本形状及其名称

地貌一般可归纳为五种基本形状，如图 6-8 所示。

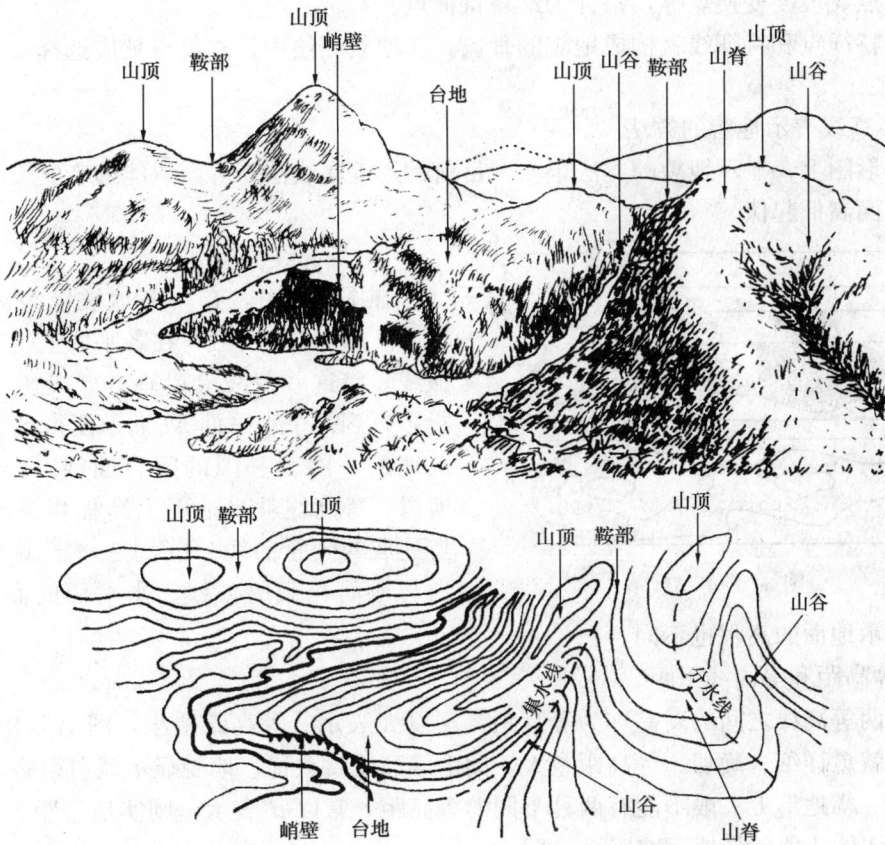

图 6-8 基本地貌形态

（1）山。较四周显著凸起的高地称为山，大者叫山岳，小者（比高低于 200m）叫山丘。山的最高点叫山顶，尖的山顶叫山峰。山的侧面叫山坡（斜坡）。山坡的倾斜在 20°～45°的叫陡坡，几乎成竖直形态的叫峭壁（陡壁）。下部凹入的峭壁叫悬崖，山坡与平地相交处叫山脚。

（2）山脊。山的凸棱由山顶伸延至山脚者叫山脊。山脊最高的棱线称分水线（或山脊线）。

（3）山谷。两山脊之间的凹部称为山谷。两侧称谷坡。两谷坡相交部分叫谷底。谷底最低点连线称山谷线（又称合水线）。谷地与平地相交处称谷口。

（4）鞍部。两个山顶之间的低洼山脊处，形状像马鞍形，称为鞍部。

（5）盆地（洼地）。四周高中间低的地形叫盆地。最低处称盆底。盆地没有泄水道，水都停滞在盆地中最低处。湖泊实际上是汇集有水的盆地。

地球表面的形状，虽有千差万别，但实际上都可看做是一个个不规则的曲面。这些曲面是由不同方向和不同倾斜的平面所组成，两相邻斜面相交处即为棱线，山脊和山谷都是棱线，也称为地貌特征线（地性线），如果将这些棱线端点的高程和平面位置测出，则棱线的方向和坡度也就确定。

在地面坡度变化的地方，比较显著的有：山顶点、盆地中心点、鞍部最低点、谷口点、山脚点、坡度变换点等，都称为地貌特征点。

这些特征点和特征线就构成地貌的骨骼。在地貌测绘中，立尺点就应选择在这些特征点上。

2. 等高线表示地貌的方法

在地形图上，显示地貌的方法很多，目前常用等高线法。等高线能够真实反映出地貌形态和地面高低起伏。

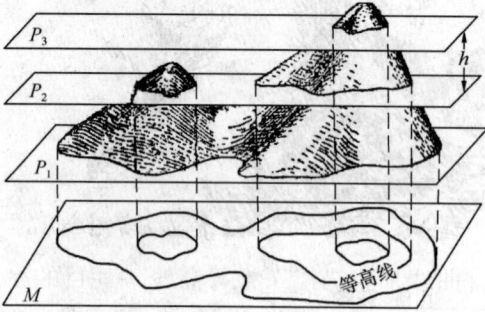

图 6-9　等高线

1）等高线的概念

在图 6-9 中，有一高地被等距离的水平面 P_1、P_2 和 P_3 所截，在各平面上得到相应的截线，将这些截线沿铅垂方向投影（即垂直投影）到一个水平面 M 上，便得到了表示该高地的一圈套一圈的闭合曲线，即等高线。所以，等高线就是地面上高程相等的相邻各点连成的闭合曲线。也就是一定高度的水平面与地面相截的截线。水平面的高度不同，

等高线表示地面的高程也不同。

2）等高距和等高线平距

相邻两等高线之间的高差称为等高距，常以 h 表示。等高距愈小，图上等高线愈密，地貌显示就愈详细、确切。等高距愈大，图上等高线就愈稀，地貌显示就愈粗略。必须指出，在同一幅地形上一般不能有两种不同的等高距，常以 d 表示，则实地平距为 $D=d \cdot M$。h 与 D 的比值就是地面坡度 i，即

$$i = \frac{h}{d \cdot M} \times 100\% \qquad (6-3)$$

式中，M 为比例尺分母。坡度 i 一般以百分率表示，向上为正，向下为负。因为同一张地形图内等高距 h 是相同的，所以地面坡度与等高线平距 d 的大小有关。由式（6-3）可知，等高线平距越小，地面坡度就越大；平距越大，则坡度越小；平距相等，则坡度相同。因此，可以根据地形图上等高线的疏、密来判定地面坡度的缓、陡。

3）示坡线

用等高线表示地形时，将会发现洼地的等高线和山头的等高线在外形上非常相似。如图 6-10（a）所示为洼地地貌的等高线，图 6-10（b）所示为山头地貌的等高线。它们之间的区别在于：山头地貌是里面的等高线高程大；洼地地貌是里面的等高线高程小。为了便于区别这两种地形，就在某些等高线的斜坡下降方向绘一短线表示坡，并把这种短线叫示坡线，如图 6-10（a）和图 6-10（b）所示。示坡线一般仅选择在最高、最低两条等高线上表示，能明显地表示出坡度方向即可。

4）等高线的分类

为了更好地表示地貌的特征，便于识图用图，地形图上主要采用下列三种等高线：

（1）首曲线（又称基本等高线），即按基本等高距测绘的等高线。

图 6-10　山头与洼地

（2）计曲线（又称加粗等高线），每隔四条首曲线加粗描绘一根等高线。其目的是为了计算高程方便。

（3）间曲线（又称半距等高线），是按 1/2 基本等高距测绘的等高线，以便显示首曲线不能显示的地貌特征。在平地，当首曲线间距过稀时，可加测间曲线，间曲线可不闭合，但一般应对称。图 6-11 表示首曲线、计曲线、间曲线的情况。

5）等高线的特性

等高线的规律和特性可归纳为如下几条：

（1）在同一条等高线上的各点高程相等。因为等高线是水平面与地表面的交线，而在一个水平面上的高程是一样的。但是不能得出结论说：凡高程相等的点一定在同一条等高线上。当水平面和两个山头相交时，会得出同样高程的两条等高线，如图 6-12 所示。

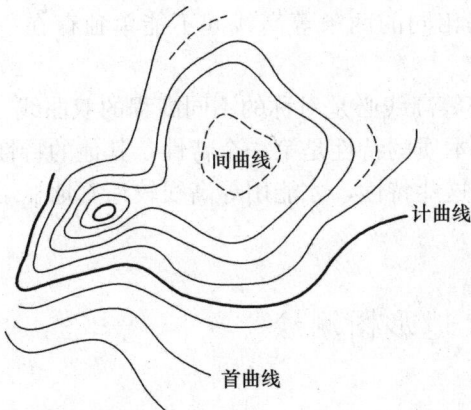

图 6-11　等高线类型

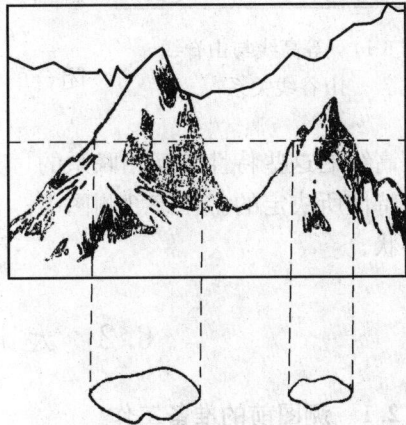

图 6-12　等高线特性

（2）等高线是闭合的曲线。一个无限伸展的水平面和地表面相交，构成的交线是一个闭合曲线，所以某一高程线必然是一条闭合曲线。由于具体测绘地形图范围是有限的，所以等高线若不在同一幅图内闭合，也会跨越一个或多个图幅闭合。

（3）不同高程的等高线一般不能相交。但是一些特殊地貌，如陡壁、陡坎的等高线就会重叠在一起，如图 6-13（a）所示，这些地貌必须加用陡壁、陡坎符号表示。通过悬崖的等高线才可能相交如图 6-13（b）所示。

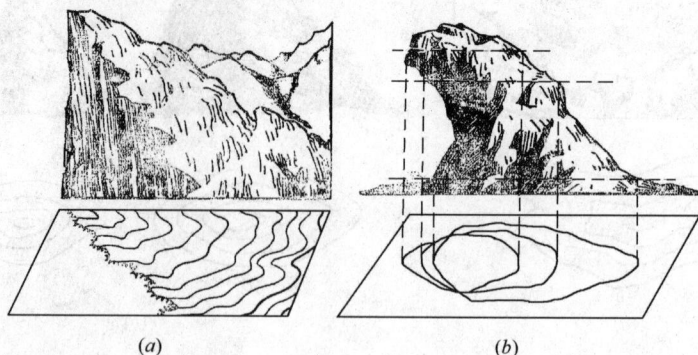

图 6-13　特殊地貌等高线

（4）等高线与分水线（山脊线）、合水线（山谷线）正交。由于等高线在水平方向上始终沿着同高的地面延伸着，因此等高线在经过山脊或山谷时，几何对称地在另一山坡上延伸，这样就形成了等高线与山脊及山谷线在相交处成正交。如图 6-14 所示，A 为山脊线，B 为山谷线。

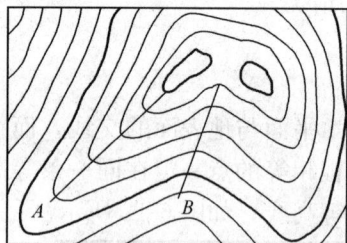

图 6-14　等高线与山脊线、
山谷线关系

（5）两等高线间的水平距离称为平距，等高线间平距的大小与地面坡度的大小成反比。在同一等高距的情况下，地面坡度愈小，等高线在图上的平距愈大；反之，地面坡度愈大，则等高线在图上的平距愈小。换句话说，坡度陡的地方，等高线就密；坡度缓的地方，等高线就稀。

（6）高程相同的两条等高线间不能单独存在一条不闭合的等高线。

（7）鞍部等高线必是对称的不同高程的双曲线。

等高线的这些特性是互相联系的，其中最本质的特性是第一个特性，其他的特性是由第一个特性所决定的。在碎部测图中，要掌握这些特性，才能用等高线较逼真地显示出地貌的形状。

6.2　大比例尺地形图测绘

6.2.1　测图前的准备工作

1. 图纸的准备

目前作业单位已广泛地采用聚酯薄膜代替图纸进行测图。这种经打毛后的聚酯薄膜，其优点是：伸缩性小，无色透明，牢固耐用，化学性能稳定，质量轻，不怕潮湿，便于携带和保存。

测图时，在测板上先垫一张硬胶板和浅色薄纸，衬在聚酯薄膜下面，然后用胶带纸或铁夹将其固定在图板上，即可进行测图。

2. 坐标格网（方格网）的绘制

控制点是根据其直角坐标的 x，y 值，先展绘在图纸上，然后到野外测图。为了能使控制点位置绘得比较准确，则需在图纸上先绘制直角坐标格网，又称方格网，其常用的绘制方法如下。

1）用直尺和圆规绘制坐标格网

如图 6-15 所示，在裱糊好的图板上，用直尺和铅笔轻轻画出两条对角线，设相交于 O 点，以 O 点为圆心沿对角线截取相等长度 OA、OB、OC、OD，用铅笔连接各点，得到矩形 $ABCD$，再在各边上以 10cm 的长度截取 1、2、3、4、5 和 $1'$、$2'$、$3'$、$4'$、$5'$ 诸点，连接相应各点即得坐标格网。

2）用坐标格网尺绘制坐标格网

如图 6-16 所示的坐标格网尺，是一种带有方眼的金属直尺，尺上有间隔为 10cm 的六个小孔，每孔有一斜面，起始孔斜面边缘为一直线，其上刻有一细线表示该尺长度的起始点（即零点）。其余各孔以及末端的斜面边缘是以零点为圆心，各以 10cm、20cm、…、50cm 以及 70.711cm 为半径的圆弧。70.711 是边长为 50cm 的正方形对角线长度，可以用它直接绘制 50cm×50cm 的正方形，以及 10cm×10cm 的方格网。

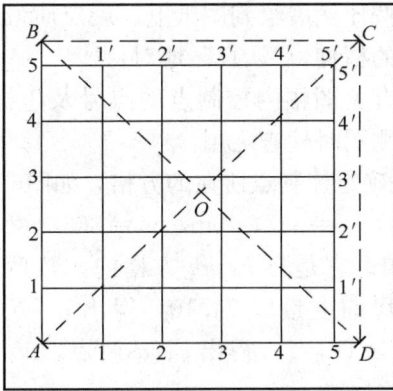

图 6-15 直尺和圆规绘制坐标格网

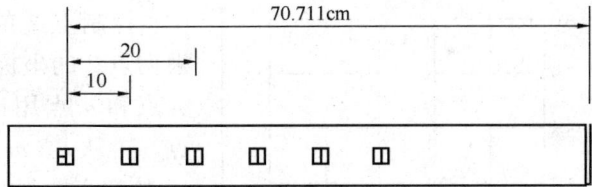

图 6-16 坐标格网尺

如图 6-17 所示是坐标格网尺的具体使用方法。图 6-17（a）在图纸下方绘一条直线，左端取一点 A 使格网尺的零点对准 A，并使尺上各孔的斜面中心通过该直线，然后沿孔斜边画短弧与直线相交，直定出 5 个点，最右端点为 B。图 6-17（b）将尺子零点对准 B，并使尺子大致与 AB 直线垂直，再沿各孔画短弧线。图 6-17（c）将尺子零点仍对准 A，使尺子末端斜边缘与右边最上短弧线相交，得 C 点，连接 CB 定出右边各点。图 6-17（d）也是将尺子零点仍对准 A，并使尺子大致与 AB 线垂直，再沿各孔画短弧线。图 6-17（e）是将尺子零点对准 C 点，并使尺子大致与 BC 垂直，尺子左端最后一孔的弧线与左上方的弧线相交得 D 点，再沿其余各孔画短弧线，连接 AD、CD 即得 50cm×50cm 的正方形。图 6-17（f）将上下、左右相应的各点相连接得 10cm×10cm 的坐标格网。

坐标格网绘好后，应进行检查。将直尺边沿方格的对角线方向放置，各方格的角点应在一条直线上，偏离不应大于 0.2mm；再检查各个方格的对角线长度应为 14.14cm，容

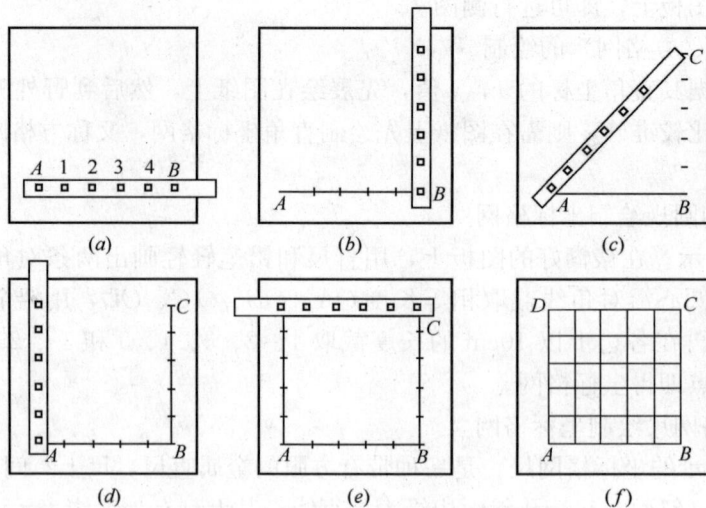

图 6-17　坐标格网尺绘制格网

许误差为±0.2mm，检查合格后方可进行控制点的展绘。

3. 展绘图廓点及控制点

展绘图廓点（梯形分幅时）及控制点的坐标位置，按比例展绘到图纸上。展点质量的好坏与成图质量有着密切的关系，因此须本着"过细"的精神，"认真"地对待。

根据测区"平面控制布置及分幅图"，抄录并核对有关图幅内控制点的点号及坐标、高程、等级及相邻点间的距离等，用来进行展点并留作测图时检查之用。

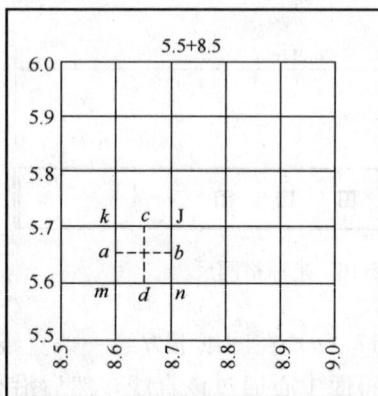

图 6-18　图廓点及控制点展绘

在展点时，首先确定控制点所在的方格，如图6-18中，控制点 2 的坐标 $x_2 = 5674.10m$，$y_2 = 8662.72m$，根据点 2 的坐标，知道它是在 $kJnm$ 方格内，然后从 m 点和 n 点用比例尺向上量取 74.10，得出 a，b 两点，再从 k、m 向右量 62.72，得出 c、d 两点，ab 和 cd 的交点即为 2 点的位置。

同法将其他各点展绘在坐标方格网内，各点展绘好后，也要认真检查一次，此时可用比例尺在图上量取各相邻控制点之间的距离，和已知的边长相比较，其最大误差在图纸上不得超过 0.3mm，否则应重新展绘。

当控制点的平面位置绘在图纸后，还应注上点号和高程。

用一般直尺展点只能估读到尺子最小值的 1/10。

6.2.2　碎部测量的方法

1. 地物的测绘

1）测绘地物的一般原则

地物一般可分为两大类：一类是自然地物，如河流、湖泊、森林、草地、独立岩石等。另一类是经过人类物质生产活动改造了的人工地物，如房屋、高压输电线、铁路、公路、水渠、桥梁等。所有这些地物都要在地形图上表示出来。

地物在地形图上的表示原则是：凡是能依比例尺表示的地物，则将它们水平投影位置的几何形状相似地描绘在地形图上，如房屋、河流、运动场等。或是将它们的边界位置表示在图上，边界内再绘上相应的地物符号，如森林、草地、沙漠等。对于不能依比例尺表示的地物，在地形图上是以相应的地物符号表示在地物的中心位置上，如水塔、烟囱、纪念碑、单线道路、单线河流等。

测绘地物必须根据规定的测图比例尺，按规范和图式的要求，经过综合取舍，将各种地物表示在图上。

地物测绘主要是将地物的形状特征点测定下来，例如：地物的转折点、交叉点、曲线上的弯曲交换点、独立地物的中心点等，便得到与实地相似的地物形状。

2）居民地的测绘

测绘居民地根据所需测图比例尺的不同，在综合取舍方面就不一样，对于居民地的外轮廓，都应准确测绘，其内部的主要街道以及较大的空地应区分出来，对散列式的居民地，独立房屋分别测绘。

测绘房屋时，只要测出房屋三个房角的位置，即可确定整个房屋的位置。如图6-19所示，在测站 A（或 B）安置仪器，标尺立在房角1、2、3（或4、5、6），用极坐标法即可定出房屋的位置。

3）公路的测绘

公路在图上一律按实际位置测绘。在测量方法上有的采用将标尺立于公路路面中心，有的采用将标尺交错立在路面两侧，也可以将标尺立在路面的一侧、实量路面的宽度，作业时可视具体情况而定。

公路的转弯处、交叉处，标尺点应密一些，公路两旁的附属建筑物都应按实际位置测出，公路的路堤和路堑的测绘方法与铁路相同。

大车路一般指农村中比较宽的道路，有的还能通行汽车，但是没有铺设路面。这种路的宽度大多不均匀，道路部分的边界不十分明显。测绘时可将标尺立于道路中心，以地形图图式规定的符号描绘于图上。

图 6-19　房屋测绘

人行小路主要是指居民地之间来往的通道，田间劳动的小路一般不测绘，上山小路应视其重要程度选择测绘。如该地区小路稀少应舍去。测绘时标尺立于道路中心，由于小路弯曲较多，标尺点的选择要注意弯曲部分的取舍。既要使标尺点不致太密，又要正确表示小路的位置。

人行小路若与田埂重合，应绘小路不绘田埂。有些小路虽不是直接由一个居民地通向另一个居民地，但它与大车路、公路或铁路相连，这时应根据测区道路网的情况决定取舍。

4）水系的测绘

水系包括河流、渠道、湖泊、池塘等地物，通常无特殊要求时均以岸边为界。

5）植被的测绘

测绘植被是为了反映地面的植物情况。所以要测出各类植物的边界，用地类界符号表

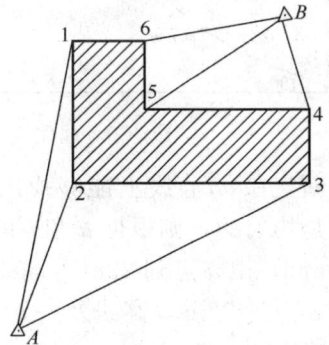

示其范围，再加注植物符号和说明。

2. 地貌的测绘

地表上高低起伏的自然形态，称为地貌，如高山、平原、洼地等。在大、中比例尺地形图中是以等高线来表示地貌的。

测绘等高线与测绘地物一样，首先需要确定地形特征点，然后连接地性线，便得到地貌整个骨干的基本轮廓，按等高线的性质，再对照实地情况就能描绘出等高线。

1）测定地形特征点

地形特征点是山顶、鞍部、山脊、山谷倾斜变换点，山脚地形变换点等。

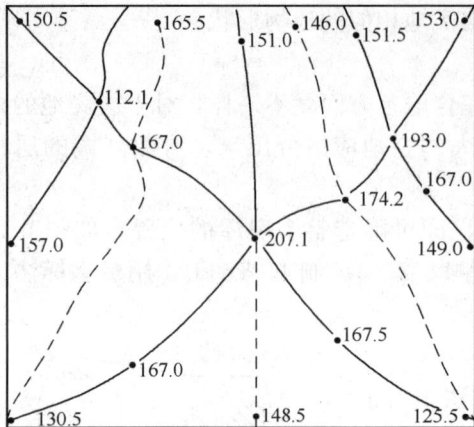

图 6-20　地性线

2）连接地性线

测定了地貌特征点后，不能马上描绘等高线，必须先连地性线。通常以实线连成山脊线，以虚线连成山谷线，如图 6-20 所示。地性线连接情况与实地是否相等，直接影响到描绘等高线的逼真程度，必须予以充分注意。

3）求等高线的通过点

完成地性线的连接工作之后，即可在同一坡度的两相邻点之间，内插出每整米高程的等高线通过点。例如，在同一坡度上有相邻的 a、b 两点，如图 6-21 所示，其高程分别为 21.2m 和 27.6m，从这两个点的高程，可以断定在 ab 直线上能够找出 22、23、24……27m 等高线所通过的点。假设 ab 间的坡度是均匀的，则根据 a 和 b 间的高差为 6.4m（即 27.6−21.2），ab 线长（图上平距）为 48mm，由 a 点到 22m 等高线的高差为 0.8m，由 b 点到 27m 等高线的高差为 0.6m，则由 a 点到 22m 等高线及由 b 点到 27m 等高线的直线长 x_1 和 x_2 可以根据相似三角形原理得下列关系式：

$$\frac{x_1}{0.8} = \frac{48}{6.4}$$

$$\frac{x_2}{0.6} = \frac{48}{6.4}$$

$$x_1 = \frac{48 \times 0.8}{6.4} = 6.0 \text{mm}$$

$$x_2 = \frac{48 \times 0.6}{6.4} = 4.5 \text{mm}$$

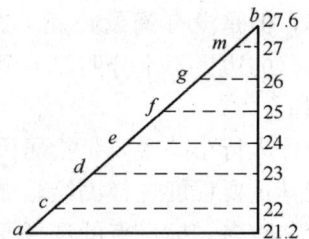

图 6-21　求等高线通过点

根据 x_1 和 x_2 的长度即可在 ab 直线上截取 22m 和 27m 等高线所通过的点 c 和 m，然后再将 c、m 两点之间的距离分为 5 等份，就得到 23、24、25 和 26m 等高线所通过的点 d、e、f 和 g。

用同样的方法，可以截得位于同一坡度上的相邻点间等高线的通过点。

4）勾绘等高线

120

在地性线上求得等高线的通过点以后，即可根据等高线的特性，把相等高程的点连接起来，即为等高线，如图 6-22 所示。

在两相邻地性线之间求出等高线通过点之后，立即根据实地情况，将同高的点连起来。不要等到把全部等高线通过点都求出再勾绘等高线。应该一边求等高线通过点，一边求勾绘等高线。勾绘时，要对照实地情况来描绘等高线，这样才能逼真地显示出地貌的形态。

3. 经纬仪测绘法

经纬仪测绘法的实质是按极坐标法定点进行测图，观测时先将经纬仪安置在测站上，绘图板安置于测站旁，用经纬仪测定碎部点的方向与已知方向之间的夹角、测站点至碎部点的距离和碎部点的高程。然后根据测定数据用量角器和比例尺把碎部点的位置展绘在图纸上，并在点的右侧注明其高程，再对照实地情况描绘地形。此法操作简单、灵活，适用于各类地区的地形图测绘。

1）操作步骤

经纬仪测绘法的具体操作步骤如下：

（1）安置仪器：如图 6-23 所示，安置仪器于测站点（控制点）A 上，量取仪器高 i 填入手簿，见表 6-3。

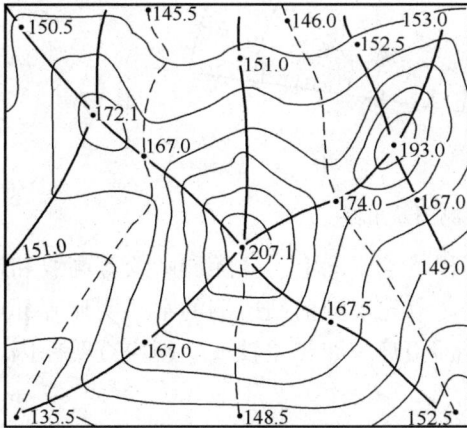

图 6-22　等高线勾绘

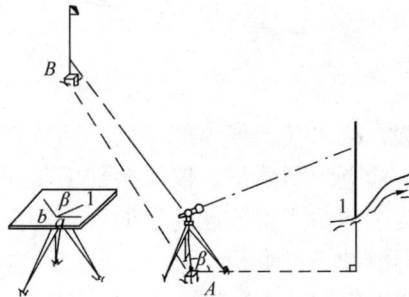

图 6-23　经纬仪测图

碎部测量手簿

表 6-3

测站点：A　　　　定向点：B　　　　$HA=56.43\text{m}$　　　　$iA=1.46\text{m}$

点号	视距间隔 l (m)	中丝读数 v (m)	竖盘读数 L	竖直角 α	高差 h (m)	水平角 β	平距 D (m)	高程 H (m)	备注
1	0.281	1.460	93°28′	−3°28′	−1.70	102°00′	28.00	54.73	屋角
2	0.414	1.460	74°26′	15°34′	10.70	129°25′	38.42	67.13	屋角
⋯	⋯	⋯	⋯	⋯	⋯	⋯	⋯	⋯	⋯
n	0.378	2.460	91°14′	−1°14′	−1.81	286°35′	37.78	54.62	路灯

（2）定向：后视另一控制点 B，置水平度盘读数为 $0°00'00''$。

（3）立尺：立尺员依次将标尺立在地物、地貌特征点上。立标尺前，立尺员应根据实测范围和实地情况合理选定立尺点，并与观测员、绘图员共同商定跑尺路线。

（4）观测：转动照准部，瞄准点 1 的标尺，读取视距间隔 l、中丝读数 v、竖盘读数 L 及水平角 β。

（5）记录：将测得的视距间隔、中丝读数、竖盘读数及水平角依次填入手簿。对于有特殊作用的碎部点，如房角、山头、鞍部等，应在备注中加以说明。

（6）计算：先由竖盘读数 L 计算竖直角 $\alpha=90°-L$。按前述视距测量方法计算出碎部点的水平距离和高程。平距及高差计算公式见式（3-37）、式（3-39）。

（7）展绘碎部点：用细针将量角器的圆心插在图纸上的测站点 a 处，转动量角器，将量角器上等于 β 角值（碎部点 1 为 $102°00'$）的刻划线对准起始方向线 ab，如图 6-24 所示，此时量角器的零方向便是碎部点 1 的方向，然后用测图比例尺按测得的水平距离在该方向上定出点 1 的位置，并在点的右侧注明其高程。

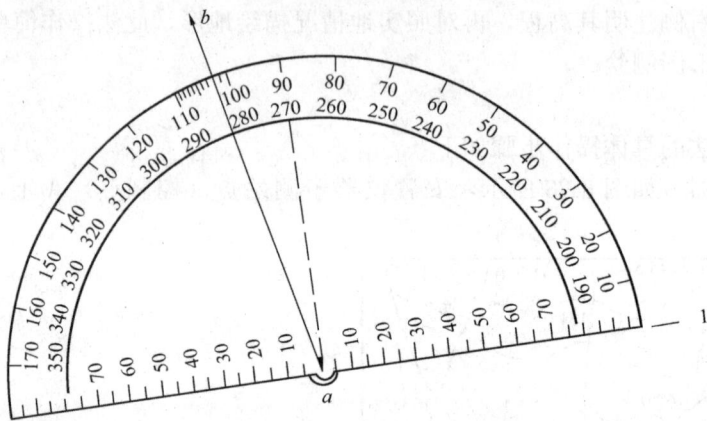

图 6-24　地形测图量角器

同法，测出其余各碎部点的平面位置与高程，绘于图上。并随测随绘等高线和地物。

为了检查测图质量，仪器搬到下一测站时，应先观测前站所测的某些明显碎部点，以检查由两个测站测得该点的平面位置和高程是否相符。如相差较大，则应查明原因，纠正错误，再继续进行测绘。

若测区面积较大，可分成若干图幅，分别测绘，最后拼接成全区地形图。为了相邻图幅的拼接，每幅图应测出图廓外 10mm。

2）测图注意事项

在测图过程中，应注意以下事项：

（1）立尺人员在跑点前，应先与观测员和绘图员商定跑尺路线；立尺时，应将标尺竖直，并随时观察立尺点周围情况，弄清碎部点之间的关系，地形复杂时还需绘出草图，以协助绘图人员做好绘图工作。

（2）为方便绘图员工作，观测员在观测时，应先读取水平角，再读取视距尺的三丝读数和竖盘读数；在读取竖盘读数时，要注意检查竖盘指标水准管气泡是否居中；读数时，水平角估读至 $5'$，竖盘读数估读至 $1'$ 即可；每观测 20～30 个碎部点后，应重新瞄准起始方向检查其变化情况，经纬仪测绘法起始方向水平度盘读数偏差不得超过 $3'$。

（3）绘图人员要注意图面正确、整洁，注记清晰，并做到随测点，随展绘，随检查。

（4）当每站工作结束后，应进行检查，在确认地物、地貌无测错或漏测时，方可迁站。

4. 经纬仪和小平板仪联合测图法

如图 6-25 所示，小平板仪安置在测点 A 上，在小平板上的位置为 a，经纬仪安置在旁约 $1\sim2m$ 处的 B 点，整平后量取仪器高 i，并求 AB 的高差 h_{AB}，则 B 点的高程 $H_B=H_A+h_{AB}$。小平板仪在测站点 A 上经对点、整平、定向后，将经纬仪安放在点 B，在小平板上画 ab 方向线，同时用皮尺量出 AB 的水平距离，按测图比例尺将 B 点的位置绘在小平板上得 b 点。用照准仪直尺贴靠 a 点瞄准碎部点 p，在小平板上画出方向线 ap'，同时用经纬仪读出尺间隔和竖直角，便可计算出 BP 的水平距离和高差。用分规按测图比例尺自图上的 b 点量 BP 长度与 ap' 方向线相截得 p' 点，p' 点就是碎部点 P 在图上的相应位置，P 点的高程等于 B 点的高程加 BP 的高差。用同样的方法可以测出其他碎部点，待测绘出一定数量的点后，根据实地的地貌勾绘等高线，用地物符号表示地物。

5. 全站仪（或经纬仪）测图

如图 6-26 所示，将全站仪（或经纬仪）安置在测站点 A 上，图板放在测站旁。安置好全站仪后，量取仪器高 i，打开全站仪的电源开关，对仪器进行水平度盘定位。分别将棱镜常数、气象改正数（温度 T、气压 P）及仪器高 i 通过键盘输入仪器，同时也将测站点高程和棱镜高度输入仪器，然后瞄准后视点并使水平盘读数为 $0°0'00''$，作为测站定位的起始方向。在欲测的碎部点上立棱镜，用仪器瞄准棱镜，在显示屏上读取水平角、水平距离和碎部点的高程。根据水平角值用量角器以定向点为起始边量取水平角，画出测站点到碎部的方向线，用比例尺量取距离，即得碎部点的平面位置，再在其旁注记高程。同法测绘其他碎部点。

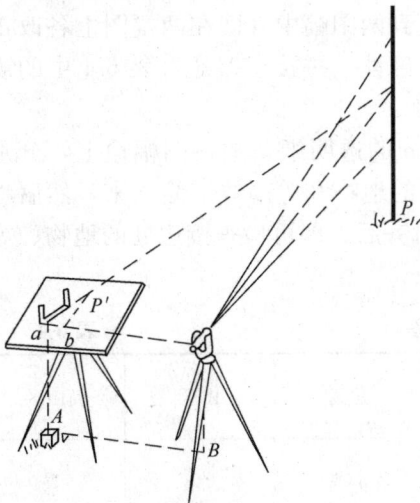

图 6-25　小平板与经纬仪联合测图　　　　　图 6-26　全站仪（经纬仪）测图

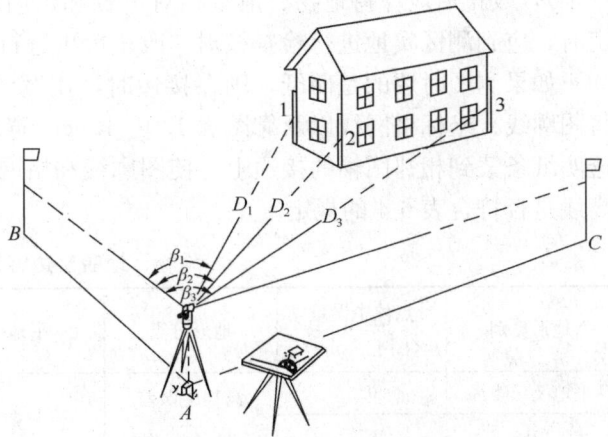

6.2.3　地形图的检查、拼接与整饰

为了保证地形图的质量，在地形图测绘完毕后，必须对地形图进行全面检查、拼接和整饰。

1. 地形图的检查

地形图的检查包括图面检查、野外巡视和设站检查。

1）图面检查

检查图上表示的内容是否合理、地物轮廓线表示得是否正确、等高线绘制得是否合理、名称注记有否弄错或遗漏。检查中发现问题在图上作出记号，到实地去检查核对。

2）野外巡视

到测图现场与实地核对，检查地物、地貌有无遗漏，特别在图面检查中有疑问处，要重点巡视、一一核对，发现问题应当场修正或补充。

3）设站检查

在上述检查的基础上，为了保证成图质量，对每幅图还要进行部分图面内容的设站检查。即把测图仪器重新安置在测站点上，对主要地物和地貌进行重测，如发现个别问题，应现场纠正。

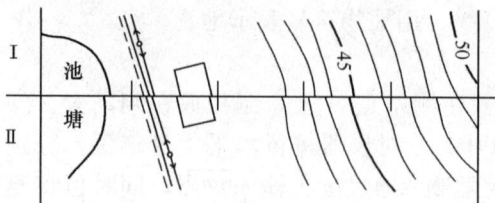

图 6-27 地形图的拼接

2. 地形图的拼接

当测区面积超过一定范围时，必须分幅测图，对于道路带状地形图而言，每公里 1 幅图，在相邻两图幅的连接处都存在拼接问题。由于测量和绘图的误差，使相邻两图幅边的地物轮廓线和等高线不完全吻合，如图 6-27 所示，Ⅰ、Ⅱ两幅图左、右拼接，在拼接处的地物、等高线都有偏差，当偏差在规定的范围内时，可进行修正。

为接边方便，一般规定每幅图的图边应测出图幅外 1cm，使相邻图幅有一条重复带。拼接时，将相邻两图幅聚酯薄膜图纸的坐标格网对齐，就可以检查接边地物和等高线的偏差情况。若偏差小于表 6-4 中的容许值，可以平均分配到两图幅中（即在两幅图上各改正一半），改正后应保持地物、地貌相对位置和走向的正确性。拼接误差超过表 6-4 中的规定时，应到测区实地进行检查核对，改正后再进行拼接。

如果测图时用的是磅纸，则在接边时，用宽约 5cm 的透明纸条蒙在图幅边上，分别将图廓线、坐标格网线以及靠图廓 1.0～1.5cm 宽度内的地物和等高线描绘下来，然后将透明纸条蒙到相邻图幅的接边上，使图廓线和格网线对齐后，即可检查接边处的地物、等高线是否符合表 6-4 的规定。

地物、地貌接边容许误差　　　　　　　　　　　　　　　　　表 6-4

地形类别	点位中误差 （图上：mm）	地形分类	平地	丘陵	山区	高山区
平地及丘陵区	0.5	高程中误差 （等高距）	1/3	1/2	2/3	1
山区	0.75					

3. 地形图的整饰

地形图经过检查、拼接和修改后，还应进行清绘和整饰，使图面清晰、美观、正确，以便验收和原图的保存。

地形图整饰时，先擦掉图中不必要的点、线，然后对所有的地物、地貌都应按地形图图式的规定符号、尺寸和注记进行清绘，各种文字注记（如地名、山名、河流名、道路名等）应标注在适当位置，一般要求字头朝北，字体端正。等高线应用光滑的曲线勾绘，等高线高程注记应成列，其字头朝高处。最后应整饰图框，注明图名、图号、测图比例尺、测图单位、测图年、月、日等。

6.3 地形图数字测绘

6.3.1 数字测图的概述

数字测图（Digital Surveying and Mapping，DSM）系统是以计算机及其软件为核心，在外接输入输出设备的支持下，对地形空间数据进行采集、输入、成图、绘图、输出、管理的测绘系统，如图6-28所示。

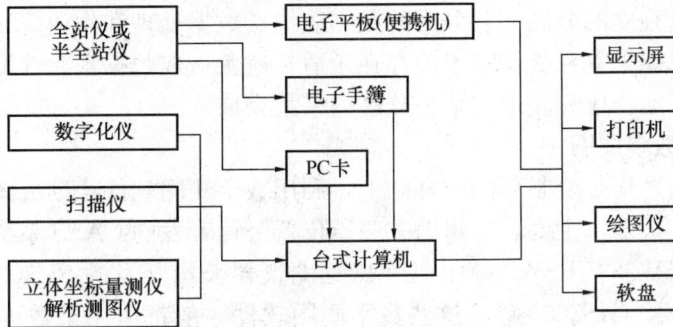

图 6-28　数字测图工作过程

数字地图（Digital Map）是以数字形式存贮在磁盘、磁带、光盘等介质上的地图。通常我们所看到的地图是以纸张、布或其他可见真实大小的物体为载体，地图内容是绘制或印制在这些载体上。而数字地图是存储在计算机的硬盘、软盘或磁带等介质上，地图内容是通过数字来表示，需要通过专用的计算机软件对这些数字进行显示、读取、检索、分析。数字地图可以表示的信息量远大于普通地图。

数字地图可以非常方便地对普通地图的内容进行任意形式的要素组合、拼接，形成新的地图。可以对数字地图进行任意比例尺、任意范围的绘图输出。它易于修改，可极大地缩短成图时间，也能够方便地与卫星影像、航空照片等其他信息源结合，生成新的图种。可以利用数字地图记录的信息派生新的数据。如非专业人员很难看懂地图上等高线表示的地貌形态，利用数字地图的等高线和高程点可以生成数字高程模型，将地表起伏以数字形式表现出来，可以直观立体地表现地貌形态。这是普通地形图不可能达到的表现效果。

在人类所接触到的信息中约有80%与地理位置和空间分布有关。因此，因特网（Internet）和地理信息系统等现代信息技术的发展，对空间信息服务软件和提供服务的方式方法的要求也越来越高。运用空间信息技术的工具和手段，为监测全球变化和区域可持续发展服务，为社会各阶层服务。空间信息作为为全球变化与区域可持续发展研究提供获取时空变化信息的技术方法、为政府部门提供空间分析和决策支持和为普通大众提供日常信息服务的功能越来越引起人们的重视。

6.3.2 数字测图原理及流程

数字测图就是将采集的各种有关的地物和地貌信息转化为数字形式，通过数据接口传输给计算机进行处理，得到内容丰富的电子地图，需要时由电子计算机的图形输出设备

（如显示器、绘图仪）绘出地形图或各种专题地图，如图 6-29 所示。

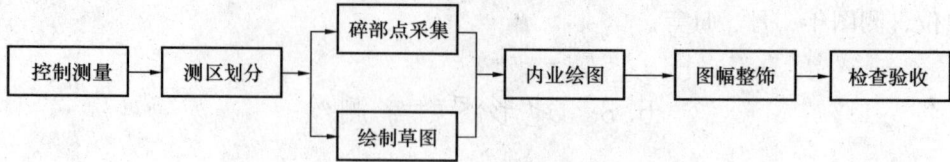

图 6-29　数字测图流程

外业数字测图一般以所测区域（测区）为单位统一组织作业和组织数据。当测区较大或有条件时，可在测区内按自然带状地物（如街道线、河沿线等）为边界线构成分区界限，分成若干相对独立的分区。各分区的数据组织、数据处理和作业应相对独立，分区内及各分区之间在数据采集和处理时不应存在矛盾，避免造成数据重叠或漏测。当有地物跨越不同分区时，该地物应完整地在某一分区内采集完成。

6.3.3　内业数字成图

在碎部点数据采集与绘制草图的基础上，利用数字测图软件绘制成图。目前，国内常用的数字测图软件很多，主要有广州南方测绘仪器公司开发的 CASS 系统、清华山维新技术公司开发的 EPSW98/EPSW2000、北京威远图仪器公司开发的 SV300、广州开思测绘软件公司开发的 SCS GIS2000 等。这些数字测图软件一般都应用了数据库管理技术并具有 GIS 前端数据采集功能，其生成的数字地图可以以多种格式的文件输出并可以供 GIS 软件读取，都能够充分利用 AutoCAD 强大的图形编辑功能。但是，各种数字测图软件的图形数据和地形编码一般不兼容，所以具体到一个工程的时候要根据实际情况选择其中一种。

6.4　地形图的基本应用

地形图具有丰富的信息，在地形图上可以获取地貌、地物、居民点、水系、交通、通信、管线、农林等多方面的自然地理和社会、政治、经济等信息，因此，地形图是工程规划、设计的基本资料和信息。在地形图上可以确定点位、点与点间的距离、直线的方向、点的高程和两点间的高差；此外，还可以在地形图上勾绘出分水线、集水线，确定某范围的汇水面积，在图上计算土、石方量等。道路的设计可在地形图上绘出道路经过处的纵、横断面图。由此可见，地形图广泛应用于各行各业。

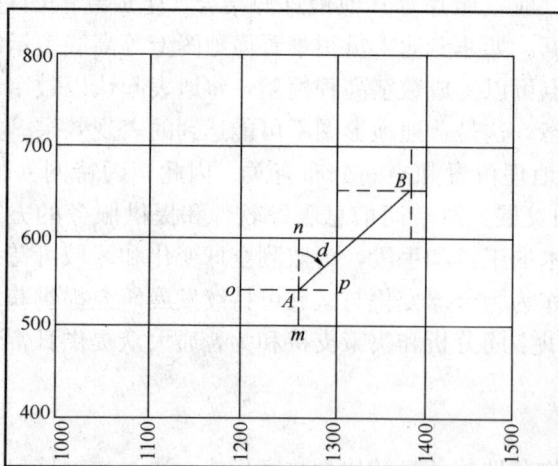

图 6-30　图上求点的坐标及两点的距离和方位

6.4.1　确定点的空间坐标

如图 6-30 所示，欲在地形图上求出 A 点的坐标值，先通过 A 点在地形图的坐标格网上作平行于坐标格网的平

行线 mn、op，然后按测图比例尺量出 mA 和 oA 的长度，则 A 点的平面坐标为

$$\left.\begin{array}{l} x_\text{A} = x_0 + mA \\ y_\text{A} = y_0 + oA \end{array}\right\} \tag{6-4}$$

式中，x_0、y_0 为 A 点所在坐标格网中那一个方格的西南角坐标（图 6-31 中 $x_0 = 500\text{m}$，$y_0 = 1200\text{m}$）。

如果 A 点恰好位于图上某一条等高线上，则 A 点的高程与该等高线高程相同。如图 6-31 中 A 点位于两等高线之间，则可通过 A 点画一条垂直于相邻两等高线的线段 mn，则 A 点的高程为

$$H_\text{A} = H_\text{m} + \frac{mA}{mn}h \tag{6-5}$$

式中，H_m 为通过 m 点的等高线上的高程；h 为等高距。

由此可见，在地形图上很容易确定 A 点的空间坐标（X_A、Y_A、H_A）。

6.4.2　确定直线的距离、方向、坡度

如图 6-31 所示，欲求 A、B 两点的距离，先用式（6-4）求出 A、B 两点的坐标，则 A、B 两点的距离为

$$D_\text{AB} = \sqrt{(X_\text{B} - X_\text{A})^2 + (Y_\text{B} - Y_\text{A})^2} \tag{6-6}$$

A、B 两点直线的方位角为

$$\alpha_\text{AB} = \tan^{-1}\left(\frac{Y_\text{B} - Y_\text{A}}{X_\text{B} - X_\text{A}}\right) \tag{6-7}$$

A、B 两点直线的坡度为

$$i = \frac{H_\text{B} - H_\text{A}}{D_\text{AB}} \tag{6-8}$$

式中，H_B、H_A 分别为 B 点、A 点的高程，求法见式（6-5）；D_AB 为 A、B 两点间的距离，求法见式（6-6）。

6.5　地形图的工程应用

6.5.1　绘制确定方向的断面图

根据地形图可以绘制沿任一方向的断面图。这种图能直观显示某一方向线的地势起伏形态和坡度陡缓，它在许多地面工程设计与施工中，都是重要的资料，绘制断面图的方法如下。

（1）规定断面图的水平比例尺和垂直比例尺。通常水平比例尺与地形图比例尺一致，而垂直比例尺需要扩大，一般要比水平比例尺扩大 5～20 倍，因为在多数情况下，地面高差大小相对于断面长度来说，还是微小的，为了更好地显示沿线的地形起伏，如图 6-31 所示，水平比例尺 1：5 万，垂直比例尺 1：5000。

（2）按图上 AB 线的长度绘一条水平线，如图中的 ab 线，作为基线（因断面图与地

1:50000 　　　　　　　　　　　　　　　等高距10m

水平比例尺 1:50000
垂直比例尺 1:5000

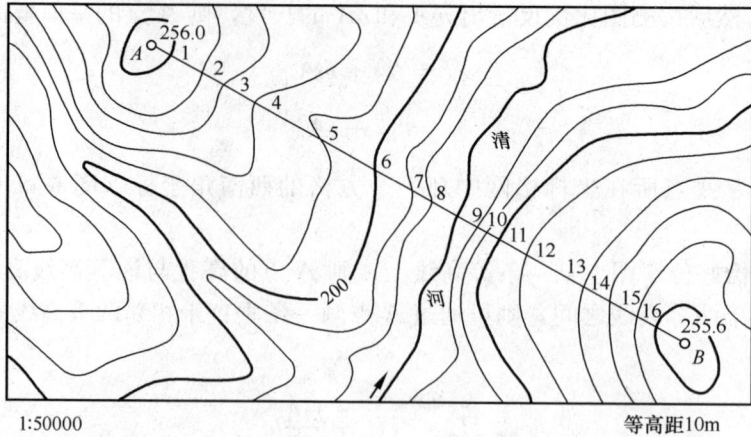

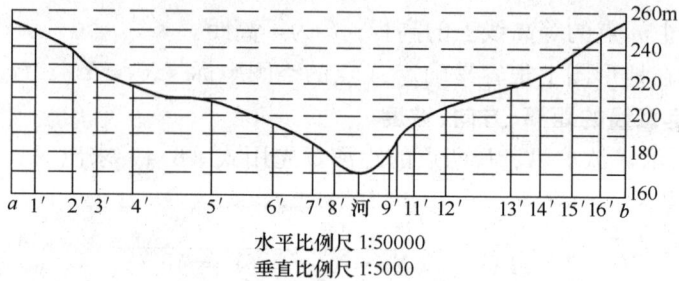

图 6-31　断面图的绘制法

形图水平比例尺相同，所以 ab 线长度等于 AB），并确定基线所代表的高程，基线高程一般略低于图上最低高程。如图中河流最低处高程约为 170m，基线高程定为 160m。

（3）作基线的平行线，平行线的间隔，按垂直比例尺和等高距计算。如图：等高距 10m，垂直比例尺 1∶5000，则平行线间隔为 2mm，并在平行线一边注明其所代表的高程，如 170m，180m……。

（4）在地形图上沿断面线 AB 量出 A—1、1—2……各段距离，并把它们标注在断面基线 ab 上，得 1′2′……各段距离，通过这些点作基线的垂线，垂线的端点由各点的高程决定。如地形图上 1 点的高程为 250m，则断面图上过 1′点的垂线端点在代表 250m 的平行线上。

（5）将各垂线的端点连接起来，即得到表示实地断面方向的断面图。

绘制断面图时，若使用毫米方格纸，则更方便。

6.5.2　确定汇水面积

当道路跨越河流或沟谷时，需要修建桥梁和涵洞。桥梁或涵洞的孔径大小，取决于河流或沟谷的水流量，水的流量大小取决于汇水面积的大小。汇水面积是指地面上某一区域内的雨水注入同一河流而通过某一断面（指设桥、涵处）。汇水面积可由地形图上山脊线的界线求得，如图 6-32 所示，用虚线连的山脊线所包围

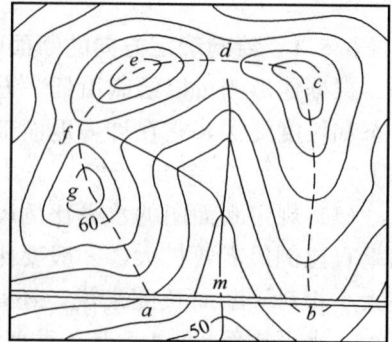

图 6-32　汇水面积

的面积，就是过桥（或涵）M断面的汇水面积。

在设计施工中，计算实地面积，这固然可以进行实测，但在地形图上量算则更为经济简便。

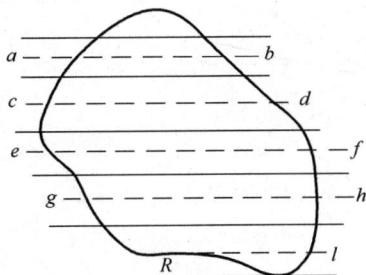

图 6-33　按梯形计算面积

1. 方格法计算面积

在大比例尺地形图上绘制有公里网格，可按图形占据的方格数计算面积。

2. 平行线法计算面积

将绘有间隔相等的平行线透明纸蒙在所要量算面积的图形上，如图 6-33 所示。整个图形则被平行线分割成若干等高梯形，每一梯形内的虚线是梯形的中线长，平行线间隔 k 为各梯形的高，则梯形总面积 S_1 为：

$$S_1 = (ab + cd + \cdots + Rl)k$$

再加上两端的三角形的面积，即为所求图形的面积。将求出的图上梯形总面积，化算为实地面积时，须乘以该图比例尺分母的平方。

6.5.3　土石方量估算

1. 等高线法

如图 6-34 所示，先量出各等高线所包围的面积，相邻两等高线包围的面积平均值乘以等高距，就是两等高线间的体积（即土方量）。因此，可从施工场地的设计高程的等高线开始，逐层求出各相邻等高线间的土方量。如图中等高距为 2m，施工场地的设计高程为 55m，图中虚线即为设计高程的等高线。分别求出 55m、56m、58m、60m、62m 五条等高线所围成的面积 A_{55}、A_{56}、A_{58}、A_{60}、A_{62}，则每一层的土方量为

$$\left.
\begin{aligned}
V_1 &= \frac{1}{2}(A_{55} + A_{56}) \times 1 \\
V_2 &= \frac{1}{2}(A_{56} + A_{58}) \times 2 \\
&\cdots\cdots \\
V_5 &= \frac{1}{3}A_{62} \times 0.8
\end{aligned}
\right\}
\tag{6-9}$$

总土方量为　　　　　$V = V_1 + V_2 + V_3 + V_4 + V_5$　　　　　(6-10)

2. 断面法

在地形起伏较大的地区，可用断面法来估算土方。这种方法是在施工场地的范围内，以一定的间隔绘出断面图，求出各断面由设计高程线与地面线围成的填、挖面积，然后计算相邻断面间的土方量，最后求和即为总土方量。图 6-35（a）所示为 1∶1000 地形图，等高距为 1m，施工场地设计标高为 32m，先在地形图上绘出互相平行的、间距为 l 的断面方向线 1—1、2—2、…、5—5，如图 6-35（b）所示，绘出相应的断面图，分别求出各断面的设计高程与地面线包围的填、挖方面积 A_T、A_w，然后计算相邻两断面间的填挖方量。图中

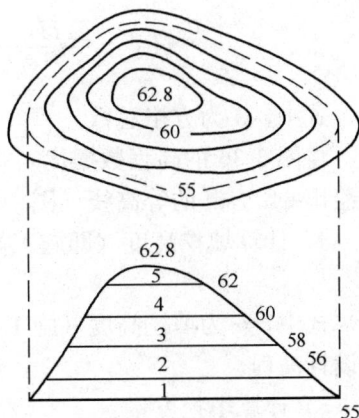

图 6-34　等高线法

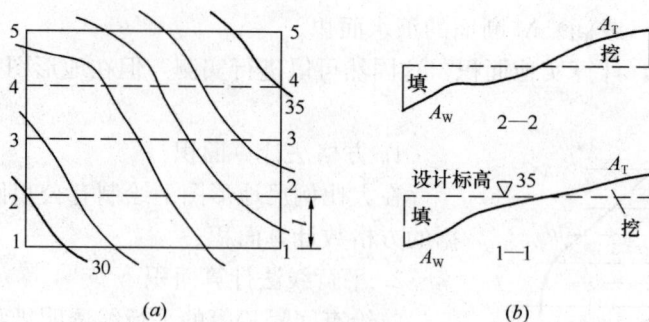

图 6-35　断面法

1—1和2—2断面间的填、挖方量为

$$
\begin{aligned}
\text{填土}\qquad V_\text{T} &= \frac{1}{2}(A_{\text{T}_1} + A_{\text{T}_2})l \\[2pt]
\text{挖土}\qquad V_\text{w} &= \frac{1}{2}(A_{\text{w}_1} + A_{\text{w}_2})l
\end{aligned}\Bigg\}
\tag{6-11}
$$

同理计算其他断面间的土方量，最后将所有的填方量累加，所有的挖方量累加，便得总的土方量。

3. 方格网法

该法用于地形起伏不大，且地面坡度有规律的地方。施工场地的范围较大，可用这种方法估算土方量，其步骤如下：

1）打方格

在拟施工的范围内打上方格，方格边长取决于地形变化的大小和要求估算土方量的精度，一般取 10m×10m、20m×20m、50m×50m 等。

2）根据等高线确定各方格顶点的高程，并注记在各顶点的上方。

3）把每一个方格四个顶点的高程相加，除以 4 得到每一个方格的平均高程，再把各个方格的平均高程加起来，除以方格数，即得设计高程，这样求得的设计高程，可使填挖方量基本平衡。由上述计算过程不难看出，角点 A_1、A_4、B_5、E_1、E_5 的高程用到一次，边点 B_1、C_1、D_1、E_2、E_4……的高程用到两次，拐点 B_4 的高程用到三次，中点 B_2、B_3、C_2、C_3……的高程用到四次，因此设计高程的计算公式为

$$
H_\text{设} = \frac{\sum H_\text{角} \times 1 + \sum H_\text{边} \times 2 + \sum H_\text{拐} \times 3 + \sum H_\text{中} \times 4}{4n}
\tag{6-12}
$$

式中，n 为方格总数。

将图 6-36 的高程数据代入式（6-12），求出设计高程为 64.84m，在地形图中按内插法绘出 64.84m 的等高线（图中的虚线），它就是填挖的分界线，又称为零线。

4）计算填挖高度（即施工高度）

$$
h = H_\text{地} - H_\text{设}
\tag{6-13}
$$

式中，h 为填挖高度（施工高度），正数为挖深，负数为填高；$H_\text{地}$ 为地面高程；$H_\text{设}$ 为设计高程。

5）计算填挖方量

填挖方量要按下式分别计算，即

130

角点 $h \times \frac{1}{4}A$

边点 $h \times \frac{1}{2}A$ (6-14)

拐点 $h \times \frac{3}{4}A$

中点 $h \times A$

式中，h 为填（挖）高度；A 为方格面积。

将所得的填、挖方量各自相加，即得总的填挖方量，两者应基本相等。

6.5.4 公路选线

路线方案是路线设计中最关键的问题。方案是否合格，不仅直接关系到公路本身的投资和运输效益，更重要的是影响到路线在公路网中是否起到应有的作用，即是否满足国家的政治、经济和国防的要求。

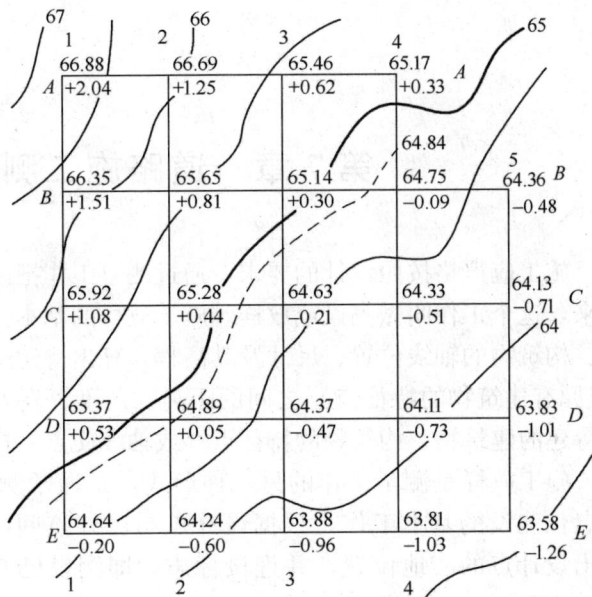

图 6-36 方格网法

为了确定一条合理的路线方案，根据交通部有关规定，一条公路的设计要经过可行性研究、初步设计和施工图设计三个阶段。可行性研究阶段，在 $1:50000 \sim 1:10000$ 的地形图上选择各种可能走向，经论证后确定路线的合理方案；初步设计阶段，在 $1:2000 \sim 1:1000$ 的地形图上对推荐的路线方案进行纸上定线、确定路线的线形指标；施工图设计阶段，首先测定路线方案所在地区的带状地形图，然后在所测地形图上进行详细选线和设计，最后再按设计线形放样在地面上。

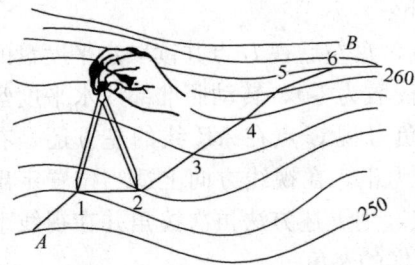

图 6-37 图上确定等坡度线示意图

6.5.5 确定指定坡度的路线

路线在初步设计阶段，一般先在地形图上根据设计要求的坡度选择路线的可能走向，如图 6-37 所示。地形图比例尺为 $1:1000$，等高距为 2m，要求从 A 地到 B 地选择坡度不超过 4% 的路线。为此，先根据 4% 的坡度求出相邻两等高线间的最小平距 $d = h/i = 2/0.04 = 50m$（式中 h 为等高距），即 $1:2000$ 地形图上 2.5cm，将两脚规张成 2.5cm，以 A 为圆心，以 2.5cm 为半径作弧与 252m 等高线交于 1 点，再以 1 点为圆心作弧与 254m 等高线交于 2 点，依次定出 3、4……各点，直到 B 地附近，即得坡度不大于 4% 的路线。在该地形图上，用同样的方法，还可定出另一条路线作为比较方案。

第 7 章　道路施工测量基本方法

施工应严格按照设计的要求，通过测量工作把图纸上待建物的位置和形状在实地标定出来，这个工作叫做测设或放样。施工放样的基本任务是根据工程设计图纸上待建的建筑物、构筑物的轴线位置、尺寸及其高程，算出待建的建筑物、构筑物的轴线交点与控制点（或原有建筑物的特征点）之间的距离、角度、高差等测设数据，然后以控制点为根据，将待建的建筑物、构筑物的特征点（或轴线交点）在实地标定出来，以便施工。

施工放样是测量工作的另一种形式，是通常测量的逆过程，其实质是点位的测设。而点位测设的基本工作是根据设计点与已知点间的角度、距离和高差，用测量仪器测定出设计点的实地位置，并埋设标志，即测设已知水平角、测设已知水平距离和测设已知高程。

7.1　已知水平角的测设

已知水平角测设也称拨角，是在已知点上安置经纬仪，以通过该点的某一固定方向为起始方向，按已知角值把该角的另一个方向测设到地面上。通常可采用正倒镜分中法进行角度放样，当精度要求高时，可在正倒镜分中法的基础上用多测回修正法进行角度放样。

1. 正倒镜分中法

如图 7-1 所示，A、B 为现场已定点，欲定出 AC 方向使 $\angle BAC = \beta$，具体步骤如下：

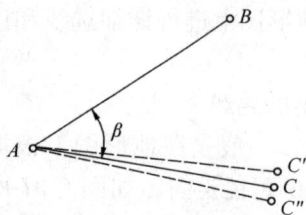

图 7-1　正倒镜分中法

将经纬仪安置在 A 点，盘左后视 B 点并读取水平度盘的读数 a（或配制水平度盘读数为零），转动照准部使水平度盘读数为 $b = a \pm \beta$，式中正负号视 C 点在 AB 线的左方还是右方而定，左方为负，右方为正。在视线方向上适当位置定出 C' 点；然后盘右后视 B 点，用上述方法再次拨角并在视线上定出 C'' 点，定出 C'、C'' 的中点 C，则 $\angle BAC$ 就是要放样的 β 角。

正倒镜分中法放样已知水平角时，采用两个盘位拨角主要是为了校核，而精度提高并不明显（尤其是 J_2 经纬仪）。在实际工作中，有时也常用盘左或盘右一个盘位进行角度放样，如偏角法测设曲线等。

2. 多测回修正法

当角值 β 的放样精度要求较高时，可先按上述正倒镜分中法在实地定出 P' 点，如图 7-2 所示。以 P' 为过渡点，根据放样精度选用必要的测回数实测角度 $\angle BAP'$，取各测回平均角值为 β'，则角度修正值 $\Delta\beta = \beta - \beta'$。将 $\Delta\beta$ 转换为 P' 点的垂距来修正角值，垂距计算公式为：

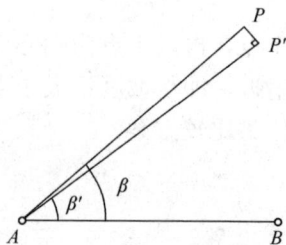

图 7-2　多测回修正法

$$P'P = \frac{\Delta\beta}{\rho} \cdot AP' \qquad\qquad (7\text{-}1)$$

式中，$\rho = 206265''$，$\Delta\beta$ 以秒为单位。长度 AP' 可用尺概略丈量。

将 P' 垂直于 AP' 方向偏移 PP' 定出 P 点，则 $\angle BAP$ 即为放样之 β 角。实际放样时应注意点位的改正方向。

7.2 已知距离的放样

距离放样是在量距起点和量距方向确定的条件下，自量距起点沿量距方向丈量已知距离定出直线另一端点的过程。根据地形条件和精度要求的不同，距离放样可采用不同的丈量工具和方法，通常精度要求不高时可用钢尺或皮尺量距放样，精度要求高时可用全站仪或测距仪放样。

1. 钢尺放样

采用尺量法距离放样，当距离值不超过一尺段时，由量距起点沿已知方向拉平尺子，按已知距离值在实地标定点位。如果距离较长时，则自量距起点沿已知方向定线、依次丈量各尺段长度并累加，至总长度等于已知距离时标定点位。为避免出错，通常需丈量两次，并取中间位置为放样结果。这种方法只能在精度要求不高的情况下使用。

2. 全站仪放样

采用全站仪测设水平距离时，仪器自动进行气象改正并将倾斜距离换算为水平距离直接显示。如图 7-3 所示，仪器瞄准 B 点附近的棱镜后，能够直接显示出全站仪与棱镜之间的水平距离 D'，

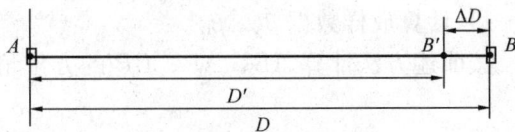

图 7-3 全站仪距离放样

因此，可以通过沿 AB 方向前后移动棱镜使其水平距离 D' 等于待测设的已知水平距离 D，即可定出 B 点实地位置。为了对测设结果进行检核，将棱镜安置在 B 点，测量 AB 的水平距离，若不符合要求，则再次改正 B 点测设位置，直至误差在允许范围内为止。

7.3 平面点位的基本放样方法

1. 直角坐标法

直角坐标法放样，是指在施工现场特定的坐标系中，利用待定点的坐标 x、y 直接定位的方法。通常以建筑物的主轴线方向为 X 轴，以某一固定点为坐标原点。如图 7-4 所示，A、B 为桥轴线方向上的控制点，P_{ij} 为墩台基桩中心点（放样点）。具体放样步骤如下：

（1）根据控制点 A 的桩号和墩台中心的桩号计算墩台中心至 A 点的水平距离即 x，在 A 点安置经纬仪，瞄准 B 点定线，沿 AB 方向量 x 得墩台中心点 C_i。

（2）在 C_i 点安置经纬仪，以 AB 方向为基准方向，拨角 90° 得桥墩台轴线方向 C_iP_{ij}，沿该方向量 y 即得放样点 P_{ij}（基桩中心点）。

在放样点距控制轴线较近且精度要求不高的情况下，也可用十字方向架配合皮尺放样，如测设圆曲线的切线支距法、弦线支距法等。

2. 极坐标法

放样位置附近至少要有两个控制点作为放样的起算点，如图 7-5 中的控制点 A（x_A，y_A）和 B（x_B，y_B），设放样点 P 的设计坐标为（x_P，y_P），具体放样步骤如下。

1）计算放样数据（或称放样元素）

根据 A、B 点的坐标计算 A、B 两点间的坐标差：$\Delta x_{AB} = x_B - x_A$，$\Delta y_{AB} = y_B - y_A$，再按第 5 章的有关公式计算确定直线 AB 和 AP 的坐标方位角 α_{AB} 和 α_{AP}。

由 AB 方向顺时针旋转至 AP 方向的水平夹角为：

$$\beta = \alpha_{AP} - \alpha_{AB} \tag{7-2}$$

若 $\beta < 0°$ 时，则加 $360°$。

A、P 两点间的水平距离为：

$$D = \sqrt{(x_P - x_A)^2 + (y_P - y_A)^2} \tag{7-3}$$

2）放样方法

将经纬仪安置于 A 点，后视 B 点，顺时针方向拨角 β 定出 AP 方向，然后沿 AP 方向量距离 D 即得 P 点。

3. 角度交会法

当放样点远离控制点或不便于量距时（如桥墩中心点放样），采用角度交会法较为适宜。如图 7-6 所示，控制点 A、B 及放样点 P 的坐标值均为已知，具体放样步骤如下。

1）计算放样数据 β_A、β_B

按前述方法计算 AB、AP、BP 的方位角，并按下式计算交会角：

$$\begin{aligned} \beta_A &= \alpha_{AB} - \alpha_{AP} \\ \beta_B &= \alpha_{BP} - \alpha_{BA} \end{aligned} \tag{7-4}$$

2）放样方法

用角度交会法定点，一般采用打骑马桩的方法。如图 7-4 所示，交会时最好用两台经纬仪，分别安置在 A、B 点，先粗略交会出 P 点的大致位置；然后 A 点的经纬仪逆时针方向拨角 β_A，在 P 点的两侧分别打 a、b 两个木桩，根据盘左、盘右两次拨角定出的方向在 a、b 两个木桩上各定两点，取平均位置 1、2 作为 AP 方向；同法 B 点的经纬仪顺时针方向拨角 β_B，在 P 点的两侧分别打 c、d 两个木桩，根据盘左、盘右两次拨角定出的方向在 c、d 两个木桩上各定两点，取平均位置 3、4 作为 BP 方向；最后在 1、2 和 3、4 之间拉细线，两线的交点即为 P 的正确位置。

P 点的定位精度主要取决于 β_A、β_B 的拨角精度。除此之外，还与交会角（$\angle APB$）

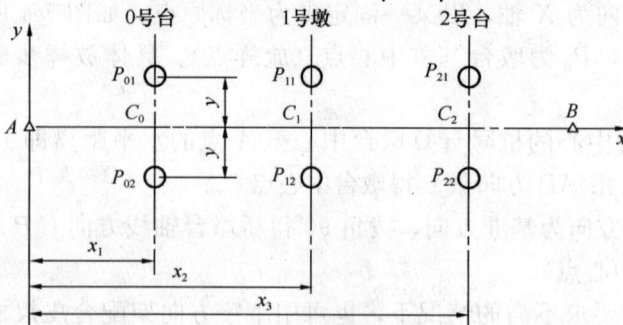

图 7-4　直角坐标法

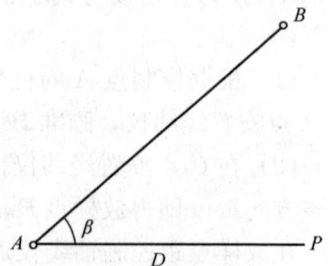

图 7-5　极坐标法

的大小有关。当交会角在 90°左右时，交会精度最高，一般不宜小于 60°或大于 150°。

4. 距离交会法

距离交会法是利用放样点到两已知点的距离交会定点。放样时分别以两已知点为圆心、以相应的距离为半径用尺子在实地画弧，两弧线的交点即为放样点位置。此法要求放样点距已知点的距离不超过一整尺长。

在公路勘测阶段，需对路线交点进行固定，并在交点附近的建筑物或树木等物体上作标记，量出标记至交点的距离并记录。施工时，可借助建筑物或树木上所作的标记用距离交会法寻找交点的位置。如图 7-7 所示，N_1、N_2 是勘测阶段在房屋上作的标记，JD 是路线交点，利用已知距离 D_1、D_2 交会可快速找到 JD 桩位。

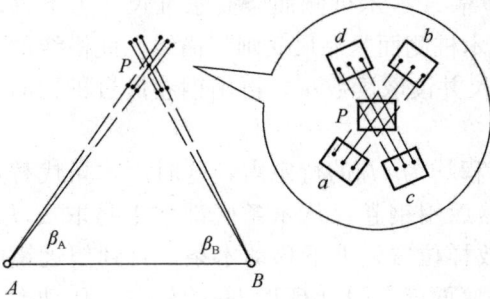

图 7-6　角度交会法　　　　　　　　　　图 7-7　距离交会法

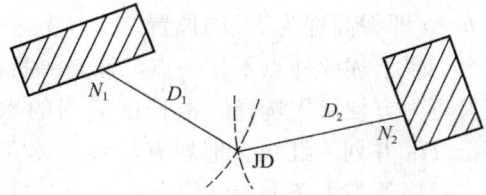

5. 方向线交会法

方向线交会法是利用两条已知方向线交会来确定放样点位置的方法。如图 7-8 所示，A_1、A_2、B_1、B_2 为桥轴线控制点，Q 及 Q' 为施工初期测定的各墩台轴线方向控制桩，在桥梁墩台施工过程中，利用桥轴线和墩台轴线方向交会可随时定出墩台的中心位置。

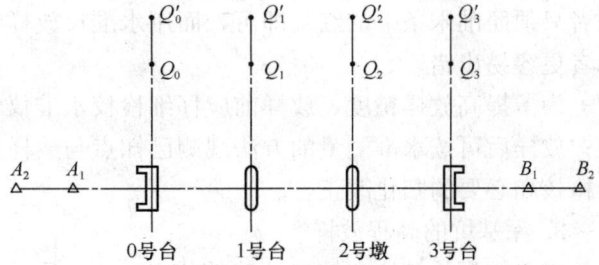

图 7-8　方向线交会法

方向线交会法放样时，两条方向线以正交最为有利，斜交时应注意控制交会角的范围以提高定位精度。

7.4　高　程　放　样

高程放样主要采用水准测量的方法，有时也采用钢尺直接量取垂直距离或三角高程测量的方法。

高程放样时，首先需要在测区内布设一定密度的水准点（临时水准点）作为放样的起算点，然后根据设计高程在实地标定出放样点的高程位置。高程位置的标定措施可根据工程要求及现场条件确定，土石方工程一般用木桩标定放样高程的位置，可在木桩侧面划水平线或标定在桩顶上；混凝土及砌筑工程一般用红漆作记号标定在它们的面壁或模板上。

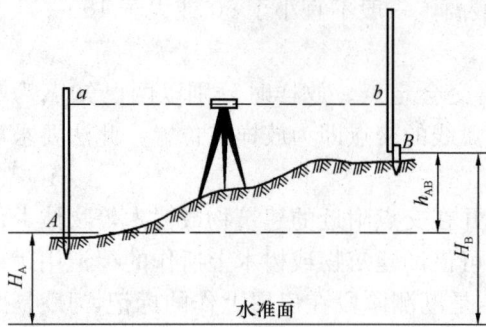

图 7-9　一般高程放样

1. 一般的高程放样

一般情况下，放样高程位置均低于水准仪视线高且不超出水准尺的工作长度。如图 7-9 所示，A 为已知点，其高程为 H_A，欲在 B 点定出高程为 H_B 的位置。具体放样过程为：先在 B 点打一长木桩，将水准仪安置在 A、B 之间，在 A 点立水准尺，后视 A 尺并读数 a，计算 B 处水准尺应有的前视读数 b：

$$b = (H_A + a) - H_B \qquad (7-5)$$

靠 B 点木桩侧面竖立水准尺，上下移动水准尺，当水准仪在尺上的读数恰好为 b 时，在木桩侧面紧靠尺底画一横线，此横线即为设计高程 H_B 的位置。也可在 B 点桩顶竖立水准尺并读取读数 b'，再用钢卷尺自桩顶向下量 $b-b'$ 即得高程为 H_B 的位置。

如果上述放样点不是一点，而是一批设计高程均为 H_B 的待定点，这时用木条代替水准尺更为方便。先选择一根长度适当的木条，然后用钢卷尺从木条底部向上量取 $\Delta H = H_A - H_B$ 并划一红线。把划有红线的木条立在放样位置，上下移动木条，直到望远镜的十字丝横丝与木条上的红线重合为止，这时木条底面就是设计高程 H_B 的位置。移动木条到其他放样位置，按同样的操作方法可放样出所有设计高程为 H_B 的点。

用木条代替水准尺放样不仅轻便，而且可减少放样出错的机会，因为用本条放样时观测者只须照准木条上的红线即可，而用水准尺放样时则须每次在尺面上读数，显然后者比前者更容易出错。

为了提高放样精度，放样前应仔细检校水准仪和水准尺；放样时尽可能使前后视距相等；放样后可按水准测量的方法观测已知点与放样点之间的实际高差，并以此对放样点进行检核和必要的归化改正。

2. 深基坑的高程放样

当向较深的基坑和较高的建筑物上测设已知高程时，除使用水准尺之外，还需要借助钢尺配合进行。

如图 7-10 所示，设已知水准点 A 的高程为 H_A，要在基坑内侧测出高程为 H_B 的 B 点位置。现悬挂一根带重锤的钢卷尺，零点在下端。先在地面上安置水准仪，后视 A 点读数 a_1，前视钢尺读数 b_1；再在坑内安置水准仪，后视钢尺读数 a_2，当前视读数正好在 b_2 时，沿水准尺

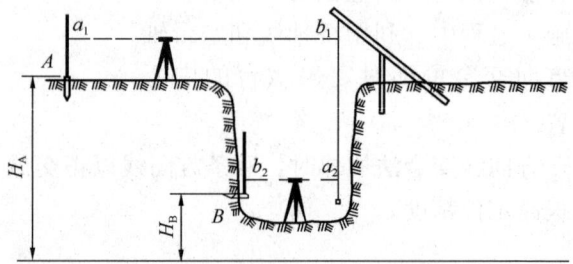

图 7-10　深基坑的高程放样

底面在基坑侧面钉设木桩（或粗钢筋），则木桩顶面即为 B 点设计高程 H_B 的位置。B 点应读前视尺读数 b_2 为：

$$b_2 = H_A + a_1 - (b_1 - a_2) - H_B \qquad (7-6)$$

为了控制基坑开挖深度，一般需要在基坑四周定出若干个高程均为 H_B 的点位。如果 H_B 比基底设计高程高出一个定值 ΔH，施工人员就可用长度为 ΔH 的木条方便地检查基

底标高是否达到了设计值，在基础砌筑时还可用于控制基础顶面标高。

3. 高墩台的高程放样

当桥梁墩台高出地面较多时，放样高程位置往往高于水准仪的视线高，这时可采用钢尺直接量取垂距或"倒尺"的方法。

如图 7-11 所示，A 为已知点，其高程为 H_A，欲在 B 点墩身或墩身模板上定出高程为 H_B 的位置。放样点的高程 H_B 高于仪器视线高程，先在基础顶面或墩身（模板）适当位置选择一点，用水准测量的方法测定其高程值，然后以该点作为起算点，用悬挂钢尺直接量取垂距 b 来标定放样点的高程位置。

当 B 处放样点高程 H_B 的位置高于水准仪视线高，但不超出水准尺工作长度时，可用倒尺法放样。在已知高程点 A 与墩身之间安置水准仪，在 A 点立水准尺，后视 A 尺并读数 a，在 B 处靠墩身倒立水准尺，放样点高程 H_B 对应的水准尺读数 b 为：

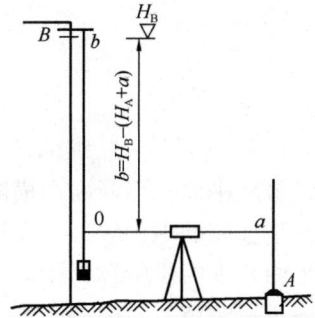

图 7-11 高墩台的高程放样

$$b = H_B - (H_A + a) \tag{7-7}$$

靠 B 点墩身竖立水准尺，上下移动水准尺，当水准仪在尺上的读数恰好为 b 时，沿水准尺尺底（零端）划一横线即为高程为 H_B 的位置。

7.5 全站仪点位放样

首先输入测站数据（测站点坐标、仪器高、目标高和后视点坐标）。后视方位角可通过输入测站点和后视点坐标后照准后视点进行定向设置。然后输入放样点的点号及其二维或三维坐标。

实地放样时，当仪器后视定向后，只要选定该放样点的点号，仪器便会自动计算出该点的二维或三维极坐标法放样数据（a、S）或（a、S、z），a 为测站点与放样点之间的方位角，S 为测站点与放样点之间的斜距，z 为测站点至目标点的天顶距。

全站仪瞄准任意位置的棱镜测量后，仪器会显示出该棱镜位置与放样点位置的差值（Δa、ΔS、Δz），然后再根据这些差值而指挥移动棱镜，直至 $\Delta a = 0$、$\Delta S = 0$、$\Delta z = 0$，即可标定出放样点的空间位置。

第8章 道路中线测量

8.1 概 述

道路是一个空间三维的工程结构物，它的中线是一条空间曲线。在设计和施工过程中，通常从平面、纵断面和横断面三个方面对公路进行描述和研究。公路中线在水平面的投影就是公路的平面线形，在纵断面上的投影称为纵断面图，在横断面（即垂直于公路中线的平面）上的投影称为横断面图，如图8-1所示。本章所介绍的"中线测量"是指公路的平面线形测设，目的旨在定出道路中线在地面上的平面位置。只有在中线测量的基础上，才能进行公路纵断面和横断面的测量。因此，中线测量是公路工程测量中的关键工作。

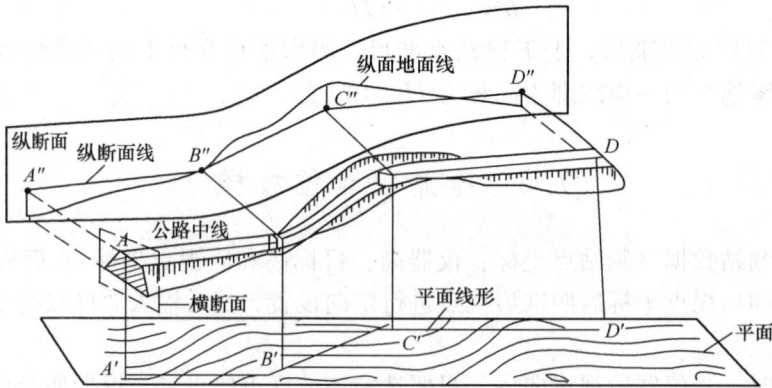

图 8-1 道路平面及纵横断面

道路平面线形由于受到沿线地形、地质、水文、气候等自然条件的制约而改变路线方向。路线的总体走向用一组折线表示，称这组折线为导向线，道路改变方向时两相邻导向线的交点称为路线的交点（JD）。在交点处，为了满足行车要求，需要用适当的曲线把前、后直线连接起来，这种曲线称之为平曲线。平曲线包括圆曲线和缓和曲线。道路平面线形是由直线、圆曲线、缓和曲线三要素组成的，如图8-2所示。圆曲线是具有一定曲率半径的圆弧。缓和曲线是在直线与圆曲线之间或两不同半径的圆曲线之间设置的曲率连续变化的曲线。我国公路缓和曲线的形式采用回旋线。根据我国《公路工程技术标准》规

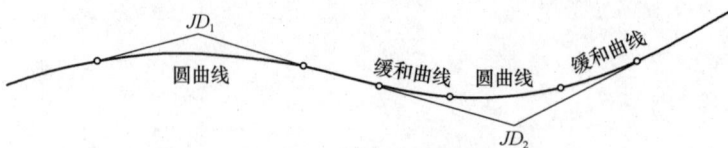

图 8-2 道路平面线形

定，当公路的平曲线半径小于其不设超高的最小半径时，应设缓和曲线。四级公路可不设缓和曲线，直线与圆曲线径相连接。

道路中线测量是通过直线和曲线的测设，将道路中线的平面位置具体地敷设到地面上去，并标定出其里程，供设计和施工之用。道路中线测设的具体工作包括路线交点（JD）和转点（ZD）的测设、路线转角 α 的测定、中线里程桩的测设、路线平曲线的测设等。

8.2 交点、转点及转角的测设

8.2.1 交点的测设

在路线测设时，应先选定出路线的转折点，这些转折点是路线改变方向时相邻两直线的延长线相交的点，称之为交点。它是中线测量的主要控制点。当公路设计采用一阶段的施工图设计时，交点的测设可采用现场标定的方法，即根据已定的技术标准，结合地形、地质等条件，在现场反复测设比较，直接定出路线交点的位置。这种方法不需测地形图，比较直观，但只适用于技术简单、方案明确的低等级公路。当公路设计采用两阶段的初步设计和施工图设计时，应采用先纸上定线、后实地放线确定交点的方法。即对于高等级公路或地形、地物复杂，现场标定困难的地段，先在实地布设导线，测绘大比例尺地形图（通常为 1∶2000 或 1∶1000），在地形图上纸上定线，然后再到实地放线，把交点在实地标定下来。一般可采用以下三种方法。

1. 拨角放线法

拨角放线法是根据平面控制导线点的坐标和路线导向线交点的设计坐标，用坐标反算方法计算出直线的距离和坐标方位角，从而算出交点上的转向角，再用极坐标法、距离交会法或角度交会法测设起始交点。如图 8-3 所示，$D_1 \sim D_6$ 为平面控制导线点，在 D_1 安置经纬仪，拨角 β_1 量出距离 s_1 定出交点 JD_1。在 JD_1 安置经纬仪，拨角 β_2，量出距离 s_2 并定出 JD_2。同理可定出其他交点。

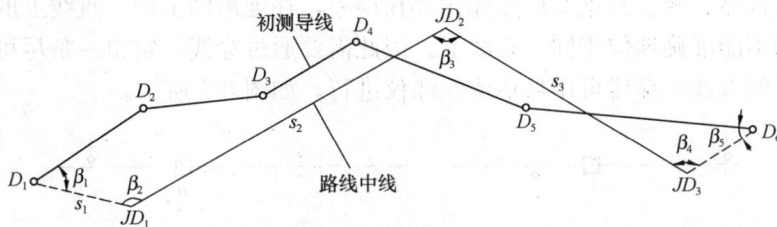

图 8-3 拨角放线

拨角放线法工作效率高，适用于测量控制点较少的路线。但放线误差累积较大，为了保证中线的测设精度，每测设 $5 \sim 10 \mathrm{km}$ 应与初测导线（或航测外控点、GPS 点）联测一次，其闭合差不应超过表 8-3 中的规定。

2. 放点穿线法

这种方法是利用地形图上的测图导线点与纸上路线之间的角度和距离关系，在实地将路线中线的直线段测设出来，然后将相邻直线延长相交，定出地面交点桩的位置。具体测设步骤如下。

1）放点

在地面上测设路线中线的直线部分，只需定出直线上若干个点，即可确定这一直线的位置。如图 8-4 所示，欲将纸上定线的两直线 $JD_3 \sim JD_4$ 和 $JD_4 \sim JD_5$ 测设于地面，只需在地面上定出 1、2、3、4、5、6 等临时点即可。这些临时点的放样可采用支距法、极坐标法或其他方法。支距法放点，即垂直于导线边、垂足为导线点的直线与纸上定线的直线相交的点，如 1、2、4、6 点；极坐标法放点，即选择能够控制中线位置的任意点，如 5点；或选择测图导线边与纸上定线的直线相交的点，如 3 点。为保证放线的精度和便于检查核对，一条直线至少应选择三个临时点。这些点一般应选在地势较高、通视良好、距导线点较近且便于测设的地方。

临时点选定之后，即可在图上用比例尺和量角器量取这些点与相应导线点之间的距离和角度，如图 8-4 中距离 l_1、l_2、l_3、l_4、l_5、l_6 和角度 β。然后绘制放点示意图，标明点位和数据作为放点的依据。

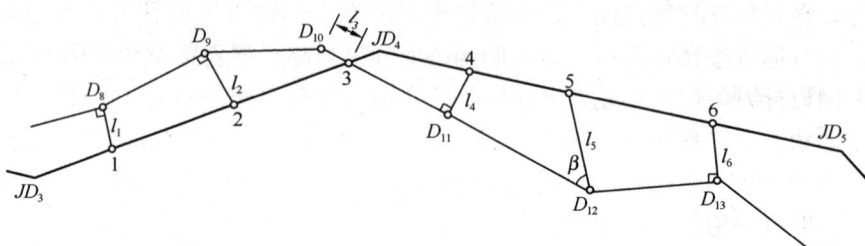

图 8-4　放点示意图

放点时，应在现场找到相应的导线点。临时点如是支距点，可用支距法放点。即用方向架定出垂线方向，再用皮尺量出支距定出点位；如果是任意点，则用极坐标法放点，即将经纬仪安置在相应的导线点上，拨角定出临时点方向，再用皮尺量距定出点位。

2）穿线

由于测量仪器、测设数据及放点操作存在误差，在地形图上同一直线上的各点放于地面后，一般均不能准确地位于同一直线上。因此需要通过穿线，定出一条尽可能多地穿过或靠近临时点的直线。穿线可用目估或经纬仪进行，如图 8-5 所示。

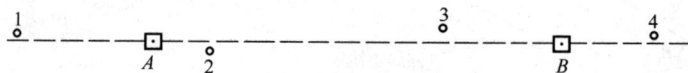

图 8-5　穿线

采用目估法，先在适中的位置选择 A、B 点竖立花杆，一人在 AB 延长线上观测，看直线 AB 是否穿过或靠近多数临时点。否则移动 A 或 B，直到达到要求为止。最后在 AB或其方向线上至少打下两个控制桩，称之为直线转点桩 ZD，直线即固定在地面上；采用经纬仪穿线时，仪器可置于 A 点，然后照准大多数临时点所穿过或靠近的方向定出 B 点。当多数临时点不通视时，也可将仪器置于直线中部较高的位置，瞄准一端多数临时点都靠近的方向，倒镜后若视线不能穿过另一端多数临时点所靠近的方向，则需将仪器左右移动，重新观测，直至达到要求为止，最后定出转点桩。

3）交点

当相邻两直线在地面上定出后，即可延长直线进行交会交出交点。如图 8-6 所示，先将经纬仪置于 ZD_2，盘左瞄准 ZD_1，然后倒镜在视线方向于交点 JD 的概略位置前后打下两个木桩，俗称骑马桩，并沿视线方向用铅笔在两桩顶上分别标出 a_1 和 b_1 点。用盘右仍瞄准 ZD_1，倒镜在两桩顶上又标出 a_2 和 b_2 点，分别取 a_1 与 a_2 及 b_1 与 b_2 的中点，

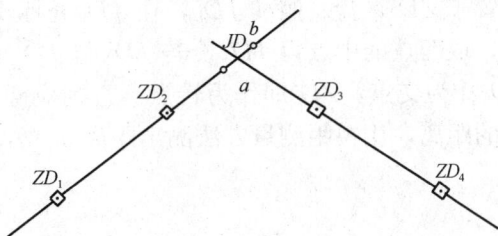

图 8-6　交点的钉设

钉上小钉得 a 和 b，并用细线将 a、b 两点相连。这种以盘左、盘右两个盘位延长直线的方法称为正倒镜分中法。用同样方法再将仪器置于 ZD_3，瞄准转点 ZD_4，倒镜后视线与 ab 细线相交处打下木桩，然后用正倒镜分中法在桩顶精确定出交点 JD 位置，钉上小钉。

3. 坐标放样法

交点坐标在地形图上确定以后，利用测图导线按全站仪坐标放样法将交点直接放样在地面上。这种方法外业工作更快，由于利用测图导线放点，故无误差累积现象。

8.2.2　转点的测设

路线测量时，当相邻两交点间互不通视时，需要在其连线或延长线上定出一点或数点，以供交点测角、量距或延长直线时瞄准之用。这样的点称为转点，其测设方法如下。

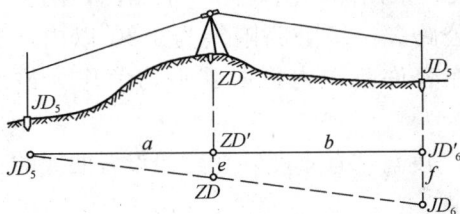

图 8-7　在两交点间设转点

1. 在两交点间设转点

如图 8-7 所示，设 JD_5、JD_6 为相邻两交点，互不通视，ZD' 为粗略定出的转点位置。将经纬仪置于 ZD'，用正倒镜分中法延长直线 JD_5—ZD' 于 JD_6'。若 JD_6' 与 JD_6 重合或量取的偏差 f 在路线容许移动的范围内，则转点位置即为 ZD'，这时应将 JD_6 移至 JD_6'，并在桩顶上钉上小钉表示交点位置。

当偏差 f 超过容许范围或 JD_6 不许移动时，则须重新设置转点。设 e 为 ZD' 应横向移动的距离，仪器在 ZD' 用视距测量方法测出距离 a、b，则

$$e = \frac{a}{a+b}f \tag{8-1}$$

将 ZD' 沿偏差 f 的相反方向横移 e 至 ZD。将仪器移至 ZD，延长直线 JD_5—ZD 看是否通过 JD_6 或偏差小于容许值，否则应再次设置转点，直至符合要求为止。

2. 在两交点延长线上设转点

当两交点间不便设置转点或根据需要，也可将转点设在其延长线上。如图 8-8 所示，设 JD_8、JD_9 互不通视，ZD' 为其延长线上转点的概略位置。将经纬

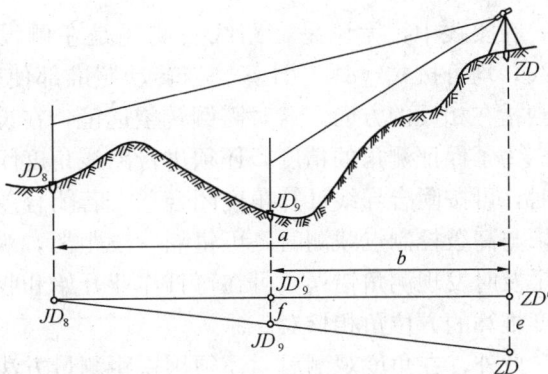

图 8-8　在两交点延长线上设转点

仪置于 ZD'，盘左照准 JD_8，在 JD_9 处标出一点；盘右再瞄准 JD_8，在 JD_9 处也标出一点，取两点的中点得 JD_9'。若 JD_9' 与 JD_9 重合或偏差 f 在容许范围内，即可用 JD_9' 代替 JD_9 作为交点，ZD' 即作为转点。否则应调整 ZD' 的位置重设转点。设 e 为 ZD' 应横向移动的距离，用视距测量方法测出距离 a、b，则

$$e = \frac{a}{a-b}f \qquad (8\text{-}2)$$

将 ZD' 沿与 f 相反的方向移动 e，即得新转点 ZD。置仪器于 ZD，重复上述方法，直至偏差 f 小于容许值为止。最后将转点和交点 JD_9 用木桩标定在地面上。

8.2.3 路线转角的测定

在路线转折处，为了测设曲线，需要测定其转角。所谓转角，是指交点处后视线的延长线与前视线的夹角，以 α 表示。转角有左右之分，如图 8-9 所示，位于延长线右侧的，为右转角 α_y；位于延长线左侧的，为左转角 α_z。在路线测量中，转角通常是通过观测路线右角 β，按下式计算求得：

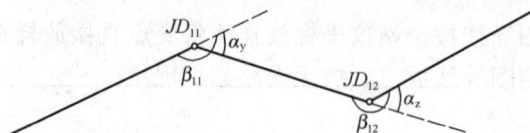

图 8-9　转角的测定

$$\begin{cases} \alpha_y = 180° - \beta \\ \alpha_z = \beta - 180° \end{cases} \qquad (8\text{-}3)$$

右角的测定，应使用精度不低于 J_6 级的经纬仪，采用测回法观测一个测回，两个半测回所测角值相差的限差视公路等级而定，高速公路、一级公路限差为 $\pm 20''$ 以内，二级及二级以下公路限差为 $\pm 40''$ 以内，如果限差在容许范围内可取其平均值作为最后结果。

由于测设曲线的需要，在右角测定后，保持水平度盘位置不变，在路线设置曲线的一侧定出分角线方向。如图 8-10 所示，设测角时后视方向的水平度盘读数为 a，前视方向的读数为 b，则分角线方向的水平盘读数 c 应为

$$c = b + \frac{\beta}{2}$$

因 $\beta = a - b$，则

$$c = \frac{a+b}{2} \qquad (8\text{-}4)$$

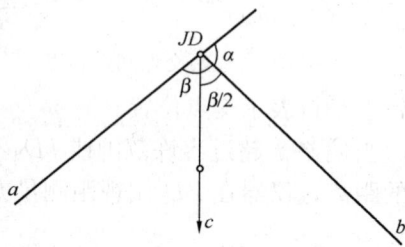

图 8-10　分角线的测设

在实践中，无论是在路线右侧还是左侧设置分角线，均可按式（8-4）计算。当转动照准部使水平度盘读数为 c 时，望远镜所指方向有时会指在相反的方向，这时需倒转望远镜，在设置曲线一侧定出分角线方向。

为了保证测角的精度，还须进行路线角度闭合差的检核。当路线导线与高级控制点连接时，可按附合导线计算角度闭合差。若闭合差在限差之内，则可进行闭合差调整。当路线未与高级控制点联测时，可每隔一段距离，观测一次真方位角，用来检核角度闭合差。为了及时发现测角错误，可在每日作业开始和收工前用罗盘仪各观测一次磁方位角，与以角度推算的方位角相核对。

此外，在角度观测后，还须用视距测量方法测定相邻交点间的距离，以检核中线测量钢尺量距的结果。

8.3 里程桩设置

在路线交点、转点及转角测定后，即可进行道路中线测量，经过实地量距设置里程桩，以标定道路中线的具体位置。

1. 道路中桩测设的基本要求

中线上设置的里程桩亦称中桩，桩上写有桩号，表示该桩至路线起点的水平距离。如某桩至路线起点的水平距离为 1579.26m，则桩号记为 k1+579.26。

中桩的设置应按照规定满足其桩距及精度要求。直线上的桩距 l_0 一般为 20m，地形平坦时不应大于 50m；曲线上的桩距 l_0 一般为 20m，且与圆曲线半径大小有关。中桩桩距应按表 8-1 的规定执行。

中桩间距表 表 8-1

直线（m）		曲线（m）			
平原微丘区	山岭重丘区	不设超高的曲线	$R>60$	$60 \geqslant R \geqslant 30$	$R<30$
≤50	≤25	25	20	10	5

中桩桩位精度应满足表 8-2 的规定。

中桩桩位精度 表 8-2

公路等级	中桩位置中误差（cm）		桩位检测之差（cm）	
	平原微丘区	山岭重丘区	平原微丘区	山岭重丘区
高速、一、二级	≤±5	≤±10	≤10	≤20
三、四级	≤±10	≤±15	≤20	≤30

路线中桩的距离偏角测量闭合差，应符合表 8-3 的规定。

距离偏角测量闭合差 表 8-3

公路等级	纵向闭合差		横向闭合差（cm）		曲线偏角闭合差（″）
	平原微丘区	山岭重丘区	平原微丘区	山岭重丘区	
高速、一级	1/2000	1/1000	10	10	60
二、三、四级	1/1000	1/500	10	15	120

2. 里程桩的分类与设置

里程桩包括路线起终点桩、公里桩、百米桩和一系列加桩，还有起控制作用的交点桩、转点桩、平曲线主点桩、桥梁和隧道轴线桩、断链桩等。按其所表示的里程数，里程桩又分整桩和加桩两类。整桩是按规定每隔 20m 或 50m 设置桩号为整数的里程桩。百米桩和公里桩均属整桩，一般情况下均应设置。图 8-11 所示为整桩的书写情况。

加桩分地形加桩、地物加桩、曲线加桩和关系加桩等。

地形加桩是在路线纵、横向地形有明显变化处设置的桩；

地物加桩是在中线上桥梁、涵洞、隧道等人工构造物处，以及与既有公路、铁路、管线、渠道等交叉处设置的桩；

曲线加桩是在曲线起点、中点、终点等曲线主点上设置的桩；

关系加桩是在转点和交点上设置的桩。

此外，还可根据具体情况在拆迁建筑物处、工程地质变化处、断链处等加桩。对于人工构造物，在书写里程时，要冠以工程名称如"桥"、"涵"等。在书写曲线和关系加桩时，应在桩号之前加写其缩写名称，如图 8-12 所示。目前，我国公路采用汉语拼音的缩写名称，如表 8-4 所示。

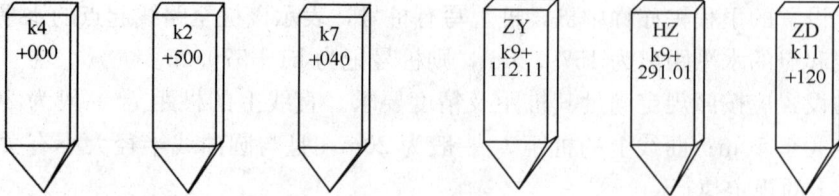

| 图 8-11　里程桩 | 图 8-12　主点桩和关系加桩 |

平曲线主点名称及缩写表 　　　　　　　　　　　　　　　　　　　　表 8-4

名　称	简　称	汉语拼音缩写	英语缩写
交点		JD	IP
转点		ZD	TP
圆曲线起点	直圆点	ZY	BC
圆曲线中点	曲中点	QZ	MC
圆曲线终点	圆直点	YZ	EC
公切点		GQ	CP
第一缓和曲线起点	直缓点	ZH	TS
第一缓和曲线终点	缓圆点	HY	SC
第二缓和曲线起点	圆缓点	YH	CS
第二缓和曲线终点	缓直点	HZ	ST

钉桩时，对起控制作用的交点桩、转点桩、平曲线控制桩、路线起终点桩以及重要的人工构造物加桩，如桥位桩、隧道定位桩等均采用方桩。方桩钉至与地面齐平，顶面钉一小钉表示点位。在距方桩 20cm 左右设置指示桩，上面书写桩的名称和桩号。钉指示桩要注意字面应朝向方桩，直线上的指示桩应打在路线的同一侧，曲线上则应打在曲线的外侧。主要起控制作用的方桩应用混凝土浇筑，也可用钢筋加混凝土预制桩，且钢筋顶面锯成"十"字以示点位。必要时加设护桩防止桩的损坏或丢失。除控制桩之外，其他的桩为标志桩，一般采用板桩，直接将指示桩打在点位上，桩号要面向路线起点方向，并以露出桩号为宜。

里程桩的设置是在中线丈量的基础上进行，丈量工具视道路等级而定，高等级公路宜用测距仪或钢尺，简易公路可用皮尺或绳尺。

8.4　圆　曲　线　测　设

路线方向发生转折时，需用曲线加以连接。对于四级公路或当圆曲线的半径大于或等于其不设超高的最小半径时，平曲线中可省略缓和曲线而只设圆曲线。圆曲线是具有一定曲率半径的圆弧线，其测设一般分两步进行：首先测设对圆曲线起控制作用的主点桩，即圆曲线的起点（ZY）、中点（QZ）和终点（YZ）；然后在主点桩之间按规定桩距加密中桩，称之为圆曲线的详细测设。

8.4.1 圆曲线主点测设

1. 圆曲线测设元素的计算

如图 8-13 所示，设交点 JD 的转角为 α，圆曲线半径为 R，则圆曲线的测设元素可按下列公式计算：

切线长 $\qquad T = T\tan\dfrac{\alpha}{2}$

曲线长 $\qquad L = R\alpha\dfrac{\pi}{180}$

外距 $\qquad E = R\left(\sec\dfrac{\alpha}{2} - 1\right)$ $\qquad\qquad$ (8-5)

切曲差 $\qquad D = 2T - L$

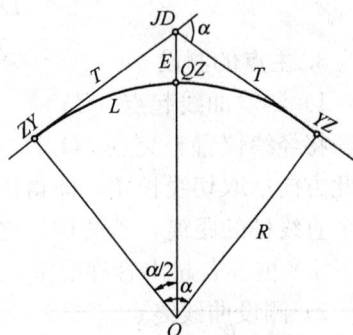

图 8-13　圆曲线测设元素

2. 主点里程的计算

交点 JD 的里程是由中线丈量中得到的，根据交点的里程和圆曲线测设元素，即可推算圆曲线上各主点的里程并加以校核。由图 8-13 可知：

$$
\left.
\begin{aligned}
ZY\ 里程 &= JD\ 里程 - T\\
YZ\ 里程 &= ZY\ 里程 + L\\
QZ\ 里程 &= YZ\ 里程 - L/2\\
JD\ 里程 &= QZ\ 里程 + \frac{D}{2} \quad（校核）
\end{aligned}
\right\}
\qquad (8-6)
$$

注意：圆曲线终点里程 YZ 应为圆曲线起点里程 ZY 加上圆曲线长 L，而不是交点里程加切线长 T，即 YZ 里程 $\neq JD$ 里程 $+T$。因为里程桩号是路线上某点至路线起点的路线长度，而在路线转折处道路中线的实际长度应为曲线长度，而非切线长度。

例 1　　已知某交点的里程为 k8+588.46，测得转角 $\alpha_{右}=38°16'$，拟定圆曲线半径 $R=200\text{m}$，求圆曲线测设元素及主点桩里程。

解：（1）计算圆曲线测设元素

由式（8-5）可得

$$T = R\tan\frac{\alpha}{2} = 200 \times \tan\frac{38°16'}{2} = 69.39\text{m}$$

$$L = R\alpha\frac{\pi}{180} = 200 \times 38°16' \times \frac{\pi}{180°} = 133.58$$

$$E = R\left(\sec\frac{\alpha}{2} - 1\right) = 200 \times \left(\sec\frac{38°16'}{2} - 1\right) = 11.69$$

$$D = 2T - L = 2 \times 69.39 - 133.58 = 5.2$$

（2）计算主点桩里程

$$
\begin{array}{lll}
JD & & \text{k8+588.46}\\
-)\ T & & 69.39\\
\hline
\end{array}
$$

145

$$
\begin{array}{lll}
ZY & & \text{k8+519.07} \\
+)\ L & & 133.58 \\
\hline
YZ & & \text{k8+652.65} \\
-)\ L/2 & & 66.79 \\
\hline
QZ & & \text{k8+585.86} \\
+)\ D/2 & & 2.6\ (\text{校核}) \\
\hline
JD & & \text{k8+588.46}\ (\text{计算无误})
\end{array}
$$

3. 主点的测设

1）测设曲线起点（ZY）

将经纬仪置于交点 JD_i 上，望远镜照准后交点 JD_{i-1} 或此方向上的转点，自交点 JD_i 沿此方向量取切线长 T，即得圆曲线起点 ZY，插一测钎。然后用钢尺丈量自 ZY 至最近一个直线桩的距离，若两桩号之差等于所丈量的距离或相差在容许范围内，即可在测钎处打下 ZY 桩。若超出容许范围，应查明原因，以确保桩位的正确性。

2）测设曲线终点（YZ）

设置圆曲线终点时，将望远镜照准前交点 JD_{i+1} 或此方向上的转点，往返量取切线长 T，得圆曲线终点，打下 YZ 桩。

3）测设曲线中点（QZ）

设置圆曲线中点时，可自交点沿分角线方向量取外距 E，打下 QZ 桩。

8.4.2 圆曲线的详细测设

如果圆曲线较长或地形变化较大时，仅有三个主点已经不能控制整个曲线，需要按曲线上中桩桩距的规定（见表 8-1）进行加桩，即进行圆曲线的详细测设。

圆曲线详细测设的方法有很多，其中常用的方法有支距法和偏角法。

1. 切线支距法

切线支距法是以圆曲线的起点 ZY 或终点 YZ 为坐标原点，以切线为 x 轴，过原点的半径方向为 y 轴，建立直角坐标。按曲线上各点坐标 x、y 设置曲线。

如图 8-14 所示，设 P_i 为曲线上欲测设的点位，该点至 ZY 点或 YZ 点的弧长为 l_i，φ_i 为 l_i 所对的圆心角，R 为圆曲线半径，则 P_i 的坐标可按下式计算：

$$
\left.\begin{array}{l}
x_i = R\sin\varphi_i \\
y_i = R(1-\cos\varphi_i)
\end{array}\right\} \tag{8-7}
$$

式中

$$
\varphi_i = \frac{l_i}{R}\cdot\frac{180°}{\pi} \tag{8-8}
$$

将 φ_i 带入式（8-7），按级数展开并略去高次项后得：

$$
\left.\begin{array}{l}
x_i = l_i - \dfrac{l_i^{\,3}}{6R^2} \\[2mm]
y_i = \dfrac{l_i^2}{2R} - \dfrac{l_i^4}{24R^3}
\end{array}\right\} \tag{8-9}
$$

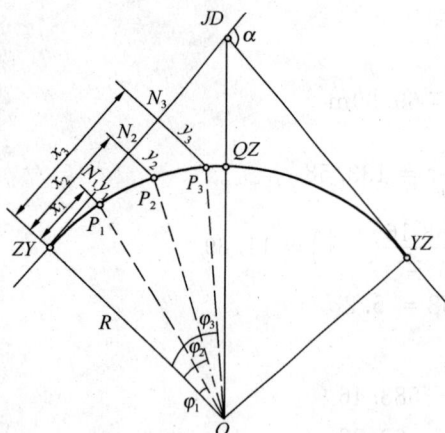

图 8-14 切线支距法测设圆曲线

式（8-9）就是计算支距法测设元素的简化公式。

例2 例1若采用切线支距法并按整桩号法设桩，试计算各桩坐标。

例1已计算出主点里程，在此基础上按整桩号法列出详细测设的桩号，并计算其坐标。具体计算见表8-5。

切线支距法计算表 表 8-5

桩 号	各桩至 ZY 或 YZ 的曲线长度 (l_i)	x_i (m)	y_i (m)
ZY k8+519.07	0	0	0
+540	20.93	20.89	1.09
+560	40.93	40.64	4.17
+580	60.93	59.99	9.21
QZ k8+585.86	66.79	65.55	11.05
+600	52.65	52.04	6.89
+620	32.65	32.51	2.66
+640	12.65	12.64	0.40
YZ k8+652.65	0	0	0

切线支距法测设曲线，为了避免支距过长，一般由 ZY、YZ 点分别向 QZ 点施测。其测设步骤如下：

（1）从 ZY（或 YZ）点开始用钢尺或皮尺沿切线方向量取 P_i 的横坐标 x_i，得垂足 N_i。

（2）在各垂足 N_i 上用方向架定出垂直方向，量取纵坐标 y_i，即可定出 P_i 点。

（3）曲线上各点设置完毕后，应量取相邻各桩之间的距离，与相应的桩号之差作比较，且考虑弧弦差的影响，若较差均在限差之内，则曲线测设合格；否则应查明原因，予以纠正。

这种方法适用于平坦开阔的地区，具有操作简单、测设方便、测点误差不累积的优点，但测设的点位精度偏低。

2. 偏角法

偏角法是以圆曲线起点 ZY 或终点 YZ 至曲线任一待定点 P_i 的弦线与切线 T 之间的弦切角（这里称为偏角）Δ_i 和弦长 c_i 来确定 P_i 点的位置。

如图 8-15 所示，根据几何原理，偏角 Δ_i 等于相应弧长 l_i 所对的圆心角 φ_i 之半，即

$$\Delta_i = \frac{\varphi_i}{2} \qquad (8\text{-}10)$$

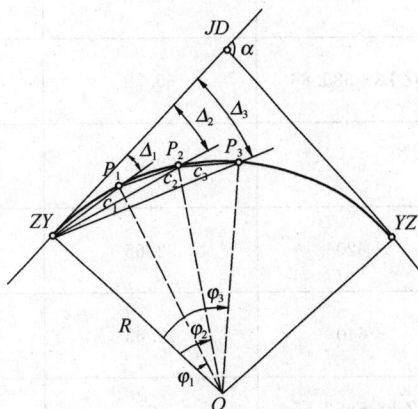

图 8-15　偏角法测设圆曲线

带入式（8-8），则

$$\Delta_i = \frac{l_i}{R} \frac{90°}{\pi} \tag{8-11}$$

弦长 c_i 可按下式计算：

$$c_i = 2R\sin\frac{\varphi_i}{2} \tag{8-12}$$

如将式（8-12）中的 $\sin\frac{\varphi_i}{2}$ 用级数展开，并以 $\varphi_i = \frac{l_i}{R}$ 代入，则

$$c_i = 2R\left[\frac{\varphi_i}{2} - \frac{\left(\frac{\varphi_i}{2}\right)^3}{3!} + \cdots\right] = 2R\left(\frac{l_i}{2R} - \frac{l_i^3}{48R^3} + \cdots\right) = l_i - \frac{l_i^3}{24R^2} + \cdots$$

弧弦差
$$\delta_i = l_i - c_i = \frac{l_i^3}{24R^2} \tag{8-13}$$

在实际工作中，弦长 c_i 可通过式（8-12）计算，亦可先按式（8-13）计算弧弦差 δ_i，再计算弦长 c_i。

例3 仍以例1为例，采用偏角法按整桩号设桩，计算各桩的偏角和弦长。

设曲线由 ZY 点和 YZ 点分别向 QZ 点测设，计算见表8-6。

偏角法计算表

表8-6

桩　号	各桩至 ZY 或 YZ 的曲线长度 l_i（m）	偏角值（° ′ ″）	偏角读数（° ′ ″）	相邻桩间弦长（m）
ZY k8+519.07	0	0 00 00	0 00 00	
				20.92
+540	20.93	2 59 53	2 59 53	
				19.99
+560	40.93	5 51 46	5 51 46	
				19.99
+580	60.93	8 43 39	8 43 39	
				5.86
QZ k8+585.86	66.79	9 34 01	9 34 01 (350 25 59)	
				14.40
+600	52.65	7 32 30	352 27 30	
				19.99
+620	32.65	4 40 36	355 19 24	
				19.99
+640	12.65	1 48 43	358 11 17	
				12.65
YZ k8+652.65	0	0 00 00	360 00 00	

148

由于经纬仪水平度盘的注字是顺时针方向增加的，因此测设曲线时，如果偏角的增加方向与水平度盘一致，也是顺时针方向增加，称为正拨；反之称为反拨。对于右转角（本例为右转角），仪器置于 ZY 点上测设曲线为正拨，置于 YZ 点上则为反拨。对于左转角，仪器置于 ZY 点上测设曲线为反拨，置于 YZ 点上则为正拨。正拨时，望远镜照准切线方向，如果水平度盘读数配置在 0°，各桩的偏角读数就等于各桩的偏角值。但在反拨时则不同，各桩的偏角读数应等于 360° 减去各桩的偏角值。

偏角法的测设步骤如下（以例 3 为例）：

（1）将经纬仪置于 ZY 点上，瞄准交点 JD 并将水平度盘配置在 0°00′00″。

（2）转动照准部使水平度盘读数为桩 k8+540 的偏角读数 2°59′53″，从 ZY 点沿此方向量取弦长 20.92m，定出 k8+540。

（3）转动照准部使水平度盘读数为桩 k8+560 的偏角读数 5°51′46″，由桩 k8+540 量弦长 20m 与视线方向相交，定出 k8+560。

（4）按上述方法定出 k8+580 及 QZ 点 k8+585.86，此时定出的 QZ 点应与主点测设时定出的 QZ 点重合，如不重合，其闭合差不得超过限差规定。

（5）将仪器移至 YZ 点上，瞄准交点 JD 并将度盘配置在 0°00′00″。

（6）转动照准部使水平度盘读数为桩 k8+640 的偏角读数 358°11′17″，沿此方向从 YZ 点量取弦长 12.65m，定出 k8+640。

（7）转动照准部使度盘读数为桩 k8+620 的偏角读数 355°19′24″，由桩 k8+640 量弦长 20m 与视线方向相交得 k8+620。

（8）依此定出 k8+600 和 QZ 点。QZ 点的偏差亦应满足限差规定。

偏角法不仅可以在 ZY 和 YZ 点上测设曲线，而且可在 QZ 点上测设，也可在曲线任一点上测设。它是一种灵活性大、测设精度较高、适用性较强的常用方法。但这种方法存在着测点误差累积的缺点，所以宜从曲线两端向中点或自中点向两端测设曲线。

应用偏角法测设曲线，置仪点至曲线各桩点视线应通视，当曲线上遇障碍视线受阻时，偏角法搬站次数较多。

8.4.3 困难地段圆曲线的测设

中线测设时，往往因地形复杂、地物障碍等限制，使路线交点不能设桩或安置仪器，中线测设时视线受阻或量距困难等。此时按常规的方法无法测设中线，须按困难地段的具体情况采用相应的测设方法。

1. 虚交单圆曲线的测设

虚交是指路线交点 JD 不能设桩或安置仪器（如 JD 落入水中或深谷及建筑物等处）。有时交点虽可钉出，但因转角太大，交点远离曲线或地形地物等障碍不易到达，可作为虚交处理。下面介绍虚交处理的两种方法。

1）圆外基线法

如图 8-16 所示，路线交点落入河里，不能设桩，为此在曲线外侧沿两切线方向各选择一辅助点 A 和 B，构成圆外基线 AB。用经纬仪测出 α_A 和 α_B，用钢尺往

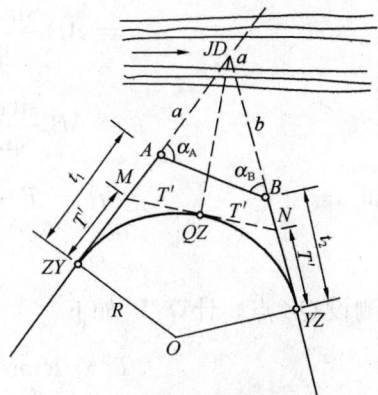

图 8-16　圆外基线法

149

返丈量 AB，所测角度和距离均应满足规定的限差要求。

由图 8-16 可知：

$$\alpha = \alpha_A + \alpha_B \tag{8-14}$$

$$a = AB \frac{\sin\alpha_B}{\sin\alpha} \tag{8-15}$$

$$b = AB \frac{\sin\alpha_A}{\sin\alpha}$$

根据转角 α 和选定的半径 R，即可算得切线长 T 和曲线长 L。再由 a、b、T，计算辅助点 A、B 至曲线 ZY 点和 YZ 点的距离 t_1 和 t_2：

$$\left.\begin{array}{l} t_1 = T - a \\ t_2 = T - b \end{array}\right\} \tag{8-16}$$

如果计算出 t_1、t_2 出现负值，说明曲线的 ZY 点、YZ 点位于辅助点与虚交点之间。根据 t_1、t_2 即可定出曲线的 ZY 点和 YZ 点。A 点的里程量出后，曲线主点的里程亦可算。

曲中点 QZ 的测设，可采用以下方法：

如图 8-16 所示，设 MN 为 QZ 点的切线，则

$$T' = R\tan\frac{\alpha}{4} \tag{8-17}$$

测设时由 ZY 和 YZ 点分别沿切线量出 T' 得 M 点和 N 点，再由 M 点或 N 点沿 MN 或 NM 方向量 T' 即得 QZ 点。

曲线主点定出后，即可用切线支距法或偏角法进行曲线详细测设。

例 4　如图 8-16 所示，测得 $\alpha_A = 15°18'$，$\alpha_B = 18°22'$，$AB = 54.68\text{m}$，选定半径 $R = 300\text{m}$，A 点的里程桩号为 k9+048.53。试计算测设主点的数据及主点的里程桩号。

$$\alpha = \alpha_A + \alpha_B = 15°18' + 18°22' = 33°40'$$

根据 $\alpha = 33°40'$，$R = 300\text{m}$，计算 T 和 L：

$$T = R\tan\frac{\alpha}{2} = 300 \times \tan\frac{33°40'}{2} = 90.77\text{m}$$

$$L = R\alpha\frac{\pi}{180°} = 300 \times 33°40' \times \frac{\pi}{180°} = 176.28\text{m}$$

又

$$a = AB\frac{\sin\alpha_B}{\sin\alpha} = 54.68 \times \frac{\sin18°22'}{\sin34°40'} = 31.08\text{m}$$

$$b = AB\frac{\sin\alpha_A}{\sin\alpha} = 54.68 \times \frac{\sin15°18'}{\sin33°40'} = 26.03\text{m}$$

因此

$$t_1 = T - a = 90.77 - 31.08 = 59.69\text{m}$$

$$t_2 = T - b = 90.77 - 26.03 = 64.74\text{m}$$

为测设 QZ 点，计算 T' 如下：

$$T' = R\tan\frac{\alpha}{4} = 300 \times \tan\frac{33°40'}{4} = 44.39\text{m}$$

计算主点里程如下：

A 点	k9+048.53
一)t_1	59.69
ZY	k8+988.84
十)L	176.28
YZ	k9+165.12
一)$L/2$	88.14
QZ	k9+076.98

2）切基线法

与圆外基线法相比较，切基线法计算简单，而且容易控制曲线的位置，是解决虚交问题的常用方法。

如图 8-17 所示，基线 AB 与圆曲线相切于一点，该点称为公切点，以 GQ 表示。以 GQ 点将曲线分为两个相同半径的圆曲线。AB 称为切基线，可以起到控制曲线位置的作用。用经纬仪测出 α_A 和 α_B，用钢尺往返丈量 AB。设两个同半径曲线的半径为 R，切线长分别为 T_1 和 T_2，则

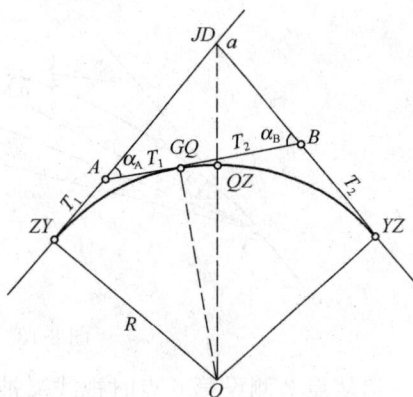

图 8-17 切基线法

$$AB = T_1 + T_2 = R\tan\frac{\alpha_A}{2} + R\tan\frac{\alpha_B}{2}$$

$$= R\left(\tan\frac{\alpha_A}{2} + \tan\frac{\alpha_B}{2}\right)$$

因此

$$R = \frac{AB}{\tan\dfrac{\alpha_A}{2} + \tan\dfrac{\alpha_B}{2}} \tag{8-18}$$

半径 R 应算至厘米。R 算得后，根据 R、α_A、α_B，即可算出两个同半径曲线的测设元素 T_1、L_1 和 T_2、L_2。

测设时，由 A 沿切线方向向后量 T_1 得 ZY 点，由 A 沿 AB 向前量 T_1 得 GQ 点，由 B 沿切线方向向前量 T_2 得 YZ 点。

QZ 点的测设亦可按圆外基线法中讲述的方法测设，或者以 GQ 点为坐标原点，用切线支距法设置。

例5 如图 8-17 所示，测得 $\alpha_A = 63°10'$、$\alpha_B = 42°18'$，切基线长 $AB=62.52\text{m}$，试计算圆曲线半径。

$$R = \frac{62.52}{\tan\dfrac{63°10'}{2} + \tan\dfrac{42°18'}{2}} = 62.42\text{m}$$

校核：$T_1 = 62.42 \times \tan\dfrac{63°10'}{2} = 38.38\text{m}$

151

$$T_2 = 62.42 \times \tan \frac{42°18'}{2} = 24.15 \text{m}$$

$$AB = 38.38 + 24.15 = 62.53 \text{m}（正确）$$

2. 曲线上遇障碍物的测设

用偏角法测设圆曲线，遇有障碍，视线受阻时，可将仪器搬到与待定点通视的已定桩点上，运用同一弧段两端弦切角相等的原理，找出新测点的切线方向，就可以继续施测。如图 8-18 所示，置镜于 0 点用偏角法测设 1、2、3 点后，测点 4 不通视，可置镜于点 3，以读数为 180°照准 0 点，则读数为 0°时视线即在 0～3 方向上，读数为 δ_3 时视线在点 3 的切线方向上，读数为 δ_4、δ_5……时视线就在点 4、5……各点的方向上，即用原来从点 0 测设各点的偏角继续向前测设。

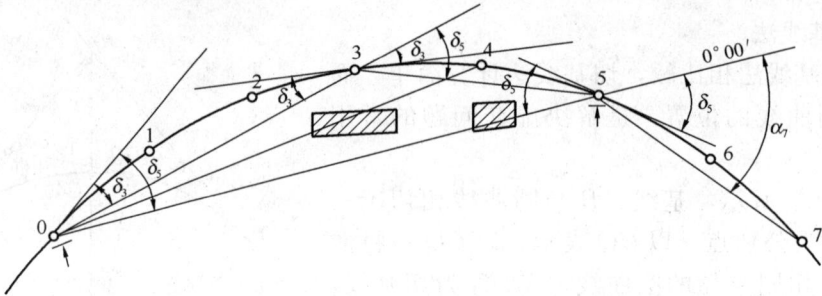

图 8-18　曲线上遇到障碍物的测设法

当从点 3 测设第 6 点时视线又被阻，则可置镜于点 5，若以读数为 180°照准 0 点，则照准点 3 时读数应为 $180° + \delta_3$。由于 0 点方向被阻，故可以 $180° + \delta_3$ 照准点 3，当读数为 0 时视线为 0～5 方向，读数为 δ_5 时视线在点 5 的切线方向上，读数为 δ_6、δ_7……时视线就在点 5 到 6、7……各点方向。

无论仪器置任何点，当后视某一点时，应把度盘读数先拨到 180°加（曲线向左转时为减）该后视点的偏角（即原来从 0 点测设该点的偏角），去照准后视点，然后拨到原来计算好的各点偏角值，向前继续测设相应的点。这样可利用原来计算好的偏角值，无须重新计算。

8.5　缓和曲线测设

8.5.1　缓和曲线

1. 缓和曲线的概念

汽车在行驶过程中，由直线进入圆曲线是通过司机转动方向盘，从而使前轮逐渐发生转向，其行驶轨迹是一条曲率连续变化的曲线。同时汽车在直线上的离心力为零，而在圆曲线上的离心力为一定值，直线与圆曲线直接相连离心力发生突变，对行车安全不利，也影响行车的稳定和舒适。尤其是汽车高速行驶时，这种现象更为明显。为了使路线的平面线形更加符合汽车的行驶轨迹、离心力逐渐变化，确保行车的安全和舒适，需要在直线与圆曲线之间插入一段曲率半径由无穷大逐渐变化到圆曲线半径的过渡性曲线，此曲线称为缓和曲线。

缓和曲线的作用是使曲率连续变化，车辆便于遵循，保证行车安全；离心加速度逐渐变化，旅客感到舒适；曲线上超高和加宽逐渐过渡，行车平稳和路容美观；与圆曲线配合适当的缓和曲线，可提高驾驶员的视觉平顺性，增加线形美感。

缓和曲线的形式可采用回旋线、三次抛物线及双纽线等。目前我国公路设计中，以回旋线作为缓和曲线。

2. 回旋线型缓和曲线公式

1) 基本公式

如图 8-19 所示，回旋线是曲率半径随曲线长度增长而成反比地均匀减小的曲线，即在回旋曲线上任意一点的曲率半径 r 与曲线的长度成反比。以公式表示为

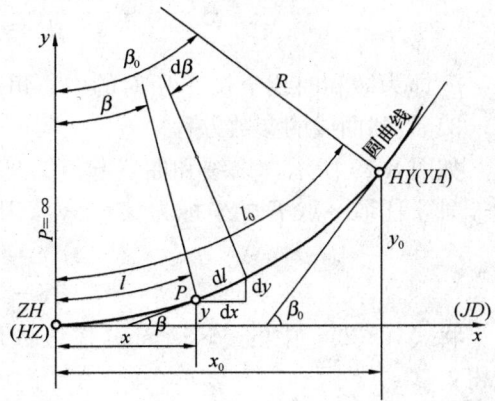

图 8-19　回旋线型缓和曲线

$$r = \frac{c}{l}$$

或　　　　　　　　$$rl = c \qquad (8\text{-}19)$$

式中，r 为回旋线上某点的曲率半径（m）；l 为回旋线上某点到原点的曲线长（m）；c 为常数。

为了使上式两边的量纲统一，引入回旋线参数 A，令 $A^2 = c$，A 表征回旋线曲率变化的缓急程度。则回旋线基本公式为

$$rl = A^2 \qquad (8\text{-}20)$$

在缓和曲线的终点 HY 点（或 YH 点），$r = R$，$l = l_s$（缓和曲线全长），则

$$Rl_s = A^2 \qquad (8\text{-}21)$$

缓和曲线长度的确定应考虑乘客的舒适、超高过渡的需要，并不应小于 3s 的行程。考虑上述因素，我国《公路工程技术标准》（JTG B01—2003）规定了各级公路缓和曲线的最小长度，见表 8-7。

各级公路缓和曲线最小长度　　　　　　　　　　　　　表 8-7

公路等级	高速公路				一级公路		二级公路		三级公路		四级公路	
计算行车速度（km/h）	120	100	80	60	100	60	80	40	60	30	40	20
缓和曲线最小长度（m）	100	85	70	50	85	50	70	35	50	25	35	20

2) 切线角公式

如图 8-19 所示，回旋线上任一点 P 的切线与 x 轴（起点 ZH 或 HZ 切线）的夹角称为切线角，用 β 表示。该角值与 P 点至曲线起点长度 l 所对应的中心角相等。在 P 处取一微分弧段 dl，所对的中心角为 $d\beta$，于是

$$d\beta = \frac{dl}{r} = \frac{l\,dl}{A^2}$$

积分得：

$$\beta = \frac{l^2}{2A^2} = \frac{l^2}{2Rl_s} \qquad (8\text{-}22)$$

当 $l = l_s$ 时，β 以 β_0 表示，式（8-22）可写成：

$$\beta_0 = \frac{ls}{2R} \tag{8-23}$$

以角度表示则为

$$\beta_0 = \frac{ls}{2R} \cdot \frac{180°}{\pi} \tag{8-24}$$

β_0 即为缓和曲线全长 ls 所对的中心角即切线角，亦称缓和曲线角。

3）缓和曲线的参数方程

如图 8-19 所示，以缓和曲线起点为坐标原点，过该点的切线为 x 轴，过原点的半径为 y 轴，任取一点 P 的坐标为（x，y），则微分弧段 dl 在坐标轴上的投影为：

$$\left.\begin{array}{l} dx = dl \cdot \cos\beta \\ dy = dl \cdot \sin\beta \end{array}\right\} \tag{8-25}$$

将式（8-25）中的 $\cos\beta$、$\sin\beta$ 按级数展开，并将式（8-22）代入，积分，略去高次项得：

$$\left.\begin{array}{l} x = l - \dfrac{l^5}{40R^2 l_s^2} \\ y = \dfrac{l^3}{6Rls} \end{array}\right\} \tag{8-26}$$

式（8-26）称为缓和曲线的参数方程。

当 $l = ls$ 时，得到缓和曲线终点坐标：

$$\left.\begin{array}{l} x_0 = l_s - \dfrac{l_s^3}{40R^2} \\ y_0 = \dfrac{l_s^2}{6R} \end{array}\right\} \tag{8-27}$$

8.5.2 带有缓和曲线的平曲线主点测设

1. 内移值 p 与切线增值 q 的计算

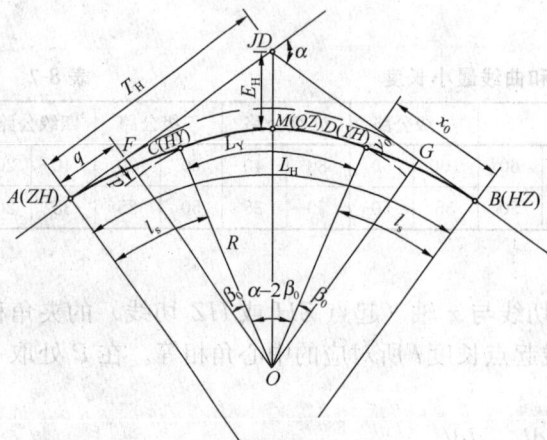

图 8-20 带有缓和曲线的平曲线

如图 8-20 所示，在直线与圆曲线之间插入缓和曲线时，必须将原有的圆曲线向内移动距离 p，才能使缓和曲线的起点位于直线方向上，这时切线增长 q。公路上一般采用圆心不动的平行移动方法，即未设缓和曲线时的圆曲线为 FG，其半径为 $R+p$；插入两段缓和曲线 AC 和 BD 后，圆曲线向内移，其保留部分为 CMD，半径为 R，所对的圆心角为 $\alpha-2\beta_0$。

测设时必须满足的条件为：$\alpha \geqslant 2\beta_0$，否则应缩短缓和曲线长度或加大圆曲线半径使之满足条件。由图 8-20 可知：

$$\left.\begin{array}{l} p = y_0 - R(1-\cos\beta_0) \\ q = x_0 - R\sin\beta_0 \end{array}\right\} \tag{8-28}$$

将式（8-28）中的 $\cos\beta_0$、$\sin\beta_0$ 展开为级数，略去高次项，并按式（8-24）和（8-27）将 β_0、x_0 和 y_0 代入，可得：

$$\left.\begin{aligned} p &= \frac{l_s^2}{24R} \\ q &= \frac{l_s}{2} - \frac{l_s^3}{240R^2} \end{aligned}\right\} \tag{8-29}$$

由式（8-29）与式（8-26）可知，内移距 p 等于缓和曲线中点纵坐标 y 的两倍；切线增值约为缓和曲线长度之半，缓和曲线的位置大致是一半占用直线部分，另一部分占用原圆曲线部分。

2. 平曲线测设元素

当测得转角 α，圆曲线半径 R 和缓和曲线长 l_s 确定后，即可按式（8-24）及式（8-29）计算切线角 β_0、内移值 p 和切线增值 q。在此基础上计算平曲线测设元素。如图 8-20 所示，平曲线测设元素可按下列公式计算：

$$\left.\begin{aligned} \text{切线长} \quad & T_H = (R+p)\tan\frac{\alpha}{2} + q \\[6pt] \text{曲线长} \quad & L_H = R(\alpha - 2\beta_0)\frac{\pi}{180°} + l_s \\[6pt] \text{或 者} \quad & L_H = R\alpha\frac{\pi}{180°} + l_s \\[6pt] \text{其中圆曲线长} \quad & L_Y = R(\alpha - 2\beta_0)\frac{\pi}{180°} \\[6pt] \text{外 距} \quad & E_H = (R+p)\sec\frac{\alpha}{2} - R \\[6pt] \text{切曲差} \quad & D_H = 2T_H - L_H \end{aligned}\right\} \tag{8-30}$$

3. 平曲线主点测设

根据交点的里程和平曲线测设元素，计算主点里程

$$\left.\begin{aligned} \text{直缓点} \quad & ZH = JD - T_H \\ \text{缓圆点} \quad & HY = ZH + l_s \\ \text{圆缓点} \quad & YH = HY + L_Y \\ \text{缓直点} \quad & HZ = YH + l_s \\ \text{曲中点} \quad & QZ = HZ - \frac{L_H}{2} \\ \text{交 点} \quad & JD = QZ + \frac{D_H}{2}（校核） \end{aligned}\right\} \tag{8-31}$$

主点 ZH、HZ 和 QZ 的测设方法，与本章第 4 节圆曲线主点测设相同。HY 和 YH 点可按式（8-27）计算，x_0、y_0 用切线支距法测设。

8.5.3 带有缓和曲线的平曲线的详细测设

1. 切线支距法

切线支距法是以直缓点 ZH 或缓直点 HZ 为坐标原点，以过原点的切线为 x 轴，过原点的半径为 y 轴，利用缓和曲线和圆曲线上各点的 x、y 坐标测设曲线。

在缓和曲线上各点的坐标可按缓和曲线参数方程式（8-26）计算，即

$$x = l - \frac{l^5}{40R^2 l_s^2}$$
$$y = \frac{l^3}{6Rl_s} \tag{8-32}$$

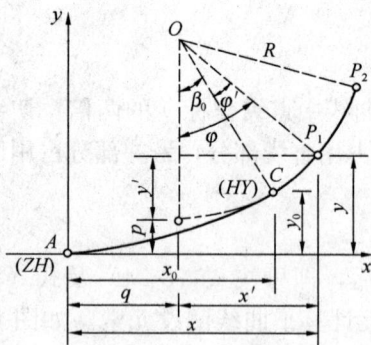

圆曲线上各点坐标的计算，因坐标原点是缓和曲线起点，可先按圆曲线公式计算出坐标 x'、y'，再分别加上 q、p 值，即可得到圆曲线上任意一点 p 的坐标，可按图 8-21 写出：

$$x = x' + q = R\sin\varphi + q$$
$$y = y' + p = R(1 - \cos\varphi) + p \tag{8-33}$$

式中，$\varphi = \frac{l}{R} \cdot \frac{180°}{\pi} + \beta_0$，$l$ 为该点到 HY 或 YH 的曲线长，仅为圆曲线部分的长度。

在算出缓和曲线和圆曲线上各点的坐标后，即可按圆曲线切线支距法的测设方法进行设置。

图 8-21 切线支距法

圆曲线上各点亦可以缓圆点 HY 或圆缓点 YH 为坐标原点用切线支距法进行测设。此时只要将 HY 或 YH 点的切线定出。如图 8-22 所示，计算出 T_d 之长，HY 或 YH 点的切线即可确定。T_d 由下式计算：

$$T_d = x_0 - \frac{y_0}{\tan\beta_0} = \frac{2}{3}l_s + \frac{l_s^2}{360R^2} \tag{8-34}$$

2. 偏角法

缓和曲线上各点，可将经纬仪置于 ZH 或 HZ 点进行测设。如图 8-23 所示，设缓和曲线上任意一点 P 的偏角为 δ，至 ZH 或 HZ 点的曲线长为 l，其弦长近似与曲线长相等，亦为 l。由直角三角形得：

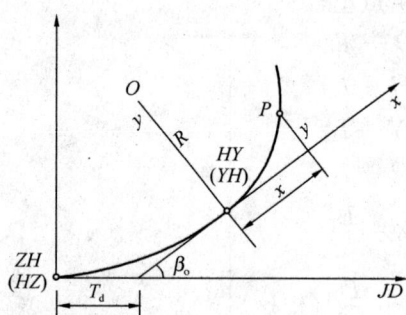

图 8-22 切线支距法测设带有缓和曲线的平曲线

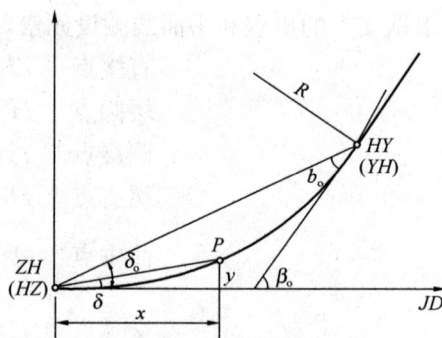

图 8-23 偏角法测设平曲线

$$\sin\delta = \frac{y}{l}$$

因 δ 很小，则 $\sin\delta = \delta$。顾及 $y = \frac{l^3}{6Rl_s}$，则

$$\delta = \frac{l^2}{6Rl_s} \tag{8-35}$$

HY 或 YH 点的偏角 δ_0 为缓和曲线的总偏角。将 $l = l_s$ 代入式（8-35）得：

$$\delta_0 = \frac{l_s}{6R} \qquad (8\text{-}36)$$

顾及 $\qquad\qquad\qquad \beta_0 = \dfrac{l_s}{2R}$ ，则

$$\delta_0 = \frac{1}{3}\beta_0 \qquad (8\text{-}37)$$

将式（8-35）与式（8-36）相比，得：

$$\delta = \left(\frac{l}{l_s}\right)^2 \delta_0 \qquad (8\text{-}38)$$

由式（8-38）可知，缓和曲线上任一点的偏角，与该点至缓和曲线起点的曲线长的平方成正比。在按式（8-35）计算出缓和曲线上各点的偏角后，将仪器置于 ZH 点上，与偏角法测设圆曲线一样进行测设。由于缓和曲线上弦长近似等于相对应的弧长，因而在测设时，弦长一般以弧长代替。测设方法如图 8-23 所示，置经纬仪于 ZH 或 HZ 点，后视交点 JD，得到切线方向，以切线方向为 0 方向，先拨出偏角 δ，与分段弧长 1 相交定出 P 点，再依次拨出各点偏角，同时从已测定的点上，量出分段弧长与相应的视线交出各桩点，直到视线通过 HY 点（或 HY 点），检验合格为止。

圆曲线上各点的测设须将仪器迁至 HY 或 YH 点上进行。这时只要定出 HY 或 YH 点的切线方向，就与前面所讲的无缓和曲线的圆曲线一样测设。关键是计算 b_0，如图 8-23 所示，显然

$$b_0 = \beta_0 - \delta_0 = 3\delta_0 - \delta_0 = 2\delta_0 \qquad (8\text{-}39)$$

将仪器置于 HY 点上，瞄准 ZH 点，水平度盘配置在 b_0（当曲线右转时，配置在 $360° - b_0$），旋转照准部使水平度盘读数为 $0°00'00''$ 并倒镜，此时视线方向即为 HY 点的切线方向。

8.6 复曲线与回头曲线测设

复曲线是由两个或两个以上不同半径的同向曲线相连而成的曲线。因其连接方式不同，分为以下三种情况。

8.6.1 不设缓和曲线的复曲线测设

不设缓和曲线的复曲线是由两个不同半径的圆曲线组成。如图 8-24 所示，设 JD 为 C，由图可知：

$$AB = T_1 + T_2 = R_1 \tan\frac{\alpha_1}{2} + R_2 \tan\frac{\alpha_2}{2}$$

$$AC = \frac{\sin\alpha_2}{\sin\alpha}AB$$

$$BC = \frac{\sin\alpha_1}{\sin\alpha}AB$$

$$T_1' = T_1 + AC$$

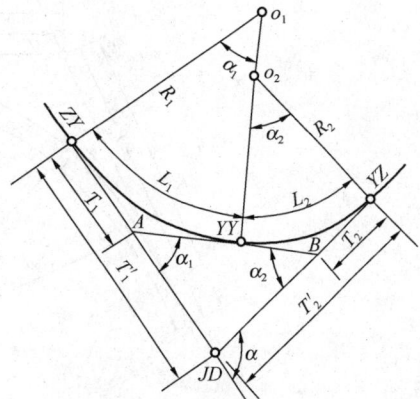

图 8-24 两圆曲线组成的复曲线

$$T'_2 = T_2 + BC$$
$$L = L_1 + L_2$$

测设时，从 JD 沿两切线方向量出 AC 和 BC 定出 A、B 两点，从 A 及 B 向前分别量出 T_1 及 T_2 定出 ZY 及 YZ，在 AB 方向量 T_1 或 T_2 定出 YY。即可详细测设曲线。

8.6.2 两端设有缓和曲线中间用圆曲线直接连接的复曲线测设

如图 8-25 所示，由图可知：

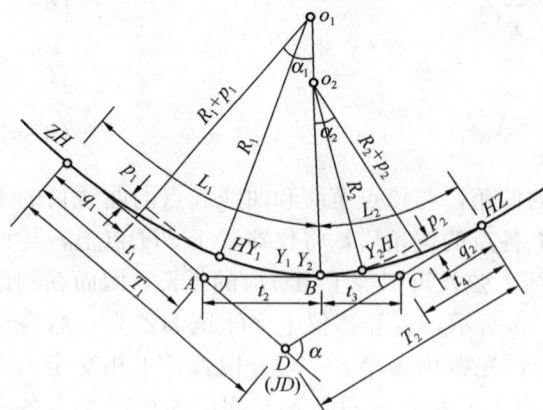

$$\alpha = \alpha_1 + \alpha_2$$
$$t_1 = (R_1 + p_1)\tan\frac{\alpha_1}{2} - \frac{p_1}{\sin\alpha_1} + q_1$$
$$t_2 = (R_1 + p_1)\tan\frac{\alpha_1}{2} + \frac{p_1}{\tan\alpha_1}$$
$$t_3 = (R_2 + p_2)\tan\frac{\alpha_2}{2} + \frac{p_2}{\tan\alpha_2}$$
$$t_4 = (R_2 + p_2)\tan\frac{\alpha_2}{2} - \frac{p_2}{\sin\alpha_2} + q_2$$
$$T_1 = t_1 + \frac{t_2 + t_3}{\sin\alpha}\sin\alpha_2$$
$$T_2 = t_4 + \frac{t_2 + t_3}{\sin\alpha}\sin\alpha_1$$
$$L_1 = \frac{\pi}{180}R\alpha_1 + \frac{l_1}{2}, L_2 = \frac{\pi}{180}R\alpha_2 + \frac{l_2}{2}$$

图 8-25 两端设缓和曲线的复曲线

测设时可置镜 JD，沿两切线方向分别量 T_1、T_2 及 $T-t_1$、T_2-t_4 定出 ZH、HZ 和分交点 A、C。若没有正交点，可从副交点或中线转点量出。再从 A（或 C）点沿 AC 方向量 t_2（或 t_3）定出 B 点。然后可采用任意一种方法进行曲线详细测设。

8.6.3 两端设有缓和曲线中间用缓和曲线连接的复曲线测设

如图 8-26 所示，复曲线两端圆曲线半径和缓和曲线长度分别为 R_1、L_{S1} 及 R_2、L_{S2}，中间连接两圆曲线的缓和曲线长度为 L_F。设 $R_1 > R_2$，$p_1 < p_2$，由图可知：

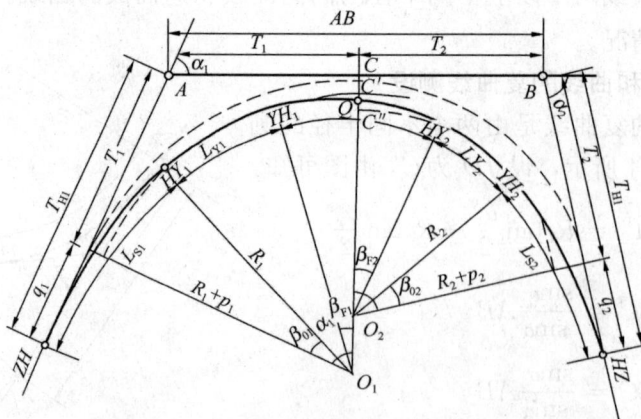

图 8-26 两端及中间均设缓和曲线的复曲线

158

$$L_F = \sqrt{\frac{24R_1R_2 p_F}{R_1 - R_2}}$$

$$(p_F = p_2 - p_1)$$

$$\beta_{F_1} = \frac{L_F}{2R_1} \cdot \frac{180}{\pi}$$

$$\beta_{F_2} = \frac{L_F}{2R_2} \cdot \frac{180}{\pi}$$

$$T_{H1} = (R_1 + p_1)\tan\frac{\alpha_1}{2} + q_1 = T_1 + q_1$$

$$T_{H2} = (R_2 + p_2)\tan\frac{\alpha_2}{2} + q_2 = T_2 + q_2 \qquad (8\text{-}40)$$

$$L_{y1} = R_1(\alpha_1 - \beta_{12} - \beta_{F1})\frac{\pi}{180°}$$

$$L_{y2} = R_2(\alpha_2 - \beta_{02} - \beta_{F2})\frac{\pi}{180°}$$

$$L_{H1} = L_{y1} + L_{s1} + \frac{L_F}{2}$$

$$L_{H2} = L_{Y2} + L_{S2} + \frac{L_F}{2}$$

$$L_H = L_{H1} + L_{H2}$$

测设时可置镜于交点 A 及 B，分别沿切线方向量 T_{H1}、T_{H2} 定出 ZH 和 HZ 点，再由 A（或 B）点沿 AB（或 BA）方向量 T_1（或 T_2）定出 C 点。H_{Y1}、H_{Y2} 可用任一种曲线测设方法测设。

在已定出的控制点 C 作 AB 的垂线，在垂线上分别量取 p_1、$p_1 + \frac{p_F}{2}$、p_2，得 C'、Q、C'' 点，其中 Q 就是中间缓和曲线 L_F 的中点。

$ZH \sim YH_1$ 和 $HY_2 \sim HZ$ 两端的曲线可采用平曲线的任意一种方法测设。中间的缓和曲线 L_F 可按偏角法进行测设。

8.6.4 回头曲线的测设

回头曲线是二、三、四级公路在越岭线中采用的一种展线方式，由于回头曲线是路线在同一坡面上作转向相反的曲线，往往转角较大。回头曲线一般由主曲线和两个副曲线组成。主曲线为一转角接近、等于或大于 180° 的圆曲线。两个副曲线分别设置在路线上、下线，一般为圆曲线。在主、副曲线之间一般以直线连接。回头曲线常用的测设方法很多，常用的主要包括切基线法和弦基线法。

1. 切基线法

如图 8-27 所示，路线的转角 α（为已知的设计数值）接近于 180°，应设置回头曲线。设 DF、EG 分别为曲线的上线和下线，D、E 两点分别为副曲线的交点，主曲线的交点甚远，无法得到，但在选线时，可确定出交点方向的定向点 F、G。在交点位置不

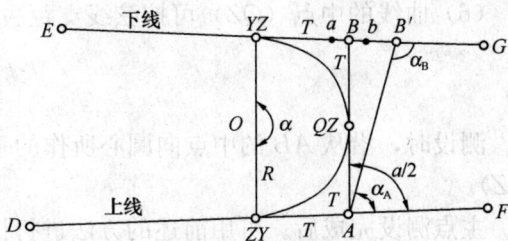

图 8-27 切基线法

能确定的情况下，如果确定出曲线顶点（QZ 点）的切线 AB（AB 线在此称为顶点切基线），则可以间接地解决回头曲线测设问题，具体测设方法如下：

（1）根据现场的具体情况，在 DF、EG 两切线上选取顶点切基线 AB 的初定位置 AB'，其中 A 为已经设计好的定点，不能移动，B' 为初定点，其位置可根据测设需要进行调整。

（2）将仪器安置于初定点 B' 处，观测角值 α_B，并在 EG 线上 B 点的概略位置前后设置 a、b 两个骑马桩。

（3）将仪器安置于 A 点，观测角 α_A，则路线的转角 $\alpha=\alpha_A+\alpha_B$。后视定向点 F，反拨角值 $\alpha/2$，由此得到视线与骑马桩 a、b 连线的交点，即为 B 点的点位。

（4）量取顶点切基线 AB 的长度，并取 $T=AB/2$，从 A 点沿 AD、AB 方向分别量测出长度 T，定出 ZY 点和 QZ 点。从 B 点沿 BE 方向量测出长度 T，定出 YZ 点。

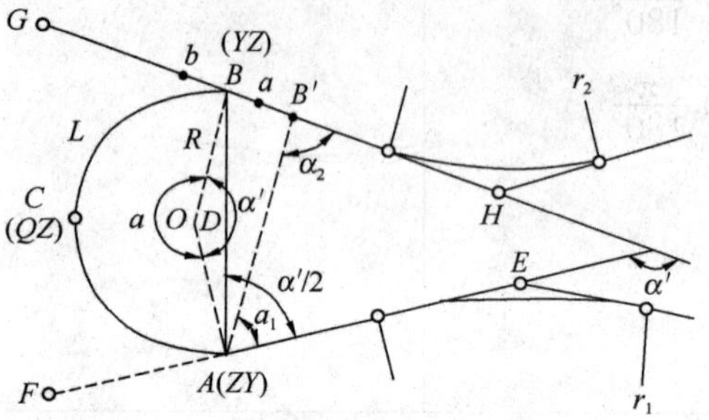

图 8-28　弦基线法

（5）计算主曲线半径 $R=T/\tan\dfrac{\alpha}{4}$，再由半径 R 和转角 α 求出曲线长度 L，并根据 A 点的里程，计算出曲线的主点里程。

（6）回头曲线主点测设完成后，可按前述方法进行曲线的详细测设。

2. 弦基线法

如图 8-28 所示，设 EF、GH 分别为曲线的上线和下线，E、H 为两副曲线的交点，F、G 为主曲线交点定向点，四点均在选线时确定。如果能得到曲线起点（ZY）和终点（YZ）的连线 AB 的长度（AB 线称为弦基线），则问题就可以解决。具体测设方法如下：

（1）根据现场的具体情况，在 FE、GH 两切线上选取基线 AB 的初定位置 AB'，其中 A（ZY 点）为定点，B' 为初定点。

（2）将仪器安置于初定点 B' 上，观测角 α_2，并在 GH 线上 B 点的概略位置设置 a、b 两个骑马桩。

（3）将仪器安置于 A 点，观测角 α_1，则 $\alpha'=\alpha_1+\alpha_2$。以 AE 为起始方向，反拨角值 $\alpha'/2$，由此得到视线与骑马桩 a、b 连线的交点，即为 B（YZ）点的点位。

（4）量测出弦基线 AB 的长度，计算曲线半径 $R=AB/2\csc\dfrac{\alpha'}{2}$。

（5）由图可知，主曲线所对应的圆心角 $\alpha=360°-\alpha'$。根据 R 和 α 便可求得主曲线长度 L，并由 A 点的里程计算主点里程。

（6）曲线的中点（QZ）可按弦线支距法设置。支距长为 $DC=R\left(1+\cos\dfrac{\alpha'}{2}\right)=2\cos^2\dfrac{\alpha'}{4}$。

测设时，沿从 AB 的中点向圆心所作的垂线，量测出 DC 的长度，即得曲线的中点 C（QZ）。

主点测设完成后。可用前述的方法进行详细测设。

8.7 道路中线逐桩坐标的计算

目前，在高等级道路的设计文件中，要求编制中线逐桩坐标表。如果在中线测量时采用红外测距仪或全站仪，也会给测设带来诸多方便。

如图 8-29 所示，交点 JD 的坐标 X_{JD}、Y_{JD} 已经测定（如采用纸上定线，可在地形图上量取），路线导线的坐标方位角和边长 S 按坐标反算求得。在测得各圆曲线半径 R 和缓和曲线长度 l_s 后，根据各桩的里程桩号，按下述方法即可算出相应的坐标值 X、Y。

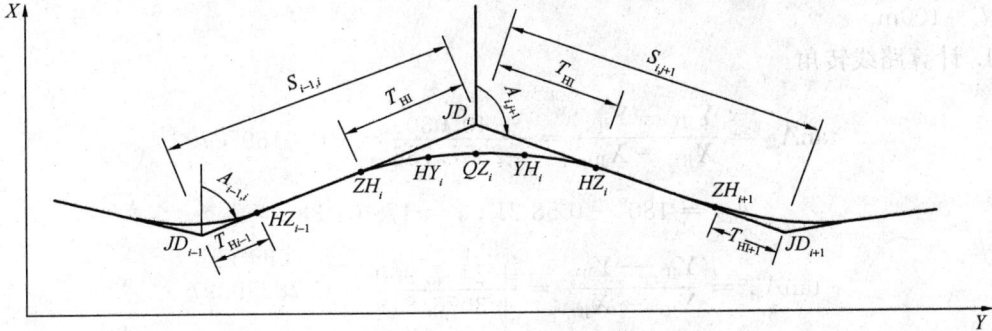

图 8-29 中桩坐标计算图

8.7.1 HZ 点（包括路线起点）至 ZH 点之间的中桩坐标计算

如图 8-29 所示，此段为直线，桩点的坐标按下式计算：

$$\left. \begin{array}{l} X_i = X_{HZ_{i-1}} + D_i \cos A_{i-1,i} \\ Y_i = Y_{HZ_{i-1}} + D_i \sin A_{i-1,i} \end{array} \right\} \tag{8-41}$$

式中，$A_{i-1,i}$ 为路线导线 JD_{i-1} 至 JD_i 的坐标方位角；D_i 为桩点至 HZ_{i-1} 点的距离，即桩点里程与 HZ_{i-1} 点里程之差；$X_{HZ_{i-1}}$、$Y_{HZ_{i-1}}$ 为 HZ_{i-1} 点的坐标，由下式计算：

$$\left. \begin{array}{l} X_{HZ_{i-1}} = X_{JD_{i-1}} + T_{H_{i-1}} \cos A_{i-1,i} \\ Y_{HZ_{i-1}} = Y_{JD_{i-1}} + T_{H_{i-1}} \sin A_{i-1,i} \end{array} \right\} \tag{8-42}$$

式中，$X_{JD_{i-1}}$、$Y_{JD_{i-1}}$ 为交点 JD_{i-1} 的坐标；$T_{H_{i-1}}$ 为切线长。

ZH 点为直线的终点，除可按式（8-41）计算外，亦可按下式计算：

$$\left. \begin{array}{l} X_{ZH_i} = x_{JD_{i-1}} + (S_{i-1,i} - T_{H_i}) \cos A_{i-1,i} \\ Y_{ZH_i} = x_{JD_{i-1}} + (S_{i-1,i} - T_{H_i}) \sin A_{i-1,i} \end{array} \right\} \tag{8-43}$$

式中，$S_{i-1,i}$ 为路线导线 JD_{i-1} 至 JD_i 的边长。

8.7.2 ZH 点至 YH 点之间的中桩坐标计算

此段包括第一缓和曲线及圆曲线，可按式（8-7）和式（8-9）先算出切线支距法坐标 x、y，然后通过坐标变换将其转换为测量坐标 X、Y。坐标变换公式为

$$\left. \begin{array}{l} X_i = X_{ZH_i} + X_i \cos A_{i-1,i} - y_i \sin A_{i-1,i} \\ Y_i = Y_{ZH_i} + X_i \sin A_{i-1,i} + y_i \sin A_{i-1,i} \end{array} \right\} \tag{8-44}$$

在运用式（8-44）计算，当曲线为左转角时，应以 $y_i = -y_i$ 代入。

8.7.3 *YH* 点至 *HZ* 点之间的中桩坐标计算

此段为第二缓和曲线，仍可按式（8-9）计算支距法坐标，再按下式转换为测量坐标：

$$\left.\begin{array}{l} X_i = X_{HZ_i} - x_i\cos A_{i,i+1} + y_i\sin A_{i,i+1} \\ Y_i = Y_{HZ_i} - x_i\sin A_{i,i-1} - y_i\cos A_{i,i-1} \end{array}\right\} \tag{8-45}$$

当曲线为右转角时，以 $y_i = -y_i$ 代入。

例6 路线交点 JD_2 的坐标：$X_{JD_2} = 2588711.270\text{m}$，$Y_{JD_2} = 20478702.880\text{m}$；$JD_3$ 的坐标：$X_{JD_3} = 2591069.056\text{m}$，$Y_{JD_3} = 20478662.850\text{m}$；$JD_4$ 的坐标：$X_{JD_4} = 2594145.875\text{m}$，$Y_{JD_4} = 20481070.750\text{m}$。$JD_3$ 的里程桩号为 k6+790.306，圆曲线半径 $R = 2000\text{m}$，缓和曲线长 $l_s = 100\text{m}$。

1. 计算路线转角

$$\tan A_{32} = \frac{Y_{JD_2} - Y_{JD_3}}{X_{JD_2} - X_{JD_3}} = \frac{+40.030}{-2357.786} = -0.016977792$$

$$A_{32} = 180° - 0°58'21''.6 = 179°01'38''.4$$

$$\tan A_{34} = \frac{Y_{JD_4} - Y_{JD_3}}{X_{JD_4} - X_{JD_3}} = \frac{+2407.900}{+3076.819} = 0.78259397$$

$$A_{34} = 38°02'47''.5$$

右角 $$\beta = 179°01'38''.4 - 38°02'47''.5 = 140°58'50''.9$$

$$\beta < 180°，为右转角$$

转角 $\alpha = 180° - 140°58'50''.9 = 39°01'09''.1$

2. 计算曲线测设元素

$$\beta_0 = \frac{l_s}{2R} \cdot \frac{180°}{\pi} = 1°25'56''.6$$

$$p = \frac{l_s^2}{24R} = 0.208$$

$$q = \frac{l_s}{2} - \frac{l_s^3}{240R^2} = 49.999$$

$$T_H = (R + p)\tan\frac{\alpha}{2} + q = 758.687$$

$$L_H = Ra\frac{\pi}{180°} + l_s = 1462.027$$

$$L_Y = R(\alpha - 2\beta_0)\frac{\pi}{180°} = 1262.027$$

$$E_H = (R + p)\sec\frac{\alpha}{2} - R = 122.044$$

$$D_H = 2T_H - L_H = 55.347$$

3. 计算曲线主点里程

JD_3	k6+790.306
$-T_H$	758.687
ZH	k6+031.619
$+l_s$	100.000
HY	k6+131.619
$+L_Y$	1262.027
YH	k7+393.646
$+l_s$	100.000
HZ	k7+493.646
$-L_H/2$	731.014
QZ	k6+762.632
$+D_H/2$	27.674
JD_3	k6+790.306

4. 计算曲线主点及其他中桩坐标（只列举少数桩号讲明算法）

ZH 点的坐标按式（8-43）计算：

$$S_{23} = \sqrt{(X_{JD_3} - X_{JD_2})^2 + (Y_{JD_3} - Y_{JD_2})^2} = 2358.126$$

$$A_{23} = A_{32} + 180° = 359°01'38''.4$$

$$\left.\begin{array}{l} X_{ZH_3} = X_{JD_2} + (S_{23} - T_{H_3})\cos A_{23} = 2590310.479 \\ Y_{ZH_3} = Y_{JD_2} + (S_{23} - T_{H_3})\sin A_{23} = 20478675.729 \end{array}\right\}$$

1）第一缓和曲线上的中桩坐标的计算

如中桩 k6+100，$l = 6100 - 6031.619$（ZH 桩号）$= 68.381$，代入式（8-9）计算支距法坐标：

$$\left.\begin{array}{l} x = l - \dfrac{l^5}{40R^2 l_s^2} = 68.380 \\[3mm] y = \dfrac{l^3}{6Rl_s} = 0.266 \end{array}\right\}$$

按式（8-44）转换坐标：

$$\left.\begin{array}{l} X_{HY_3} = X_{ZH_3} + x\cos A_{23} - y\sin A_{23} = 2590378.854 \\ Y_{HY_3} = Y_{ZH_3} + x\sin A_{23} + y\cos A_{23} = 20478674.834 \end{array}\right\}$$

HY 按式（8-29）先算出支距法坐标

$$\left.\begin{array}{l} x_0 = l_s - \dfrac{l_s^3}{40R^2} = 99.994 \\[3mm] y_0 = \dfrac{l_s}{6R} = 0.833 \end{array}\right\}$$

按式（8-44）转换坐标

$$\begin{cases} X_{HY_3} = X_{ZH_3} + x_0\cos A_{23} - y_0\sin A_{23} = 2590410.473 \\ Y_{HY_3} = Y_{ZH_3} + x_0\sin A_{23} + y_1\cos A_{23} = 20478674.864 \end{cases}$$

2）圆曲线部分的中桩坐标计算：

如中桩 k6+500，按式（8-9）计算支距法坐标：

$$l = 6500 - 6131.619\,(HY\text{桩号}) = 368.381$$

$$\varphi = \frac{l}{R}\cdot\frac{180°}{\pi} + \beta_0 = 11°59'08''.6$$

$$\left.\begin{array}{l} x = R\sin\varphi + q = 465.335 \\ y = R(1-\cos\varphi) + p = 43.809 \end{array}\right\}$$

代入式（8-44）得 k+500 的坐标：

$$\left.\begin{array}{l} X = X_{ZH_3} + x\cos A_{23} - y\sin A_{23} = 2590776.491 \\ Y = Y_{ZH_3} + x\sin A_{23} + y\cos A_{23} = 20478711.632 \end{array}\right\}$$

QZ 点位于圆曲线部分，故计算步骤与 k6+500 相同：

$$l = \frac{L_Y}{2} = 631.014$$

$$\varphi = 19°30'34''.6$$

$$x = 717.929$$

$$y = 115.037$$

$$\left.\begin{array}{l} X_{QZ_3} = 2591030.257 \\ Y_{QZ_3} = 20478778.562 \end{array}\right\}$$

HZ 点的坐标按式（8-42）计算：

$$\left.\begin{array}{l} X_{HZ_3} = X_{JD_3} + T_{H_3}\cos A_{34} = 2591666.530 \\ Y_{HZ_3} = Y_{JD_3} + T_{H_3}\sin A_{34} = 20479130.430 \end{array}\right\}$$

YH 点的支距法坐标与 HY 点完全相同：

$$\left.\begin{array}{l} x_0 = 99.994 \\ y_0 = 0.883 \end{array}\right\}$$

按式（8-45）转换坐标，并顾及曲线为右转角，y 以 $-y_0$ 代入：

$$\begin{cases} X_{YH_3} = X_{ZH_3} - x_0\cos A_{34} + (-y_0)\sin A_{34} = 259187.270 \\ Y_{YH_3} = Y_{HZ_3} - x_0\sin A_{34} - (-y_0)\cos A_{34} = 20479069.460 \end{cases}$$

3）第二缓和曲线上的中桩坐标计算

如中桩 k7+450，$l = 7493.646\,(HZ\text{桩号}) - 7450 = 43.646$，代入式（8-9）计算支距法坐标：

$$\left.\begin{array}{l} x = 43.646 \\ y = 0.069 \end{array}\right\}$$

按式（8-45）转换坐标，y 以负值代入得：

$$\left.\begin{array}{l} X = 2591632.116 \\ Y = 20479103.585 \end{array}\right\}$$

4）直线上中桩坐标的计算

如 k7＋600，$D = 7600 - 7493.646$（HZ 桩号）$= 106.354$，代入式（8-41）即可求得：

$$X = X_{HZ_3} + D\cos A_{34} = 2591750.285$$
$$Y = Y_{HZ_3} + D\sin A_{34} = 20479195.976$$

由于一条路线的中桩数目很多，因此中线逐桩坐标表通常都是用计算机程序编制的。

8.7.4 用全站仪测设道路中线

用全站仪测设道路中线，速度快、精度高，目前在道路工程中已广泛采用。在测设时一般应沿路线方向布设导线控制点，然后依据导线进行中线测设。

对于高等级的道路工程，布设的导线一般应与附近的高级控制点进行联测，构成附合导线。同时，高等级的道路设计文件中一般要求编制逐桩坐标表，在用全站仪进行道路中线测量时，以导线点 D_i 的坐标为基准，可以直接按逐桩坐标表中各桩的坐标进行测设。

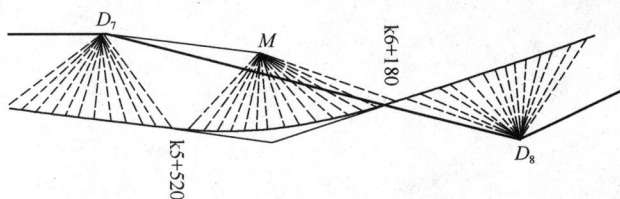

图 8-30　全站仪测设中线

在测设过程中，往往需要在导线的基础上加密一些测站点，以便把中桩逐个定出。如图 8-30 所示，k5＋520 至 k6＋180 之间的中桩，在导线点 D_7 和 D_8 上均难以测设，可在 D_7 测设结束后，于适当位置选一 M 点，钉桩后，测出 M 后的三维坐标。仪器迁至 M 点上即可继续测设。

8.7.5 用 GPS 测设道路中线

GPS 设备可根据计算出的各待定点的坐标，方便快速地确定实地点位，具体包括以下步骤：

（1）计算各中桩坐标。根据线形设计数据及待定点的里程按前节线路中线点位坐标计算方法，计算出各整桩和各加桩的设计坐标。

（2）数据传输。利用专用软件将计算出的各整桩和各加桩的设计坐标导入 GPS 手持设备中，以便在中桩放样时直接调出点位数据，提高工作效率。

（3）转换参数计算。由于 GPS 采用 WGS-84 坐标系统，而我国道路工程一般采用高斯-克吕格 3°带投影坐标系，因此，同一点位在两个坐标系中坐标不一致。为了消除这一差异，需要进行坐标换算。坐标换算的方法：首先利用同时具有两种坐标的点位计算坐标换算参数，然后将坐标换算参数输入 GPS 手持设备，手持设备中的内置软件按照坐标换算公式与参数自动计算各待放样点位的工程坐标。

（4）野外实测。野外实测时基准站设置于视野开阔的已知控制点上，做好 GPS 接收机、数据链电台及电池等的连线工作，输入基准站的控制点的坐标及其他一些设置参数后，启动基准设备进入工作状态，数据链不断地发射校正信息，移动站可开始工作。移动站应从另一已知点出发，先验证转换参数及参考站参数设置的准确性。然后测设各整桩和加桩的位置，在每次作业的最后应再次回到已知点上检查是否与已知数据相符，以保证实测数据的质量。

在选择要放样的中桩后，将要放样的中桩桩号按要求输入手持设备，设备屏幕上立即显示当前位置以及要放样的中桩点位，并提示应往什么方向走，随着人的移动，流动站会随时解算所处的位置，并提示所在位置与中桩之间的差距。当流动站接近桩点实际位置时，便会发出提示音，一旦就位，手持设备显示屏上实心黑点与方框重合，并显示点位精度，此时在杆位打桩即可。

第9章　路线纵横断面测量

道路中线测量完成后，还须进行路线纵、横断面的测量。路线纵断面测量又称中线高程测量，它的任务是在道路中线测定之后，测定中线各里程桩的地面高程，供路线纵断面图点绘地面线和设计纵坡之用。横断面测量是测定路中线各里程桩两侧垂直于中线方向的地面高程，供路线横断面图点绘地面线、路基设计、土石方数量计算以及施工边桩放样等使用。

路线纵断面高程测量采用水准测量。为了保证测量精度和有效地进行成果检核，按照"从整体到局部"的测量原则，纵断面测量可分为基平测量和中平测量。一般先是沿路线方向设置水准点，建立路线高程控制网，即为基平测量；再根据基平测量测定的水准点高程，分段进行水准测量，测定路线各里程桩的地面高程，称为中平测量。

9.1 基 平 测 量

基平测量工作主要是沿线设置水准点，并测定其高程，建立路线高程控制网，作为中平测量、施工放样及竣工验收的依据。

9.1.1 路线水准点的设置

路线水准点是用水准测量方法建立的路线高程测量控制点，在道路设计、施工及竣工验收阶段都要使用。因此，根据需要和用途不同，道路沿线可布设永久性水准点和临时性水准点。在路线的起终点、大桥两岸、隧道两端以及一些需要长期观测高程的重点工程附近均应设置永久性水准点，在一般地区也应每隔适当距离设置一个。永久性水准点应为混凝土桩，也可在牢固的永久性建筑物顶面凸出处设置，点位用红油漆画上"⊠"记号；山区岩石地段的水准点桩可利用坚硬稳定的岩石并用金属标志嵌在岩石上。混凝土水准点桩顶面的钢筋应锉成球面。为便于引测及施工放样方便，还需沿线布设一定数量的临时水准点。临时性水准点可埋设大木桩，顶面钉入大铁钉作为标志，也可设在地面突出的坚硬岩石或建筑物墙角处，并用红油漆作标志。

水准点布设的密度，应根据地形和工程需要而定。水准点沿路线布设宜设于道路中线两侧 50~300m 范围之内。永久性水准点设置间距一般为 25~30km，临时性水准点间距一般为 1~1.5km；山岭重丘区可根据需要适当加密；大桥、隧道洞口及其他大型构造物两端应按要求增设水准点。水准点应选在稳固、醒目、易于引测、便于定测和施工放样，且不易被破坏的地点。

水准点用"BM"标注，并注明编号、水准点高程、测设单位及埋设的年月。

9.1.2 基平测量方法

基平测量时，首先应将起始水准点与附近国家水准点进行联测，以获取绝对高程，并对测量结果进行检核。如有可能，应构成附合水准路线。当路线附近没有国家水准点，或引测困难时，则可参考地形图或用气压表选定一个与实际高程接近的高程作为起始点水准点的假定高程。

我国公路水准测量的等级，高速、一级公路为四等，二、三、四级公路为五等。公路有关构造物的水准测量等级应按有关规定执行，详见表 9-1。水准点的高程测定，通常采用一台水准仪在水准点间作往返观测，也可用两台水准仪作单程观测。具体观测及计算方法可参阅第 3 章的水准测量。基平测量时，所得高差不符值应符合水准测量的精度要求，且不得超过容许值。

基平测量的主要技术要求　　　　　　　　　　　　　　表 9-1

测量等级	往返较差、附合或环线闭合差（mm）		检测已测测段高差之差（mm）
	平原、微丘	重丘、山岭	
二等	$\leqslant 4\sqrt{l}$	$\leqslant 4\sqrt{l}$	$\leqslant 6\sqrt{L_i}$
三等	$\leqslant 12\sqrt{l}$	$\leqslant 3.5\sqrt{n}$或$\leqslant 15\sqrt{l}$	$\leqslant 20\sqrt{L_i}$
四等	$\leqslant 20\sqrt{l}$	$\leqslant 6.0\sqrt{n}$或$\leqslant 25\sqrt{l}$	$\leqslant 30\sqrt{L_i}$
五等	$\leqslant 30\sqrt{l}$	$\leqslant 45\sqrt{l}$	$\leqslant 40\sqrt{L_i}$

注：计算往返较差时，l 为水准点间的路线长度（km）；计算附合或环线闭合差时，l 为附合或环线的路线长度（km）；n 为测站数。L_i 为检测测段长度（km），小于 1km 时按 1km 计算。

当测段高差不符值在规定容许闭合差（限差）之内时，取其高差平均值作为两水准点间的高差。超出限差则必须重测。

9.2 中 平 测 量

中平测量主要是利用基平测量布设的水准点及高程，引测出各中桩的地面高程，作为绘制路线纵断面地面线的依据。

中平测量一般是以两相邻水准点为一测段，从一个水准点开始，逐个测定中桩的地面高程，直至闭合于下一个水准点上。在每一个测站上，除了传递高程，观测转点（ZD）外，应尽量多地观测中桩。相邻两转点间所观测的中桩，称为中间点，其读数为中视读数。由于转点起着传递高程的作用，在测站上应先观测转点，后观测中间点。转点读数至毫米，视线长不应大于 150m，水准尺应立于尺垫、稳固的桩顶或坚石上。中间点读数可至厘米，视线也可适当放长，立尺应紧靠桩边的地面上。

如图 9-1 所示，水准仪置于 1 站，后视水准点 BM_1，前视转点 ZD_1，将读数记入表

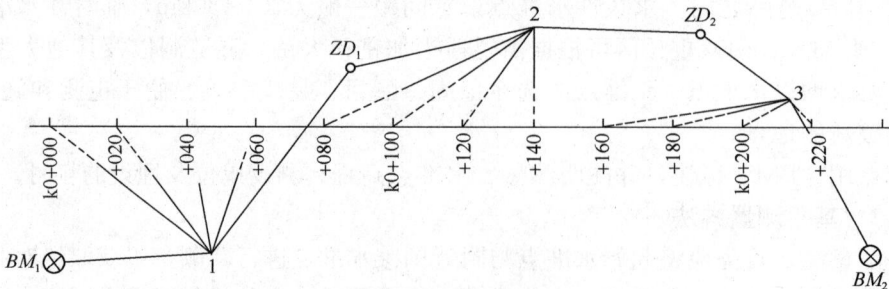

图 9-1 中平测量

9-2 后视、前视栏内。然后观测 BM_1 与 ZD_1 间的中间点 k0+000、+020、+040、+060，将读数记入中视栏。再将仪器搬至 2 站，后视转点 ZD_1，前视转点 ZD_2，然后观测各中间点 +080、+100、+120、+140，将读数分别记入后视、前视和中视栏。按上述方法继续前测，直至闭合于水准点 BM_2。

中平测量只作单程测量。一个测段观测结束后，应计算测段高差 $\Delta h_{中}$。它与基平所测测段两端水准点高差 $\Delta h_{基}$ 之差，称为测段高差闭合差 f_h。测段高差闭合差应符合中桩高程测量精度要求，否则应重测。中桩高程测量的精度要求，其容许误差：高速公路、一级公路为 $\pm 30\sqrt{L}$；二级及二级以下公路为 $\pm 50\sqrt{L}$。中桩高程检测限差：高速公路、一级公路为 ±5cm；二级及二级以下公路为 ±10cm。中桩高程测量：对需要特殊控制的建筑物、铁路轨顶等，应按规定测出其标高，检测限差为 ±2cm。

中桩的地面高程以及前视点高程应按所属测站的视线高程进行计算。每一测站的计算按下列公式进行：

$$视线高程 = 后视点高程 + 后视读数 \tag{9-1}$$
$$中桩高程 = 视线高程 - 中视读数 \tag{9-2}$$
$$转点高程 = 视线高程 - 前视读数 \tag{9-3}$$

中平测量记录表 表 9-2

测 点	水准尺读数（m）			视线高程（m）	高程（m）	备注
	后视	中视	前视			
BM_1	1.986			480.679	478.693	
k0+000		1.62			479.059	
+020		1.90			478.779	
+040		1.56			479.119	
+060		1.84			478.839	
ZD_1	2.283		0.872	482.090	479.807	
+080		0.80			481.290	
+100		0.50			481.590	BM_1高程为基平所测
+120		0.32			481.270	基平测得 BM_2 高程为 480.528
+140		0.92			480.350	
ZD_2	2.185		2.376	481.899	479.714	
+160		1.20			480.699	
+180		1.01			480.889	
+200		1.66			480.239	
+220		1.37			480.529	
BM_2			1.387		480.512	

复核：$f_{h容} = \pm 50\sqrt{L} = \pm 50\sqrt{0.3} = \pm 27$mm（$L=0.3$km）

$\Delta h_{基} = 480.528 - 478.693 = 1.835$m

复核：$\Delta h_{中} = 480.512 - 478.693 = 1.819$m

$\sum a - \sum b = (1.986 + 2.283 + 2.185) - (0.872 + 2.376 + 1.387) = 1.819$m

$$\Delta h_{基} - \Delta h_{中} = 1.835 - 1.819 = 0.016\text{m} = 16\text{mm} < f_{h容}，\text{精度符合要求。}$$

9.3 纵 断 面 图

9.3.1 纵断面图的绘制

纵断面图是沿中线方向绘制的反映地面起伏和纵坡设计的线状图，它表示出各路段纵坡的大小和坡长及中线位置的填挖高度，是道路设计和施工的重要技术文件之一。

如图 9-2 所示，纵断面图由上、下两部分组成。在图的上部，从左至右有两条贯穿全图的线。一条是细的折线，表示中线方向的实际地面线，是以里程为横坐标、高程为纵坐标，根据中平测量的中桩地面高程绘制的。为了明显反映地面的起伏变化，一般里程比例尺取 1：5000、1：2000 或 1：1000，而高程比例尺则比里程比例尺大 10 倍，取 1：500、1：200 或 1：100。图中另一条是粗线，是包含竖曲线在内的纵坡设计线，是在设计时绘制的。此外，图上还注有水准点的位置和高程，桥涵的类型、孔径、跨数、长度、里程桩号和设计水位、竖曲线示意图及其曲线元素，同公路、铁路交叉点的位置、里程及有关说明等。

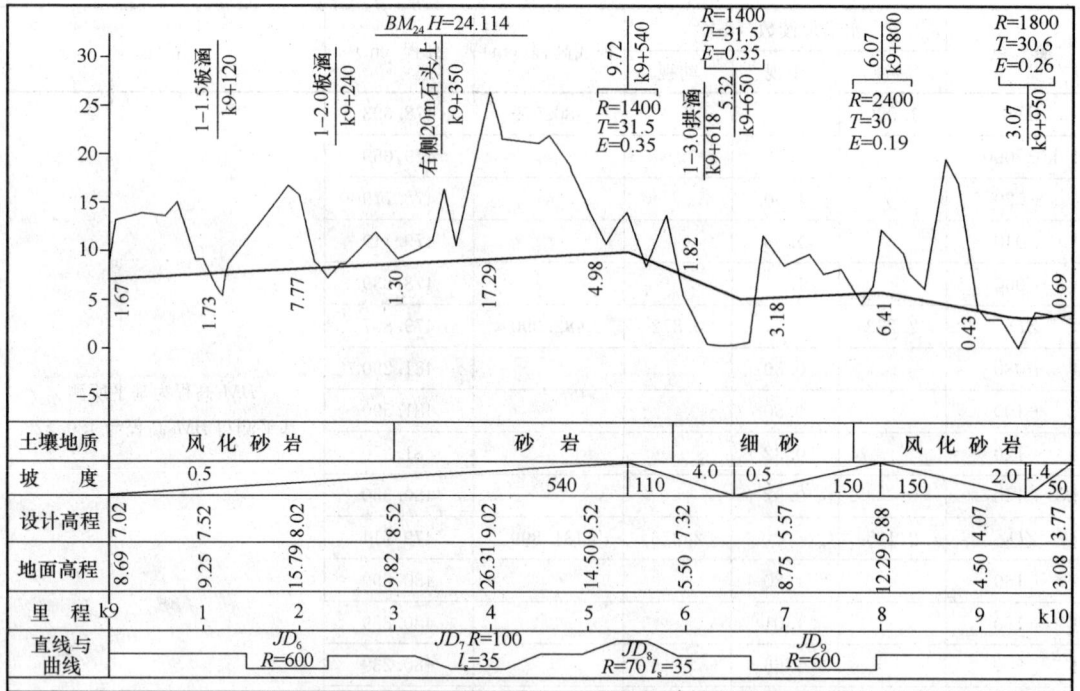

图 9-2 路线纵断面图

土壤地质	风 化 砂 岩		砂 岩		细 砂	风 化 砂 岩	
坡 度	0.5		540	110 4.0 0.5	150	150 2.0 1.4 50	
设计高程	7.02 7.52	8.02 8.52	9.02 9.52	7.32	5.57	5.88	4.07 3.77
地面高程	8.69 9.25	15.79 9.82	26.31 14.50	5.50	8.75	12.29	4.50 3.08
里 程 k9	1 2	3	4 5	6	7	8	9 k10
直线与曲线		JD_6 $R=600$	$JD_7 R=100$ $l_s=35$	JD_8 $R=70$ $l_s=35$	JD_9 $R=600$		

图的下部主要用来填写有关测量及纵坡设计资料，自下而上主要包括以下内容。

1. 直线与曲线

按里程表明路线的直线和曲线部分。曲线部分用折线表示，上凸表示路线右转，下凸表示路线左转，并注明交点编号、圆曲线半径，带有缓和曲线者应注明其长度。

2. 里程

按里程比例尺标注公里桩、百米桩、平曲线主点桩及加桩。

3. 地面高程

按中平测量成果填写相应里程桩的地面高程。

4. 设计高程

根据设计纵坡和竖曲线推算出的里程桩设计高程。

5. 坡度及坡长

从左至右向上斜的直线表示上坡，下斜的表示下坡，水平的表示平坡。斜线或水平线上面的数字表示坡度的百分数，下面的数字表示坡长。

6. 土壤地质说明

标明路段的土壤地质情况。

纵断面图的绘制一般可按下列步骤进行：

（1）按照选定的里程比例尺和高程比例尺打格制表，填写直线与曲线、里程、地面高程、土壤地质说明等资料。

（2）绘地面线。首先选定纵坐标的起始高程，使绘出的地面线位于图上适当位置。一般是以 10m 整倍数的高程定在 5cm 方格的粗线上，便于绘图和读图。然后根据中桩的里程和高程，在图上按纵、横比例尺依次点出各中桩的地面高程，再用直线将相邻点一个个连接起来，就得到地面线。在高差变化较大的地区，纵向受到图幅限制时，可在适当地段变更图上高程起算位置，此时地面线将构成台阶形式。

（3）根据纵坡设计计算设计高程。当路线的纵坡确定后，即可根据设计纵坡和两点间的水平距离，由一点的高程计算另一点的设计高程。

设计坡度为 i，起算点的高程为 H_0，推算点的高程为 H_P，推算点至起算点的水平距离为 D，则

$$H_P = H_0 + i \cdot D \tag{9-4}$$

式中，上坡时 i 为正；下坡时 i 为负。

对于竖曲线范围内的中桩，在按上式算出切线设计高程后，还应加以修正。按竖曲线凹凸，加减竖曲线纵距，才能得出竖曲线内各中桩设计高程。

（4）计算各桩的填挖高度。同一桩号的设计高程与地面高程之差，即为该桩的填挖高度，填方为正，挖方为负。

通常在图中专列一栏注明填挖高度。本图将填方高度写在设计线之上，挖方高度写在设计线之下。

（5）在图上注记有关资料，如水准点、桥涵、竖曲线等。

9.3.2 竖曲线的测设

在路线纵坡变化处，为了行车的平稳和视距的要求，用一段曲线来缓和，这种曲线称为竖曲线。竖曲线有凸形和凹形两种，如图 9-3 所示。

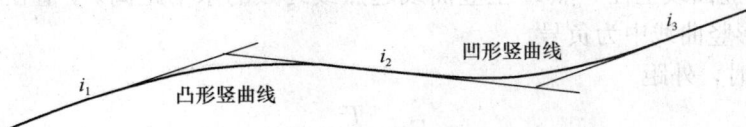

图 9-3 竖曲线

竖曲线一般采用二次抛物线，这是因为在一般情况下，相邻纵坡坡度差 ω 都很小，而选用的竖曲线半径都很大，而即使采用圆曲线或其他曲线，所得到的计算结果也与二次抛物线相同，但二次抛物线计算简便。

如图 9-4 所示，两相邻纵坡的坡度分别为 i_1、i_2，竖曲线半径为 R，则竖曲线测设元素为

曲线长
$$L = \omega \cdot R \tag{9-5}$$

由于竖曲线相邻纵坡的坡度差 ω 很小，故可认为
$$\omega = i_1 - i_2 \tag{9-6}$$

于是
$$L = R(i_1 - i_2) \tag{9-7}$$

切线长
$$T = R\tan\frac{\omega}{2} \tag{9-8}$$

因 ω 很小，$\tan\frac{\omega}{2} = \frac{\omega}{2}$，则
$$T = R \cdot \frac{\omega}{2} = \frac{L}{2} = \frac{1}{2}R(i_1 - i_2) \tag{9-9}$$

二次抛物线一般方程为：
$$y = \frac{x^2}{2R} \tag{9-10}$$

式中，R 为抛物线顶点处的曲率半径。

对竖曲线上任意一点 P，其斜率（即通过该点的切线坡度）为
$$i_P = \frac{dy}{dx} = \frac{x}{R}$$

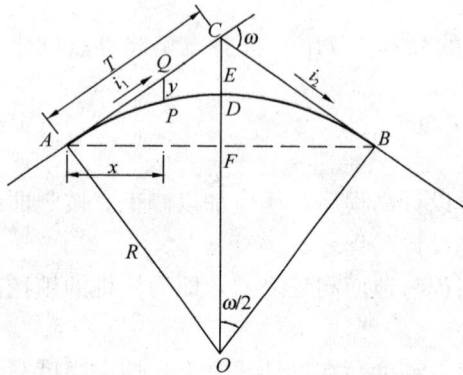

图 9-4 竖曲线测设元素

竖曲线上任意点的竖距 y，如图 9-4 所示，因为
$$y = \overline{PQ} = y_P - y_Q = \frac{x_P^2}{2R} - (y_A - i_1 x)$$
$$= \frac{x_P^2}{2R} - \left[\frac{x_A^2}{2R} - i_1(x_A - x_P)\right]$$

且
$$i_1 = \frac{dy}{dx} = \frac{x_A}{R}$$

化简得
$$y = \frac{(x_P - x_A)^2}{2R} = \frac{x^2}{2R}$$

竖曲线上任一点 P 距切线的纵距（亦称高程改正值）计算公式：
$$y = \frac{x^2}{2R} \tag{9-11}$$

式中，x 为竖曲线上任一点 P 至竖曲线起点或终点的水平距离。y 值在凹形竖曲线中为正号，在凸形竖曲线中为负号。

当 $x = T$ 时，外距
$$E = \frac{T^2}{2R} \tag{9-12}$$

例1 设竖曲线半径 $R = 3500$m，相邻坡段的坡度 $i_1 = 1.5\%$，$i_2 = -1.8\%$，变坡点的里程桩号为 k3+300，其高程为 115.05m。如果曲线上每隔 20m 设置一桩，试计算竖曲线上各桩点的高程。

解：(1) 计算竖曲线测设元素

按式 (9-7)、式 (9-9)、式 (9-12) 计算可得：

$$L = 3500 \times [1.5\% - (-1.8\%)] = 115.5\text{m}$$

$$T = \frac{115.5}{2} = 57.75\text{m}$$

$$E = \frac{57.75^2}{2 \times 3500} = 0.476\text{m}$$

(2) 计算竖曲线起、终点桩号及高程

起点桩号　k3+（300−57.75）=k3+242.25

起点高程　115.05−57.75×1.5%=114.18m

终点桩号　k3+（300+57.75）=k3+357.75

终点高程　115.05−57.75×1.8%=114.01m

(3) 计算各桩竖曲线高程

由于两坡道的坡度 $i_1 > i_2$，故为凸形竖曲线，y 取负号。计算结果见表 9-3。

竖曲线高程计算表　　　　　　　　　　　　　　　　　表 9-3

桩　号	至竖曲线起点或终点的平距 x（m）	高程改正值 y（m）	坡道高程（m）	竖曲线高程（m）	备　注
起点 k3+242.25	0	0	114.184	114.184	
k3+260	17.75	−0.045	114.450	114.405	
k3+280	37.75	−0.204	114.750	114.546	
变坡点 k3+300	57.75	−0.476	115.050	114.574	
k3+320	37.75	−0.204	114.690	114.486	
k3+340	17.75	−0.045	114.330	114.285	
终点 k3+357.75	0	0	114.011	114.011	

计算出各桩的竖曲线高程后，即可在实地进行竖曲线的测设。

9.4 横 断 面 测 量

由于横断面测量是测定中桩两侧垂直于中线的地面线，因此首先要确定横断面的方向，然后在此方向上测定地面坡度变化点和地物特征点与中桩的距离和高差，再按一定比例绘制横断面图。横断面测量的宽度，应根据路基宽度、填挖高度、边坡大小、地形情况以及有关工程的特殊要求而定，一般要求中线两侧各测 10～50m，以满足路基和排水设计需要。横断面测绘的密度，除各中桩应施测外，在大、中桥头、隧道洞口、挡土墙等重点工程地段，可根据需要加密，对于地面点距离和高差的测定，一般只须精确至 0.1m。横断面检测限差见表 9-4。

公路等级	距离（m）	高差（m）
高速公路，一、二级公路	$\leqslant L/100+0.1$	$\leqslant h/100+L/200+0.1$
三级及以下公路	$\leqslant L/50+0.1$	$\leqslant h/50+L/100+0.1$

注：1. L 为测点至中桩的水平距离（m）。

　　2. h 为测点至中桩的高差（m）。

9.4.1　横断面方向的测定

横断面方向应与路线中线垂直，曲线路段与测点的切线垂直。一般可采用方向架、方向盘定向，精度要求高的横断面可用经纬仪、全站仪定向。

1. 直线段横断面方向的测定

直线段横断面方向与路线中线垂直，一般采用方向架测定。如图 9-5 所示，将方向架置于桩点上，方向架上有两个相互垂直的固定片，用其中一个瞄准该直线上任一中桩，另一个所指方向即为该桩点的横断面方向。

2. 圆曲线横断面方向的测定

圆曲线上任意一点的横断面方向即是该点指向圆心的半径方向。圆曲线上横断面方向确定时采用"等角"原理，即同一圆弧上的弦切角相等。测定时一般采用求心方向架，即在方向架上安装一个可以转动的活动片，并有一固定螺旋可将其固定。

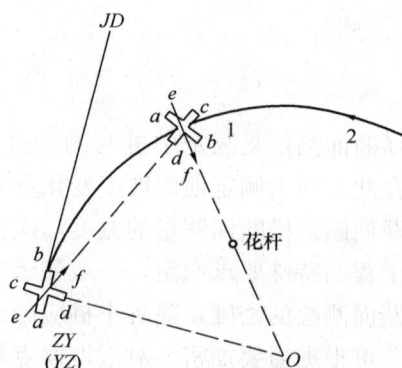

如图 9-6 所示，欲测圆曲线上桩点的横断面方向，将求心方向架置于 ZY（或 YZ）点上，用固定片 ab 瞄准切线方向（如交点），则另一固定片 cd 所指方向即为 ZY（YZ）点的横断面方向。保持方向架不动，转动活动片 ef 瞄准 1 点并将其固定。然后将方向架搬至 1 点，用固定片 cd 瞄准 ZY（YZ）点，则活动片 ef 所指方向即为 1 点的横断面方向。在测定 2 点的横断面方向时，可在 1 点的横断面方向上插一花杆，以固定片 cd 瞄准它，ab片的方向即为切线方向。此后的操作与测定 1 点横断面方向时完全相同，保持方向架不动，用活动片 ef 瞄准 2 点并固定之。将方向架搬至 2 点，用固定片 cd 瞄准 1 点，活动片 ef 的方向即为 2 点的横断面方向。如果圆曲线上桩距相同，在定出 1 点的横断面方向后，保持活动片 ef 的原来位置，将其搬至 2 点上，用固定片 cd 瞄准 1 点，活动片 ef 即为 2 点的横断面方向。圆曲线上其他各点亦可按上述方法进行。

3. 缓和曲线横断面方向的测定

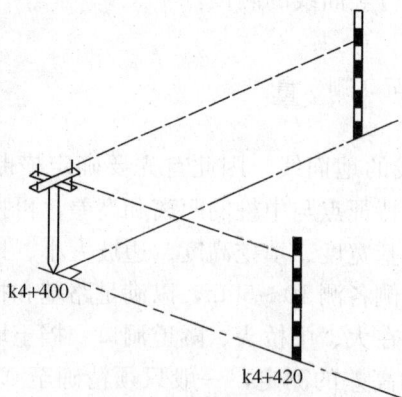

图 9-5　测定直线段横断面方向　　　　图 9-6　测定圆曲线的横断面方向

缓和曲线上任一点的横断面方向，就是该点切线的垂直方向。测定横断面方向的原理为"倍角"关系，即缓和曲线上任意一点与起点的弦同该点切线的夹角，等于缓和曲线起点与任意一点的弦同起点切线夹角的两倍。

（1）方向架：如图 9-7 所示，先用公式 $t_d = \frac{2}{3}l + \frac{l^3}{360R^2}$（$l$ 为 P 点到 ZH 点的弧长）计算，再从 ZH 点沿切线方向量取 t_d 得 Q 点，将方向架置于测点 P，以固定指针 ab 瞄准 Q 点，则固定指针 cd 方向为 P 点的横断面方向。

（2）方向盘或经纬仪：如图 9-8 所示，由缓和曲线关系知 $\Delta_1 = \frac{1}{3}\beta$，$\Delta_2 = \frac{2}{3}\beta$。置方向盘或经纬仪于 ZH 点，测出 P 点偏角 Δ_1，再将仪器移到 P 点瞄准 ZH 点，拨角 $\Delta_2 = 2\Delta_1$ 即为 P 点的切线方向，然后旋转方向盘指针或经纬仪照准部 90°（或 270°）即为 P 点的横断面方向，以后各点依次进行。

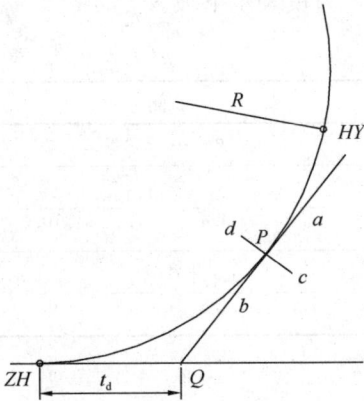

图 9-7　方向架测定缓和曲线横断面方向　　图 9-8　方向盘或经纬仪测定缓和曲线横断面方向

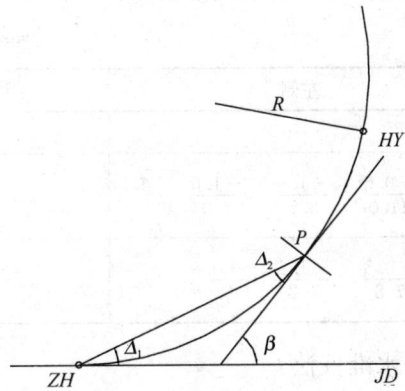

（3）全站仪：如图 9-9 所示，先用公式 $\beta = \frac{l^2}{2RL_s}$（$l$ 为 P 点到 ZH 点的弧长）计算出 P 点的缓和曲线角，再用路线方位角 θ_i 及 β 计算出 P 点的切线方位角 $\theta = \theta_i \pm \beta$，则 P 点的横断面方向方位角为 $\theta_m = \theta \pm 90°$。利用 P 点坐标 $P(x, y)$、θ_m，可求出 P 点横断面上一点 M（$PM = l$）的坐标 $M(x_m, y_m)$，用坐标法实地放出 M 点，PM 方向即为 P 点的横断面方向。

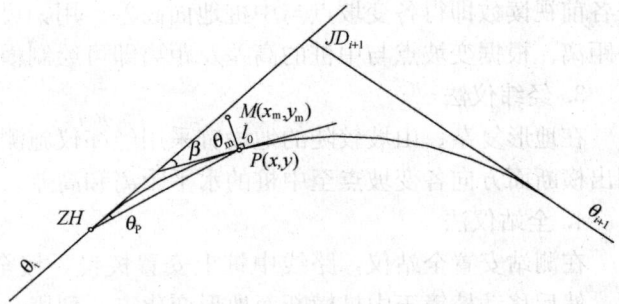

图 9-9　全站仪测定缓和曲线横断面方向

9.4.2　横断面的测量方法

1. 花杆皮尺法

如图 9-10 所示，A、B、C……为横断面方向上所选定的变坡点。施测时将花杆立于 A 点，从中桩处地面将尺拉平，量出至 A 点的距离，并测出皮尺截于花杆位置的高度，即 A 相对于中桩地面的高差。同法可测得 A 至 B、B 至 C……的距离和高差，直至所需要的宽度为止。中桩一侧测完后再测另一侧。此法简便，但精度较低，适用于山区地形变化较多的地段。

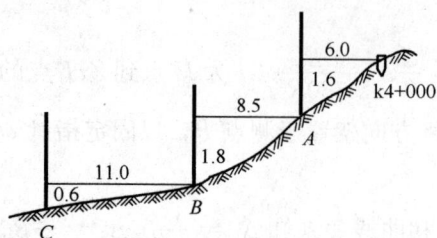

图 9-10　花杆皮尺法

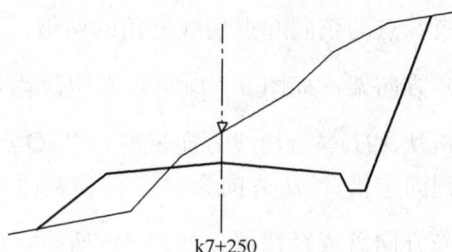

图 9-11　横断面图

记录表格如表 9-5 所示，表中按路线前进方向分左侧、右侧。分数的分子表示测段两端的高差，分母表示其水平距离。高差为正表示上坡，为负表示下坡。

横断面测量记录表

表 9-5

左侧			桩号	右侧			
……				……			
$\dfrac{-0.6}{11.0}$	$\dfrac{-1.8}{8.5}$	$\dfrac{-1.6}{6.0}$	k4+000	$\dfrac{+1.5}{4.6}$	$\dfrac{+0.9}{4.4}$	$\dfrac{-1.6}{7.0}$	$\dfrac{+0.5}{10.0}$
$\dfrac{-0.5}{7.8}$	$\dfrac{-1.2}{4.2}$	$\dfrac{-0.8}{6.0}$	k3+980	$\dfrac{+0.7}{7.2}$	$\dfrac{+1.1}{4.8}$	$\dfrac{-0.4}{7.0}$	$\dfrac{+0.9}{6.5}$

2. 水准仪法

在平坦地区可使用水准仪测量横断面。施测时选一适当位置安置水准仪，后视中桩水准尺读取后视读数，前视横断面方向上各变坡点上水准尺得各前视读数，后视读数分别减去各前视读数即得各变坡点与中桩地面高差。用钢尺或皮尺分别量取各变坡点至中桩的水平距离。根据变坡点与中桩的高差及距离即可绘制横断面。

3. 经纬仪法

在地形复杂、山坡较陡的地段宜采用经纬仪施测。将经纬仪安置在中桩上，用视距法测出横断面方向各变坡点至中桩的水平距离和高差。

4. 全站仪法

在测站安置全站仪，路线中桩上安置棱镜，按全站仪斜距测量键测量中桩至测站斜距，然后移动棱镜于中桩横断面地形变化点，利用全站仪的对边测量功能，可直接测得地形变化点至中桩的斜距、平距及高差。

9.4.3　横断面的绘制

横断面图一般采用现场边测边绘的方法，以便及时对横断面进行核对。但也可在现场记录，见表 9-5，回到室内绘图。绘图比例尺一般采用 1：200 或 1：400，绘在毫米方格纸上。绘图时，先将中桩位置标出，然后分左、右两侧，按照相应的水平距离和高差，逐一将变坡点标在图上，再用直线连接相邻各点，即得横断面地面线。图 9-11 为横断面图，其细线为横断面地面线，粗线为横断面设计线。

第 10 章　道 路 施 工 测 量

道路施工测量又称道路施工放样，就是将设计图纸上道路的线形、位置、宽度和高程等各项元素按规定的精度在施工现场标定出来，以作为施工的依据，保证施工按照设计的要求进行。道路施工测量的主要任务包括道路中线恢复、路基路面施工放样以及桥涵构造物的放样。其中，道路中线恢复是指从路线勘测到开始施工这段时间里，往往会有一些中桩丢失，故在施工之前，应根据设计文件进行中线的恢复工作，并对原来的中线进行复核，以保证路线中线位置准确可靠。恢复中线所采用的测量方法与路线中线测量方法基本相同。此外，对路线水准点也应进行复核，必要时还应增设一些水准点以满足施工需要。本章重点介绍路基路面以及桥涵构造物的施工测量。

10.1　路基路面施工测量

10.1.1　路基施工测量

1. 边桩坐标的计算

在路基路面施工放样中，放出公路中线位置后，常常还需要再放出中桩两侧的边桩。边桩位于过中桩的法线上（即横断面方向），边桩放样是在中桩的基础上进行的。先放出中线桩，然后从中桩沿横断方向用钢尺（或皮尺）丈量相应距离即得边桩位置。随着全站仪的广泛应用，通常是先计算出边桩的坐标，然后用上述坐标法放出边桩位置。边桩坐标的计算方法如下：

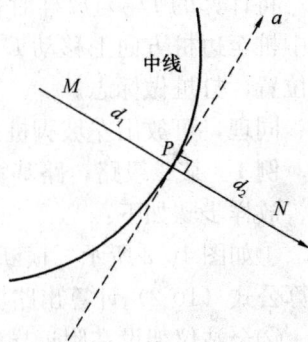

如图 10-1 所示，已知中线上任一中桩 P 的坐标为（x_P，y_P），切线方位角为 α，M 点和 N 点分别在法线方向，即横断方向上，M 点在切线左侧，距 P 点距离为 d_1。N 点在切线的右侧，距 P 点距离为 d_2。直线 PM 方向可以看做是由切线所示方向左转 $90°$ 后得到的，PN 方向可以看做是由切线所示方向右转 $90°$ 后得到的，因此 PM 的方位角 $\alpha_{PM} = \alpha - 90°$；$PN$ 的方位角 $\alpha_{PN} = \alpha + 90°$，则 M、N 点的坐标分别为：

図 10-1　边桩放样示意图

$$\left. \begin{array}{l} x_M = x_P + d_1 \cos(\alpha - 90°) \\ y_M = y_P + d_1 \sin(\alpha - 90°) \end{array} \right\} \tag{10-1}$$

$$\left. \begin{array}{l} x_N = x_P + d_2 \cos(\alpha + 90°) \\ y_N = y_P + d_2 \sin(\alpha + 90°) \end{array} \right\} \tag{10-2}$$

利用式（10-1）、式（10-2）可以计算中线上任一中桩的边桩坐标。

2. 边桩放样

路基边桩测设就是在地面上将每一个横断面的路基边坡线与地面的交点用木桩标定出

来。边桩的位置由两侧边桩至中桩的距离来确定。常用的边桩测设方法如下。

1）图解法

设计单位提供的"路基横断面图"是按一定比例尺绘制的，一般采用 1：200、1：400 等大比例尺，可直接在横断面图上量取中桩至边桩的距离，然后在实地用全站仪测设边桩位置。具体方法步骤：

（1）查"逐桩坐标表"得中桩坐标。查"直线、曲线及转角表"或计算得中线方位角。

（2）查路基横断面图，读取中桩至坡脚点平距。用边桩坐标计算公式（10-2）计算路堤坡脚点坐标 x、y 值。

（3）全站仪架设在附近导线点上，放出坡脚点实地位置并打桩，同时测其原地面高程 $H_{坡脚}$，利用公式（10-3）重新计算坡脚至中桩的距离 $D_{实}$：

$$D_{实} = (H_{设} - H_{坡脚}) \cdot m + \frac{B}{2}$$ （10-3）

式中　$H_{设}$——路基边缘设计高程；

　　$H_{坡脚}$——全站仪测出的坡脚实测高程；

　　m——边坡坡度；

　　$\frac{B}{2}$——路基半幅宽度，如果有加宽时，应在加宽一侧加上加宽值。

（4）实地调整原坡脚桩至正确位置。

将计算的 $D_{实}$ 与放样时在图上读的 $D_{图}$ 相比较，在实地调整坡脚桩位置。具体做法是在中桩至边桩方向上移动 $D_{实} - D_{图}$，"＋"向外移动，"－"向内移动，即得右坡脚桩正确位置，打桩做标志。

同理，可放出左坡脚桩以及挖方路基边桩位置。

例 1　某二级路，路基宽度 10m，对横断面 k0+880 的右边桩进行放样。

放样步骤如下：

①如图 10-2 所示，横断面 k0+880 的右边桩距中桩的距离 $D=14.06$m，用边桩坐标计算公式（10-2）计算出路堤右坡脚点坐标 x、y 值。

②全站仪架设在附近导线点上，放出坡脚点实地位置，并打桩，同时测其原地面高程 $H_{坡脚}$，重新计算坡脚至中桩的距离 $D_{实}$。

③查横断面图 10-2 可知：$H_{设}=213.25$m，假如 $H_{坡脚}=206.78$m，则 $D_{实}=(213.25-206.78) \times 1.5+5.0=14.705$m。

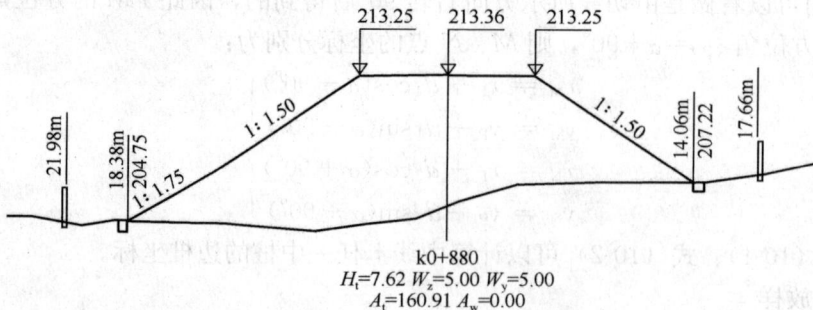

图 10-2　路堤横断面图（单位：m）

④此例中 $D_实=14.705\text{m}$，$D_图=14.060\text{m}$，说明放宽了，在中桩至边桩方向上用小钢卷尺向内移 $D_实-D_图=0.645\text{m}$，即得右坡脚桩正确位置，打桩作标志。

2）解析法

路基边桩至中桩的平距系通过计算求得。

（1）平坦地段路基边桩的测设

填方路基称为路堤，如图10-3所示，路堤边桩与中桩的距离为

$$D = \frac{B}{2} + mh \tag{10-4}$$

挖方路基称为路堑，如图10-4所示，路堑边桩至中桩的距离为

$$D = \frac{B}{2} + S + mh \tag{10-5}$$

以上两式中，B 为路基设计宽度；$1:m$ 为路基边坡坡度；h 为填方高度或挖方深度；S 为边沟顶宽。

以上是断面位于直线段时求算 D 值的方法。若断面位于曲线上有加宽时，在以上述方法求出 D 值后，还应于曲线内侧的 D 值中加上加宽值。

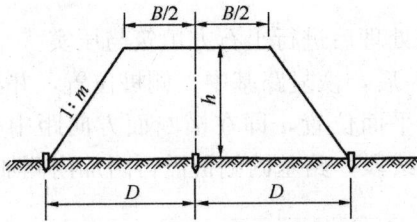

图10-3　路堤边桩测设

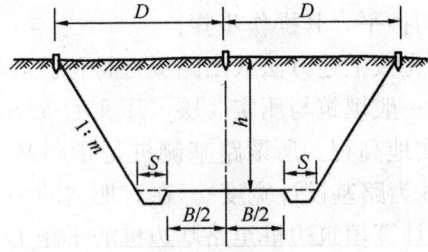

图10-4　路堑边桩测设

（2）倾斜地段路基边桩的测设

在倾斜地段，边桩至中桩的距离随着地面坡度的变化而变化。如图10-5所示，路堤边桩至中桩的距离为

$$\left.\begin{array}{ll} \text{斜坡上侧} & D_上 = \dfrac{B}{2} + m(h_中 - h_上) \\[2mm] \text{斜坡下侧} & D_下 = \dfrac{B}{2} + m(h_中 - h_下) \end{array}\right\} \tag{10-6}$$

如图10-6所示，路堑边桩至中桩的距离为

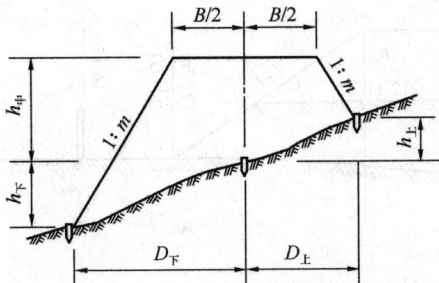

图10-5　斜坡地段路堤边桩测设

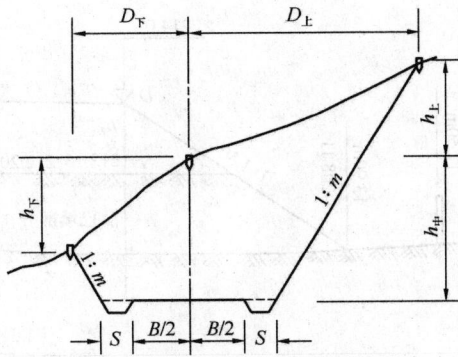

图10-6　斜坡地段跨路堑边桩测设

$$斜坡上侧 \quad D_上 = \frac{B}{2} + S + m(h_中 + h_上)$$

$$斜坡下侧 \quad D_下 = \frac{B}{2} + S + m(h_中 - h_下)$$

$$(10\text{-}7)$$

式中，B、S 和 m 为已知，$h_中$ 为中桩处的填挖高度，亦为已知。$h_上$、$h_下$ 为斜坡上、下侧边桩与中桩的高差，在边桩未定出之前则为未知数，因此在实际工作中采用逐渐趋近法测设边桩。先根据地面实际情况，并参考路基横断面，估计边桩的位置，然后测出该估计位置与中桩的高差，并以此作为 $h_上$、$h_下$ 代入式（10-6）或式（10-7）计算 $D_上$、$D_下$，并据此在实地定出其位置。若估计位置与其相符，即得边桩位置。否则应按实测资料重新估计边桩位置，重复上述工作，直至相符为止。

3. 路基填筑过程中的桩位恢复

路堤是分层填筑（或开挖）、分层碾压而成的，但由于路堤分层填筑时，按照路基边坡坡度的要求，填筑宽度不断发生变化，所以必须控制每层的填筑宽度。要控制每层的填筑宽度就必须恢复所在层位的路基中桩、侧桩和边桩等控制桩位。这些桩位的恢复通常称为放线与抄平，其操作步骤：

1）先按上述方法放出路堤边桩位置，原地面处理后进行土石方填筑与压实。

2）一般填筑与压实 3 层（压实后 50~60cm）后，恢复路基中、侧桩位置，并测出路基侧桩实地高程。所谓路基侧桩是指路基边缘的平面位置，即在横断面方向距中桩 $B/2$ 的点（B 为路基设计宽度）。在有加宽的小半径曲线段，路基内侧桩需再附加内侧加宽值。

3）计算填筑边桩至路基边桩的平距 D

$$D = (H_设 - H_实) \cdot m \qquad (10\text{-}8)$$

式中　$H_设$——路基侧桩的设计高程；

　　　$H_实$——同一侧桩的实测高程（路基在施工过程中的填筑面高程）；

　　　m——路基边坡坡度，土质边坡常采用 1∶1.5。

为了保证路基压实宽度，每次放桩时要加宽 30~50cm。

例 2　如图 10-7 所示，在横断面 k0+960 中，路基宽度为 10m，路基中、侧桩设计高程为：$H_{中设} = 214.15m$，$H_{左设} = H_{右设} = 214.05m$，填筑部分路基后，经实测，中、侧桩的实测高程分别为：$H_{中实} = 212.20m$，$H_{左实} = 212.16m$，$H_{右实} = 212.11m$，试确定此填筑

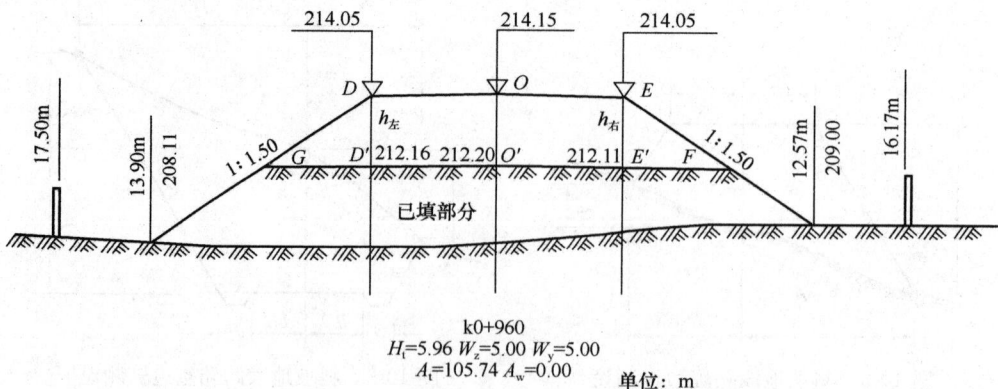

k0+960
H_t=5.96 W_z=5.00 W_y=5.00
A_t=105.74 A_w=0.00

单位：m

图 10-7　分层填筑宽度的确定（单位：m）

层的填筑边桩位置。

解：（1）计算上填高度，写在桩位侧面，指导填筑。

$$h_中 = h_{中设} - h_{中实} = 214.15 - 212.20 = 1.95m$$

$$h_左 = h_{左设} - h_{左实} = 214.05 - 212.15 = 1.89m$$

$$h_右 = h_{右设} - h_{右实} = 214.05 - 212.11 = 1.94m$$

（2）计算填筑边桩 F、G 的放样数据。

$$D'G = m \times h_左 = 1.5 \times 1.89 = 2.835m$$

$$E'F = m \times h_右 = 1.5 \times 1.94 = 2.91m$$

（3）用皮尺从路基左侧桩 D' 沿 $O'D'$ 方向量 2.835m 标定出本填筑层的左填筑边桩 G 点；从路基右侧桩 E' 沿 $O'E'$ 方向量 2.91m 标定出本填筑层的右填筑边桩 F 点，并注意每边应加放 0.3～0.5m 的施工宽度。

也可以考虑路基宽度和施工宽度后，用边桩坐标计算公式（10-1）、（10-2）算出填筑边桩的坐标，然后用全站仪放出填筑边桩 F、G 的位置。同理可放出其他断面的分层填筑边桩位置。

4）确定填筑边沿线，分层填筑。钉出填筑边桩后，依次拉工程线或撒灰线作为指导施工填筑的边界线，然后开始分层填筑、分层碾压。

4. 路基刷坡

在路基填筑时，为保证每层压实宽度和边缘压实到位，每侧都要向外多填 30～50cm，这就要求路基填筑完后将多余的边坡土铲去，并保证规定的路基边坡度。具体刷坡方法如下：

（1）恢复路基左右侧桩位置，并打桩挂线。

（2）根据确定的路基边缘线撒石灰线明显标出。

（3）根据记录或前述边桩放样方法恢复路基边桩位置，并打桩。

（4）超填较多时，先根据桩位及边线人工或挖掘机初步进行边坡整修。

（5）将相邻横断面路基侧桩、边桩按图 10-8 所示用线连接起来，必要时需在坡面沿线挖槽，使线能拉紧、拉直。

（6）最后沿着坡面拉好的方框线和十字线铲掉多余的土，并保持坡面平整。也可配合用坡度尺来检查和整修路堤边。

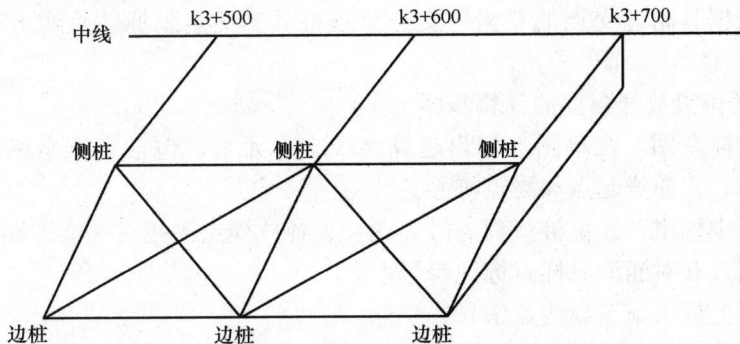

图 10-8　路堤边坡整修

10.1.2　路面施工测量

当路基工程完工后，由施工单位会同监理人员按照设计文件对路基中线、高程、宽度、横坡度等检查合格后方可开始路面的施工。

路面结构自下而上分别由底基层、基层和面层组成。当基层较厚时，通常分层施工，当水文条件差时还常在底基层下面设垫层。高等级公路沥青面层也通常是由好几层组成。因此，路面结构层施工测量的任务主要有：第一，控制中线平面位置偏离值不超出规范要求；第二，控制路线纵断高程满足规范要求；第三，路面横坡度、各结构层厚度、宽度、平整度满足规范要求。

在测设过程中，将全站仪架设在附近导线点上，后视另一导线点并定向，便可输入坐标放出中桩与边桩的位置。由于路面各结构层的中桩都在同一条铅垂线上，所以各结构层中桩的平面坐标均相同；但路面各结构层的宽度不一样，所以各结构层的边桩坐标并不相同，需按照边桩坐标计算公式分别计算。

施工过程中，为了更好地控制高程，方便推土机和平地机等机械作业，一般情况下常以 10m 桩距设桩。在路面基层施工时，因路面结构层坚硬，一般用一端磨尖的钢筋桩。在基层施工时，对于设有中央分隔带的路面，可在放样时一并放出分隔带边桩。

10.2　涵洞施工测量

涵洞施工测量的主要任务包括涵洞轴线、基础的平面位置测设和基础以及各结构层的高程测设。涵洞施工测量时，首先进行涵洞主轴线和基础位置放样，然后实测主轴线两端点、中点及基础实地高程。根据基础设计高程，计算下挖深度，指导基础开挖作业。在施工过程中，控制各结构层的主轴线方向和砌体结构面高程。

10.2.1　涵洞平面测设

全站仪的广泛应用使较复杂的涵洞平面位置测设更加方便快捷。只要计算出目标点的平面坐标值（x，y）就可用全站仪放出其位置。对于涵洞等构造物，只要确定公路中线与涵洞主轴线交点的坐标，以及计算出轴线左右两侧特征点的坐标，就可将设计图上的涵洞测设到实地。

实际计算时，可根据桥涵主轴线与公路中线交点的里程桩号以及涵洞主轴线与公路中线的夹角，并依据其附近交点的要素（交点里程桩号、交点坐标、直线方位角等）进行计算。

1. 涵洞平面位置放样数据的计算步骤

（1）绘制放样草图，在草图上标出起算路线交点元素，包括交点坐标、转角、切线长、直线方位角、平曲线起点和终点桩号。

（2）在草图中标出：涵位桩里程桩号、涵长、各放样点的相对距离、涵洞轴线与公路中线夹角等数据，并对涵洞放样点标注符号。

（3）在草图上标出施工导线点编号或坐标。

（4）推算起算点至涵洞在中线上各特征点的距离，并代入边桩坐标计算公式计算各特征点的坐标。

（5）根据涵洞基础角点等放样点至对应中线桩的距离，代入边桩坐标计算公式计算各放样点的坐标。

2. 正交涵洞平面放样数据计算

下面以图 10-9 的正交暗盖板涵（桩号为 k0＋750）为例，说明正交涵平面放样数据的计算方法。起算点元素、直线方位角可查设计文件中"直线、曲线及转角表"获得。

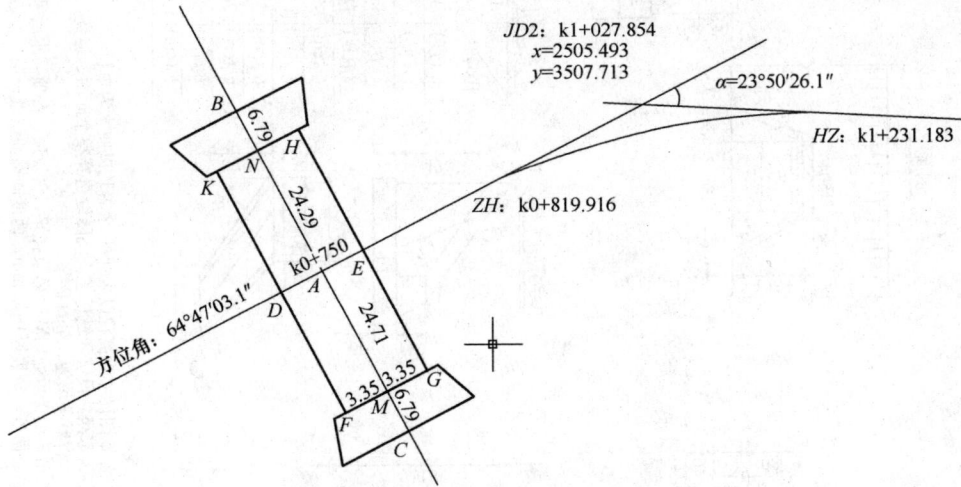

图 10-9 涵洞放样草图（单位：m）

其放样坐标计算步骤如下：

（1）绘制放样草图。查"直线、曲线及转角表"可知：可选取 $JD2$ 为起算交点，$JD2$ 桩号为 k1＋027.854，坐标为：$x=2505.49$m，$y=3507.71$m，查得正交盖板涵 k0＋750 到 $JD2$ 的直线方位角为 64°47′03.1″，$JD2$ 处平曲线切线长 $T=207.94$m，ZH 桩号＝k0＋819.916，将这些数据标于放样草图上，如图 10-10 所示。

（2）根据涵洞设计图计算有关放样数据，并将其标注于放样草图。根据图 10-10 的涵洞平面与立面图可知：涵洞上、下游长度分别为 24.29m 和 24.71m；由图 10-10 截面 Ⅰ-Ⅰ可知，$AD=AE=MF=MG=NK=NH=670/2=335$cm＝3.35m；再由八字翼墙大样知 $BN=MC=6.79$m，将尺寸标于放样草图上。

（3）利用坐标计算公式计算中线上各特征点的坐标。

将 $JD2$ 当做坐标起算点，$JD2$ 至正交盖板涵 k0＋750 中心桩 A 的距离＝1027.854－750＝277.854m。由于 A 至 $JD2$ 中线方位角为 64°47′03.1″，所以 $JD2$ 至 A 的直线方位角为 180°＋64°47′03.1″＝244°47′03.1″，则盖板涵中心 A 点坐标为：

$$x_A = 2505.49 + 277.854 \times \cos 244°47'3.1'' = 2387.116$$

$$y_A = 3507.71 + 277.854 \times \sin 244°47'3.1'' = 3256.333$$

同理：将上述 A 点坐标计算式中的距离 277.854m 分别换成 277.854－3.35＝274.504m 与 277.854＋3.35＝281.204m，可计算出 E、D 两点坐标。

（4）计算涵洞轴线上放样点坐标以及涵台基础角点坐标。

M、N 与 B、C 可以看做是涵位中心点的边桩，由边桩坐标计算公式得：

洞口 M 点坐标为：

尺寸表

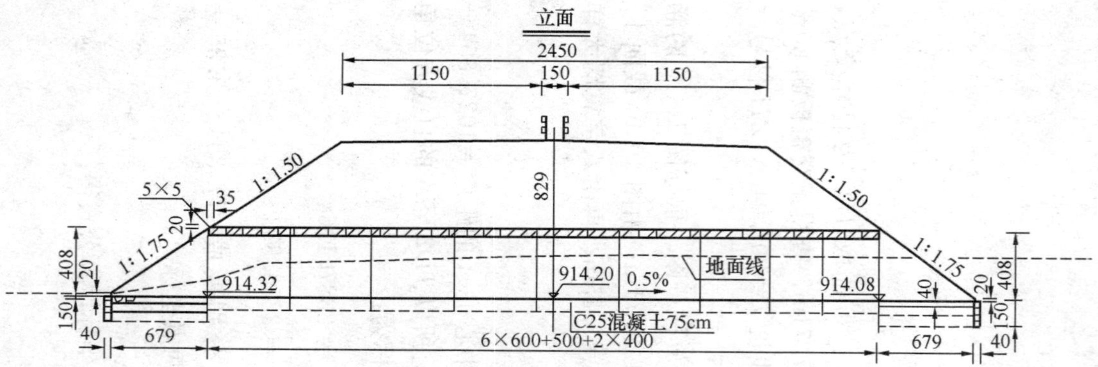

墙别	八字翼墙	
代号	小	大
B_1(度)		30
B_2(度)	30	
N	3.28	3.28
C(cm)	52.0	52.0
C_1(cm)	85.5	85.5
C_2(cm)	107.8	107.8
C_3(cm)	203.8	203.8
C_4(cm)	226.1	226.1
E_1(cm)	11.5	11.5
E_2(cm)	10.8	10.8

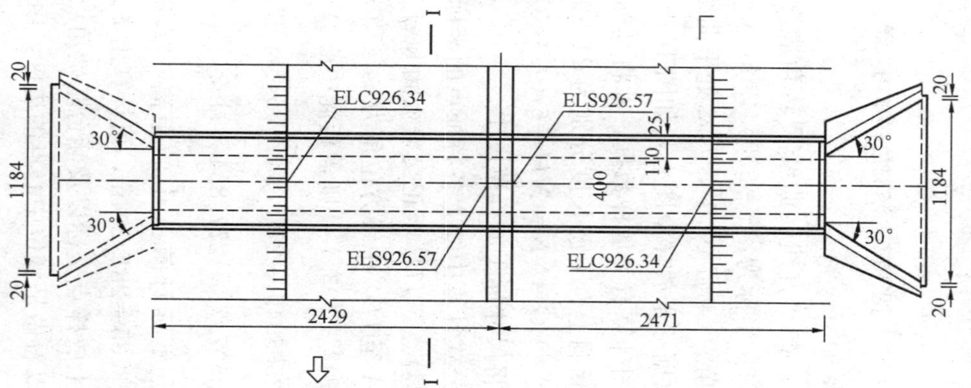

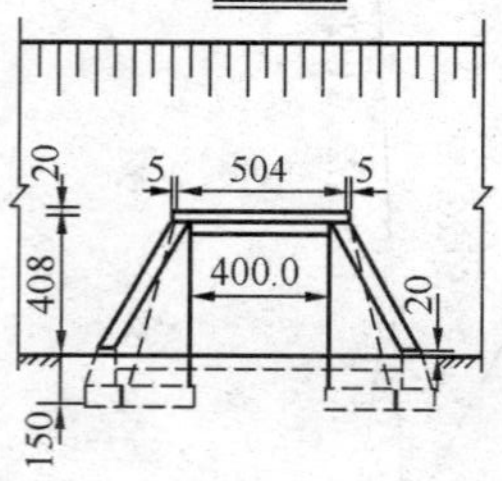

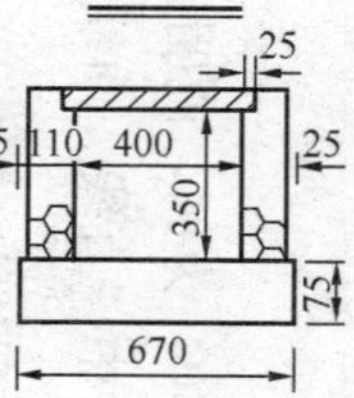

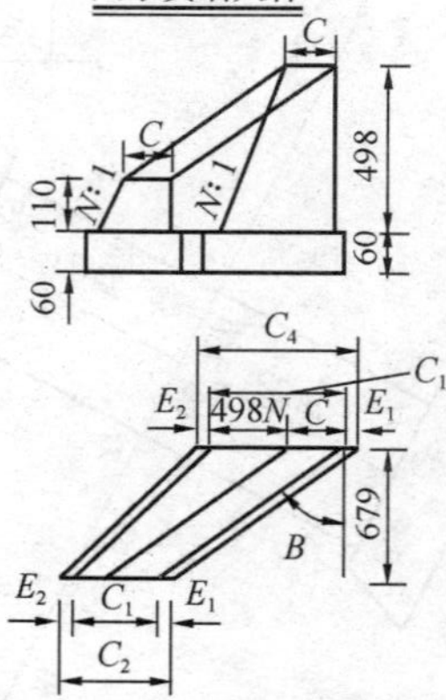

八字翼墙大样

侧面

立面

平面

工 程 数 量 表

基底二八灰土 (m³)	台背夯填二八灰土 (m³)	沉降缝 (m³)	C25混凝土帽石 (m³)	M7.5浆砌片石洞口铺砌 (m³)	M7.5浆砌片石锯齿水墙 (m³)	M7.5浆砌片石翼墙基础 (m³)	M7.5浆砌片石翼墙身 (m³)	基坑开挖土方 (m³)	上下游开挖土方 (m³)	垫层面积 (m²)
551.41	1715.31	163.21	0.72	43.02	14.69	27.48	86.36	2741	500	673

注：
1. 本图尺寸除高程以米计外，余者均以厘米为单位。
2. 本涵共设沉降缝10道，沉降缝穿整个断面，缝宽1cm，缝内用沥青麻絮填塞，外抹砂浆。
3. 盖板支承处用M7.5砂浆抹平，盖板底，台顶防水层采用涂料热沥青两度，两度间铺油毡纸一层。每度厚1~1.5mm。

图 10-10　盖板涵布置图

$$x_M = 2387.116 + 24.71 \times \cos(244°47'3.1'' - 90°) = 2364.761\text{m}$$

$$y_M = 3256.333 + 24.71 \times \sin(244°47'3.1'' - 90°) = 3266.860\text{m}$$

洞口 N 点坐标为:

$$x_N = 2387.116 + 24.49 \times \cos(244°47'3.1'' + 90°) = 2409.272\text{m}$$

$$y_N = 3256.333 + 24.29 \times \sin(244°47'3.1'' + 90°) = 3245.985\text{m}$$

涵轴线在八字墙外边缘 B、C 两点坐标分别为:

$$x_C = 2387.116 + (24.71 + 6.79) \times \cos(244°47'3.1'' - 90°) = 2358.618\text{m}$$

$$y_C = 3256.333 + (24.71 + 6.79) \times \sin(244°47'3.1'' - 90°) = 3269.753\text{m}$$

$$x_B = 2387.116 + (24.29 + 6.79) \times \cos(244°47'3.1'' + 90°) = 2415.234\text{m}$$

$$y_B = 3256.333 + (24.29 + 6.79) \times \sin(244°47'3.1'' + 90°) = 3243.092\text{m}$$

同理,根据 E、D 点坐标,带入边桩坐标计算公式,可计算出 G、H 与 F、K 的坐标。

3) 斜交涵洞平面放样数据计算

(1) 斜交涵洞轴线上两端点的坐标计算公式。

① 涵位中心坐标计算如图 10-11 所示,BC 为涵洞轴线,已知起算点 Q 和涵位中心桩 A 里程桩号,起算点 Q 坐标 (x_0, y_0),直线方位角 F,便可利用坐标计算公式计算 A 点的坐标。起算点 Q 通常选择为附近交点。

② A 点坐标得出后,按照 AB、AC 偏转角度则可计算出 B、C 点的坐标。

如图 10-11 所示,如 AC 相对于道路中线右偏转 φ,那么 AB 相对于道路中线左偏转角值为 $180° - \varphi$。AC 方位角 $= F + \varphi$,AB 方位角 $= F - (180° - \varphi)$,则涵轴线上右端点 C 的坐标为:

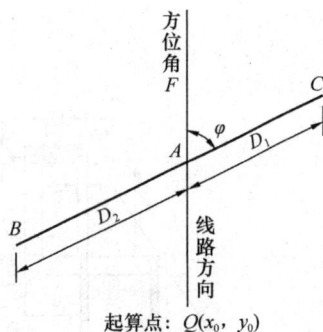

图 10-11　斜交涵洞轴线位置图

$$\begin{cases} x_C = x_A + D_1\cos(F + \varphi) \\ y_C = y_A + D_1\sin(F + \varphi) \end{cases} \tag{10-9}$$

涵轴线上左端点 B 的坐标为:

$$\begin{cases} x_B = x_A + D_2\cos[F - (180° - \varphi)] \\ y_B = y_A + D_2\sin[F - (180° - \varphi)] \end{cases} \tag{10-10}$$

式中　x_A, y_A ——涵位中心桩坐标;

　　　D_1——C 点自涵位桩右偏距离;

　　　D_2——B 点自涵位桩左偏距离;

　　　F——中线方位角;

　　　φ——涵轴线右端自中线偏转角度。

式 (10-9)、式 (10-10) 即为斜交涵洞放样点坐标计算公式。

(2) 斜交涵洞基础平面放样坐标计算现以图 10-12 所示的圆管涵 k14 + 280.1 为例来说明。

A形涵身横断面

端部　中部

二八灰土

管基尺寸表

孔径 d (cm)	壁厚 f (cm)	h₁ (cm)	h₂ (cm)	A (cm)
150	14	30.5	42.0	203.0

立面

C15混凝土管基

0.030/CDS45
200×CDS45
857.80
0.030/CDS45

平面

ELS862.85
ELC862.70
焦台
ELS862.86
ELC862.55
桃园

尺寸表

墙别	代号	B_1 (度)	B_2 (度)	N	C (cm)	C_1 (cm)	C_2 (cm)	C_3 (cm)	C_4 (cm)	E_1 (cm)	E_2 (cm)
大翼墙		55		2.61	69.7	119.6	151.6	174.8	206.8	17	15
小翼墙			−20	3.54	42.6	79.3	101.3	119.9	141.9	11	11

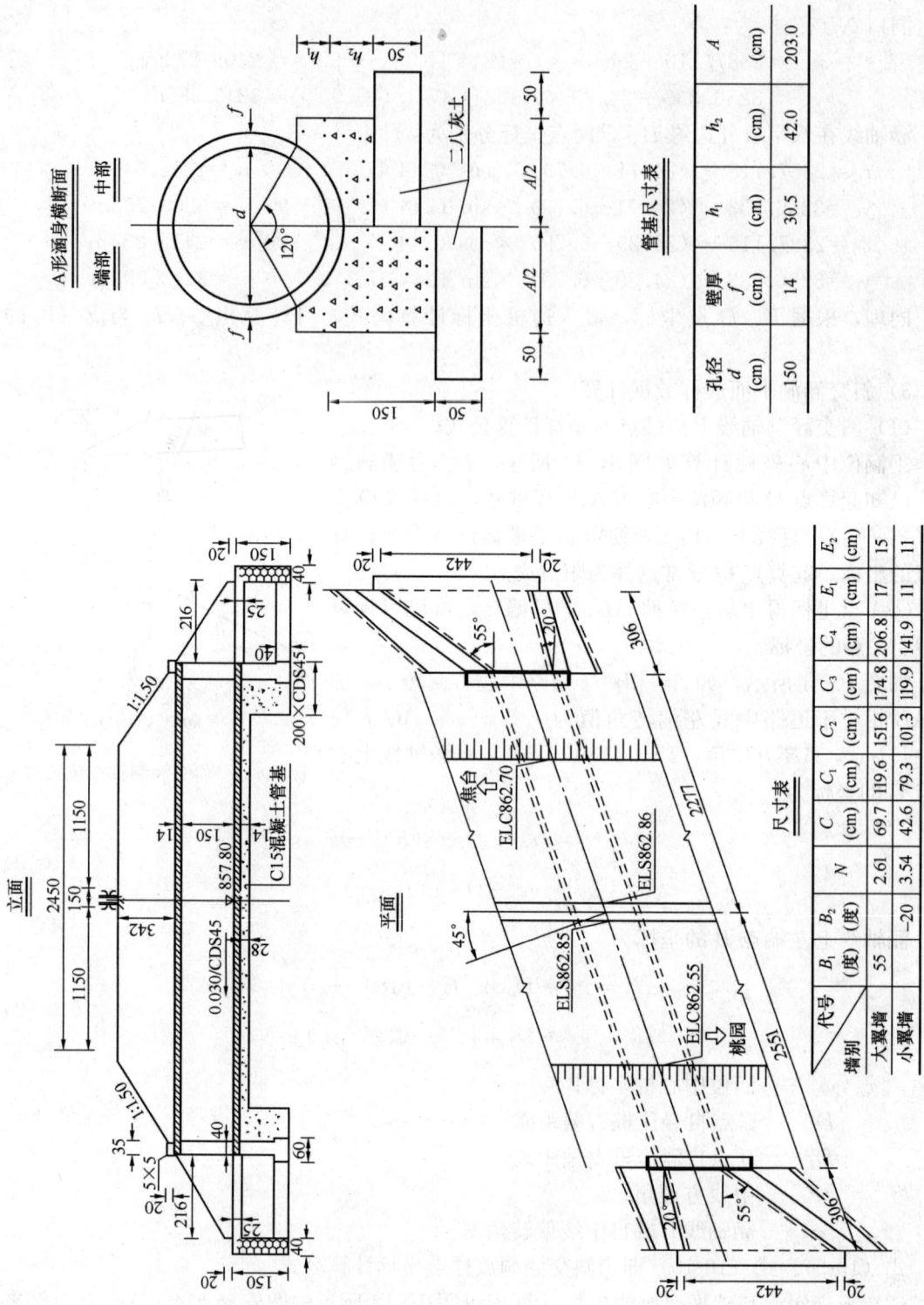

图 10-12　圆管涵构造图

①制出放样草图。查"直线、曲线及转角表"可知：斜交圆管涵 k1＋290 位于 JD2 平曲线后的直线段上；JD2 平曲线 HZ 桩号＝k1＋231.183，转角 $\alpha=23°50'26.1''$。将这些数据标于放样草图上；再识读图 10-12 中的涵洞平面图，可绘出斜交圆管涵 k1＋290 的放样草图，如图 10-13 所示。

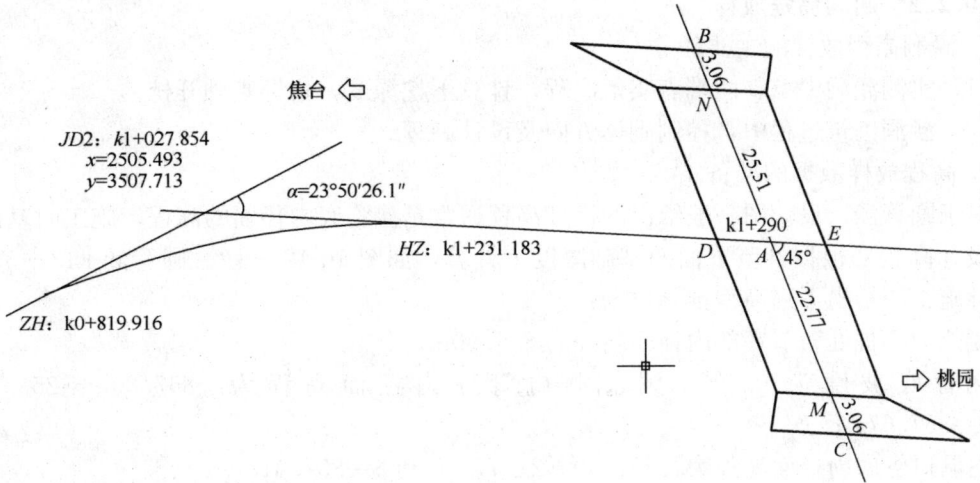

图 10-13　斜交涵洞放样草图（单位：m）

②计算特征点坐标，以确定涵位中心和涵轴线方向。与正交涵一样，先计算涵位中心坐标。JD2 至 k1＋290 的直线方位角＝$64°47'03.1''+23°50'26.1''=88°37'29.2''$，以 JD2 为起算点，要知道 JD2 至 k1＋290 的距离，必须先计算切线长和曲线长，由"直线、曲线及转角表"可知：切线长 $T=207.938\text{m}$，HZ 里程：k1＋231.183，则 JD2 至 k1＋290 的直线距离＝$290-231.183+207.938=266.75\text{m}$，由此计算斜交圆管涵位中心 A 点的坐标：

$$x_A=2505.493+266.75\times\cos88°37'29.2''=2511.895\text{m}$$

$$y_A=3507.713+266.75\times\sin88°37'29.2''=3774.386\text{m}$$

涵洞施工时经常需要先定出主轴线位置，计算出轴线上 B、C 点坐标就可放样轴线位置，如图 10-13 所示，AC 自中线右偏转 45°；AB 自中线左偏转 135°。

由图 10-12 可知：草图 10-13 中 $BN=MC=3.06\text{m}$，则：

$$x_C=x_A+D_1\cos(F+\varphi)=2511.895+(22.77+3.06)\times\cos(88°37'29.2''+45°)$$
$$=2494.074\text{m}$$

$$y_C=y_A+D_1\sin(F+\varphi)=3774.386+(22.77+3.06)\times\sin(88°37'29.2''+45°)$$
$$=3793.083\text{m}$$

$$x_B=x_A+D_2\cos[F-(180°-\varphi)]=2511.895+(25.51+3.06)\times\cos(88°37'29.2''-135°)$$
$$=2531.606\text{m}$$

$$y_B=y_A+D_2\sin[F-(180°-\varphi)]=3774.386+(25.51+3.06)\times\sin(88°37'29.2''-135°)$$
$$=3753.705\text{m}$$

用全站仪将 B、C 定位后，分别从 B、C 沿涵轴线向涵位中心量取 3.06m，即可得洞口 M、N 点位置。分别从涵位中心桩 A 沿中线前后方向量取 AE、AD 可放出涵洞基础底面二八灰土边缘（即 D、E）位置，从图 10-12 中的 A 形涵身横断面图与管基尺寸表可知：$AE = AD = \frac{1}{2} \times (2.03+1)/\cos45° = 2.14\text{m}$。$M$、$N$、$D$、$E$ 也可用全站仪坐标法放出，其坐标计算方法同上。基础底面其他角点位置可用距离交会法放出。

10.2.2 涵洞高程放样

1. 涵洞高程放样的主要任务

（1）实测涵洞中点、两端点实地高程，计算下挖深度，指导基础开挖。

（2）涵洞砌筑过程中，控制砌体方向及设计高程。

2. 高程放样数据的准备

对于圆管涵，设计图一般给出的设计高程通常是涵管底内径面的高程，施工时基础坑底的设计高程要根据管节下面的基础厚度来计算，如图 10-12 所示。圆管涵 k13＋518.5 的设计施工图给出下列高程推算数据：

涵位中心桩处管节底部内径面高程为 857.80m；

涵管底坡度为 0.5%，则左洞口管底内径面高程为：$857.80 - 25.51 \times 0.005 = 857.67\text{m}$；

右洞口管底内径面高程为：$857.80 - 22.77 \times 0.005 = 857.91\text{m}$。

在管节下是承载管节的基础，基础厚 0.28m（C15 混凝土），管壁厚 0.14m；在基础下为 0.50m 的二八灰土。

依据上述数据，计算圆管涵高程放样数据，见表 10-1。

涵洞高程放样数据表　　　　　　　　表 10-1

项目 ＼ 位置	左端（m）	涵洞中心（m）	右端（m）	说明
涵管底内壁高 $H_底$	857.67	857.80	857.91	管底内径面高程
基础顶面高 $H_基$	857.53	857.66	857.77	$H_基 = H_底 - 0.14$
二八灰土面高 $H_灰$	857.25	857.38	857.49	$H_灰 = H_基 - 0.28$
基坑底高 $H_坑$	856.75	856.88	856.99	$H_坑 = H_灰 - 0.50$
涵管长度（m）	25.51		22.77	涵底坡度 0.5%

3. 涵洞高程放样的实施

（1）测量涵洞基础放样点实地高程，计算下挖深度。当桥涵基础平面位置在实地放出后，用水准仪测出涵洞基础实地点位高程，减去相应点位基坑底设计高程，其差值即为下挖深度。

例如某高速公路 k1＋290 圆管涵，如图 10-12 所示，其中轴线左端、中点、右端基坑底设计高程如表 10-1 所示。假如中轴线对应点地面实测高程为：$H_左 = 914.42\text{m}$，$H_中 = 914.37\text{m}$，$H_右 = 914.41\text{m}$，则该圆管涵左、中、右三点各应下挖：

$h_左 = 857.42 - 856.75 = 0.67\text{m}$

$h_中 = 857.37 - 856.88 = 0.49\text{m}$

$h_右 = 857.41 - 856.99 = 0.42\text{m}$

（2）基础施工高程放样

基坑开挖：

依据下挖深度、坑壁土质稳定条件参考表10-2采用相应坡度，并确定开挖边界线。

开挖边界线根据放出的基础边缘线和向外扩宽的距离 d 来确定。

$$d = (H_实 - H_设) \times m \tag{10-11}$$

式中　d——放坡宽度；

　　$H_实$——基础边缘点的实测高程；

　　$H_设$——基坑底的设计高程；

　　m——基坑边坡坡度，坡度的选用可参照表10-2。

基坑开挖放坡坡度参考表　　　　　　　　　表10-2

坑壁土类	坑壁坡度		
	坡顶无荷载	坡顶有静荷载	坡顶有动荷载
砂类土	1：1	1：1.25	1：1.5
卵石、砾类土	1：0.75	1：1	1：1.25
粉质土、黏质土	1：0.33	1：0.5	1：0.75
极软岩	1：0.25	1：0.33	1：0.67
软质岩	1：0	1：0.1	1：0.25
硬质岩	1：0	1：0	1：0

确定基坑开挖边界线时，还需考虑坑底支模活动的范围及施工安全等因素。一般来说，圆管涵基坑底宽为管节内径的2倍，如圆管内径为1.5m，则基坑底宽为 $2 \times 1.5 = 3m$。基坑下挖过程中，应经常用皮尺量测下挖深度，以防超挖。当基坑基本下挖到设计高程时，为方便施工人员浇筑基础等构件时控制基础各结构层的厚度，可在坑壁适当高度处测设高程控制桩。

10.3　桥梁施工测量

桥梁是公路最重要的组成部分之一。在公路建设中，无论从投资比重、施工期限、技术要求等诸方面看，桥梁都居于十分重要的位置。尤其是一些大型桥梁或技术复杂的桥梁的修建，对于一条公路能否高质量地建成通车具有很大的作用，甚至起着主要的控制作用。按照从整体到局部，从控制到碎部的原则，桥梁施工测量包括控制测量和施工放样两部分。其中，控制测量包括平面控制测量和高程控制测量；施工放样包括桥轴线、桥梁墩台与基础以及高程放样等工作。

10.3.1　平面控制

桥梁平面控制测量的主要任务是建立桥位控制网，目的是为了按规定精度求出桥轴线的长度和放样墩台的位置。建立桥位控制网传统的方法是采用三角网（亦称测角网），这种方法只测三角形的内角和一条或两条基线。随着电磁波测距仪的广泛应用，测边已经很方便了。如果在控制网中只测三角形的边长，从而求算控制点的位置，这种控制网称为测边网。测边网有利于控制长度误差即纵向误差，而测角网有利于控制方向误差即横向误差。为了充分发挥二者的优点，可布设同时测角和测边的控制网，这种控制网称为边角网。在桥梁边角网中，不一定观测所有的角度及边长，可在测角网的基础上按需要加测若干个边长，或在测边网的基础上加测若干个角度。测角网、测边网及边角网只是观测要素不同，而观测方法及布设形式是相同的。

桥位控制网通常布设形式有图 10-14 所示的几种。图中（a）、（b）两种图形适用于桥长较短而需要交会的水中墩、台数不多的情况。（c）、（d）两种图形的控制点数多、图形坚强、精度高、便于交会墩台位，适用于特大桥。（e）为利用江河中的沙洲建立控制网的情况。

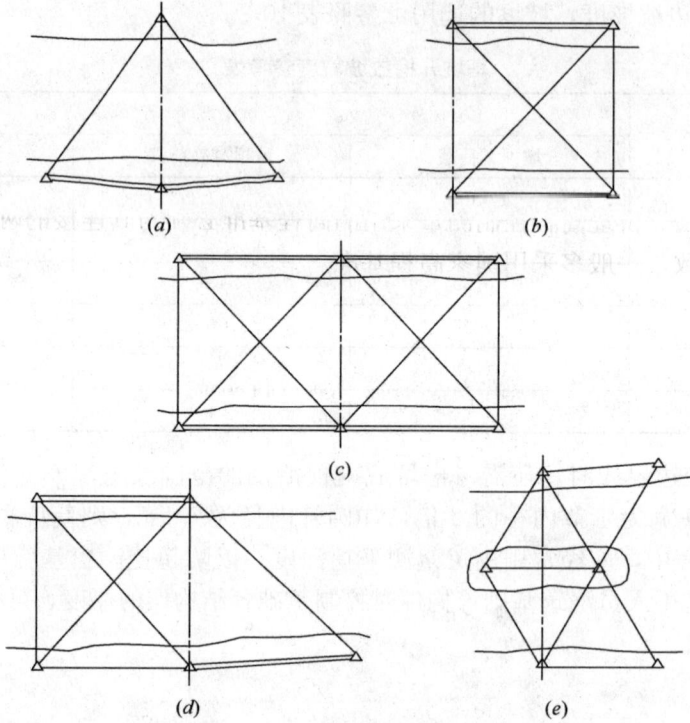

图 10-14 桥位平面控制网形式

桥位三角网的布设，除满足三角测量本身的需要外，还要求控制点选在不被水淹、不受施工干扰的地方。三角网的边长一般在 0.5～1.5 倍河宽的范围内变动。桥轴线应与基线一端连接且尽可能正交。基线长度一般不小于桥轴线长度的 0.7 倍，困难地段不小于0.5 倍，一般在两岸各设一条，以提高三角网的精度及增加检核条件。基线如用钢尺直接丈量，以布设成整尺段的倍数为宜。并且基线场地应选在土质坚实、地势平坦的地段。

桥位三角网的主要技术要求应符合表 10-3 的规定。

桥位三角网的主要技术指标　　　　　　表 10-3

等级	平均边长（km）	测角中误差（″）	起始边长相对中误差	最弱边长相对中误差	三角形最大闭合差（″）	适用条件
二等	3.0	±1.0	≤1/250000	≤1/120000	±3.5	＞5000m 的特大桥
三等	2.0	±1.8	≤1/150000	≤1/70000	±7.0	2000～5000m 的特大桥

等级	平均边长 （km）	测角中误差 （"）	起始边长 相对中误差	最弱边长 相对中误差	三角形最大闭 合差（"）	适用条件
四等	1.0	±2.5	≤1/100000	≤1/40000	±9.0	1000～2000m 的特大桥
一级小三角	0.5	±5.0	≤1/40000	≤1/20000	±15.0	500～1000m 的特大桥
二级小三角	0.3	±10.0	≤1/20000	≤1/10000	±30.0	<500m 的大、中桥

10.3.2 高程控制

桥位的高程控制，一般是在路线基平测量时建立。当路线跨越水面宽度在 150～300m 的河流、海湾、湖泊时，两岸水准点的高程应采用跨河水准测量的方法建立；跨河水准跨越的宽度大于 300m 时，必须参照《国家水准测量规范》，采用精密水准仪观测。桥梁在施工过程中，还必须加设施工水准点。所有桥址高程水准点不论是基本水准点还是施工水准点，都应根据其稳定性和应用情况定期检测，以保证施工高程放样测量和以后桥梁墩台变形观测的精度。检测间隔期一般在标石建立初期应短一些，随着标石稳定性逐步提高，间隔期亦逐步加长。桥址高程控制测量采用的高程基准必须与其连接的两端路线所采用的高程基准完全一致，一般多采用国家高程基准。

10.3.3 桥梁平面位置放样

桥梁平面位置放样主要是计算桥轴线中点、端点坐标，以及桥墩、桥台各角点的坐标，然后可利用全站仪和控制点坐标对各放样点进行实地定位。放样点坐标的计算方法与涵洞近似，下面以实例的形式介绍桥梁放样过程。

以正交小桥 k8+515 为例来具体说明计算方法，桥型布置图及桥台构造图分别见图 10-15 和图 10-16，有关起算点元素与直线方位角可查对应的"直线、曲线及转角表"。

该桥 0 号桥台放样点坐标计算步骤如下：

（1）出放样计算草图。由"直线、曲线及转角表"可知：正交小桥 k8+515 位于直线段，起算点 $JD3$ 的坐标为 $x=2828.917\text{m}$，$y=5269.188\text{m}$。切线长 $T=283.187\text{m}$，HZ 里程桩号为 k3+103.947，$JD3$ 至桥位中心 O 点的直线方位角为 $105°29'56.1''$。画计算草图，标明交点计算元素以及中线与小桥的位置关系，如图 10-17 所示。

（2）在图 10-17 中，由图 10-16 中桥台平面图可知：1、2 间距离＝3、5 间距离＝29m；由 I－I 截面得：3、4 间距离＝5、6 间距离＝$3×0.75+E+0.75=3×0.75+4.268+0.75=7.268\text{m}$；由桥台平面或侧面图得：1、5 间距离＝2、3 间距离＝$3×0.75+T+0.75=3×0.75+9.441+0.75=12.441\text{m}$；由 II-II 截面得：$BC=3×0.75+F+0.75=3×0.75+6.388+0.75=9.388\text{m}$。

（3）推算中线上桥台各点的里程桩号。由 II－II 截面可知：1、2 点连线与路线交点（即 C 点）至桥中心 O 之间的距离＝$5-0.6+0.05-3×0.75=2.2\text{m}$，则 C 点里程桩号为 k3+180-2.2=k3+177.80。

B 点至桥中心 O 的距离＝$2.2+3×0.75+6.388+0.75=11.588\text{m}$，则 B 点里程桩号＝k3+180-11.588=k3+168.412。

A 点为 3、5 点连线与桥轴线的交点，A 点里程桩号＝k3+180-（12.441+2.2）＝k3+180-14.641=k3+165.359。

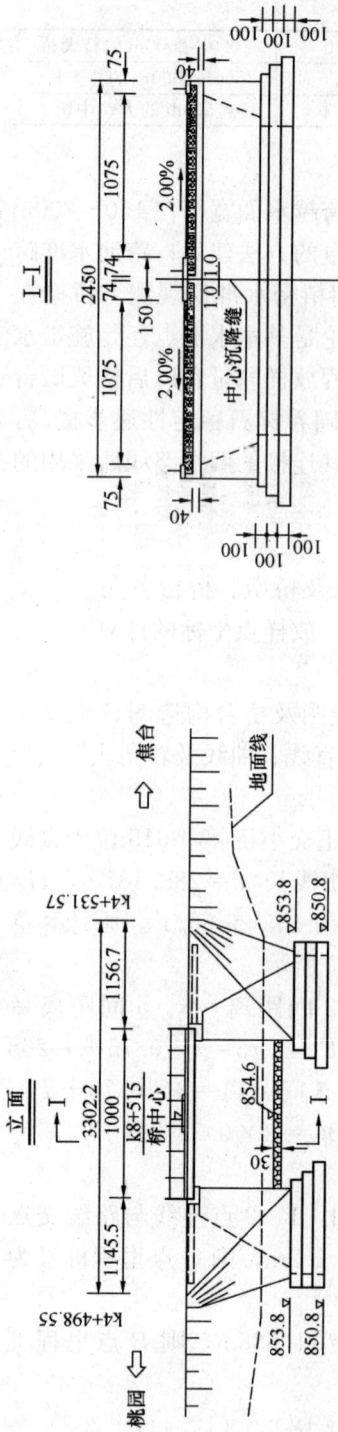

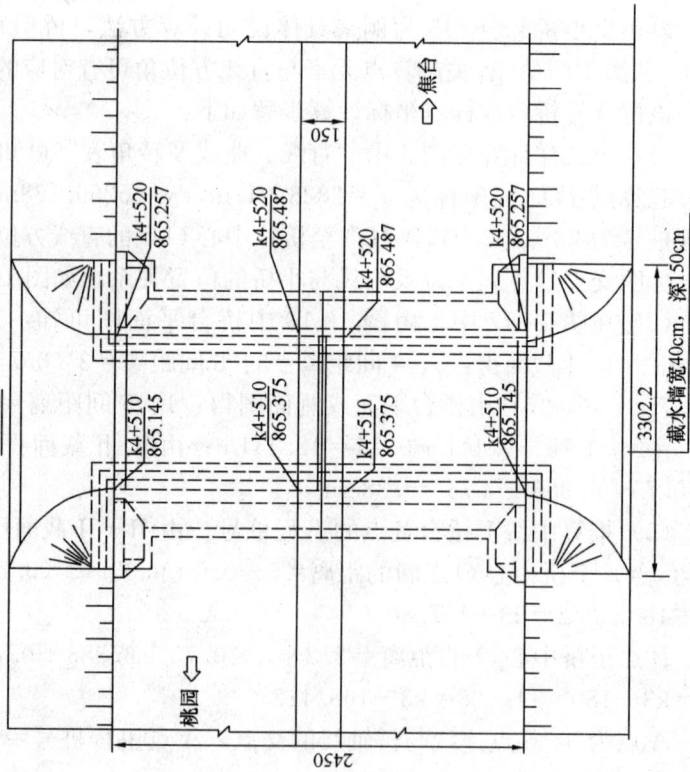

I—I

注：
1.本图尺寸除高程及里程以米计外，余均以厘米计。
2.设计标准：
  设计荷载：公路—I级；
  桥面净宽：2×净—10.75m；
  地震基本烈度：7度。
3.本桥上部采用1~10m钢筋混凝土空心板，下部采用U形桥台，扩
  大基础。
4.1—1断面中锥坡及其基础未示出。
5.桥底铺砌仅在立面图中示意，铺砌长度为58.4m，计入M7.5浆砌片
  石175.2m³，截水墙39.2m。

立面

平面

图 10-15 k8+515 小桥布置图

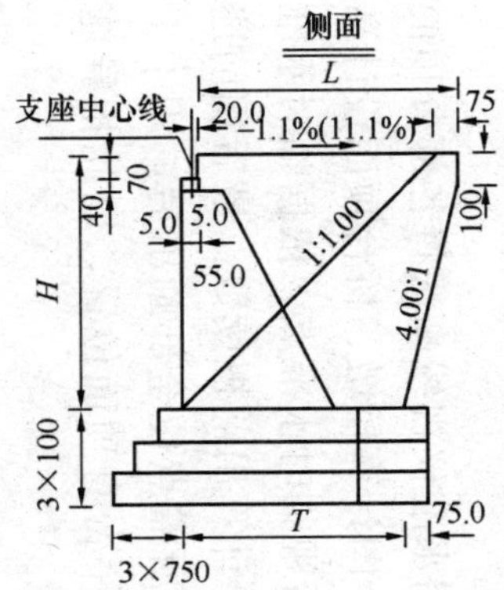

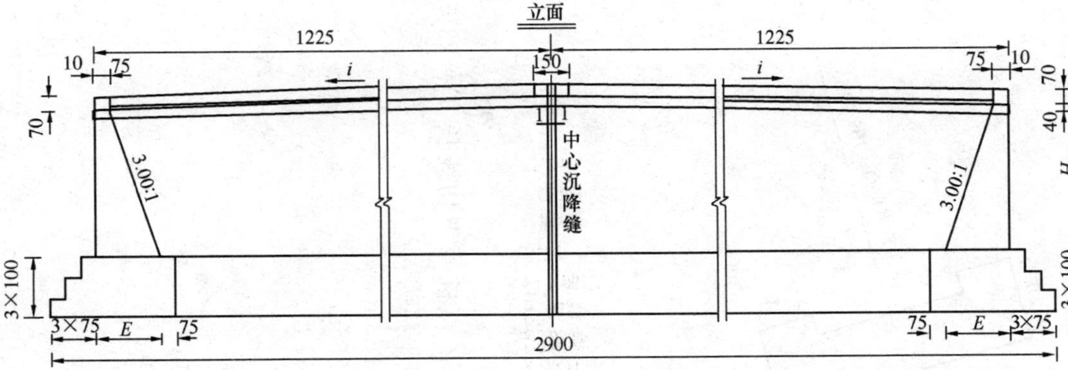

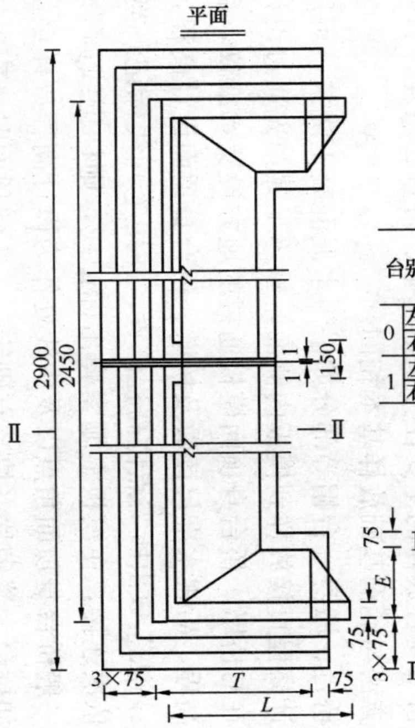

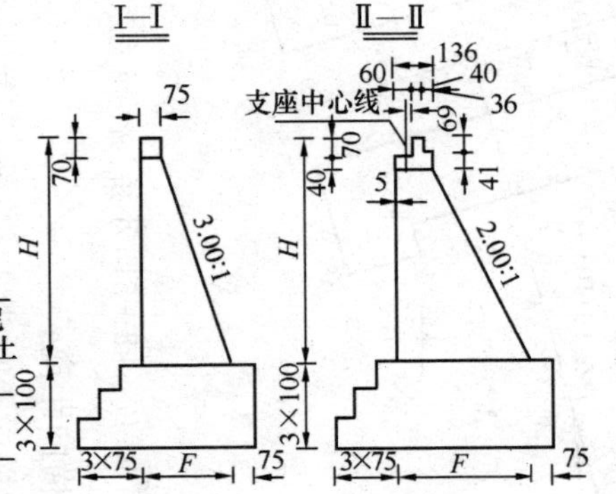

立面

侧面

平面

I—I

II—II

中心沉降缝

支座中心线

全桥尺寸及工程数量表

台别		H(cm)	i(%)	E(cm)	F(cm)	L(cm)	T(cm)	M7.5浆砌片石台身及侧墙(m³)	30cm块石镶面石(m³)	C15片石混凝土台基础(m³)	换填水泥综合稳定土(m³)
0	左	1125.5	2.00	426.8	638.8	1145.5	944.1	1360.42	108.35	771.98	314.9
	右	1125.5	2.00	426.8	638.8	1145.5	944.1				
1	左	1136.7	2.00	430.6	644.3	1156.7	952.5	1390.56	109.89	777.96	317.02
	右	1136.7	2.00	430.6	644.3	1156.7	952.5				

注:
1. 本图尺寸均以厘米计。
2. 片石块石强度不低于MU40。
3. 台身外露面用M12.5砂浆勾缝。
4. 天然地基承载力为174kPa,基底须强夯,强夯面积为基础边缘外3m范围之内,强夯后基底须满足综合稳定土,搭边为0.5m,换填为0.5m水泥综合稳定土。强夯后应分层充分夯实,在确认地基承载力要求达到300kPa,基础则须强夯。工程量已计入,本图未示出,施工方可继续施工。
5. 本桥台面涂沥青三道,以防渗水。
6. 台后横坡与图示同为正,反之为负。
7. 桥台侧坡与图示弧内为正,括弧外为负。
8. 侧面图中括弧内为1号合纵坡,括弧外为0号合纵坡。
9. 侧墙纵坡应与路线纵坡保持一致。

图 10-16 k8+515 小桥桥台结构构图

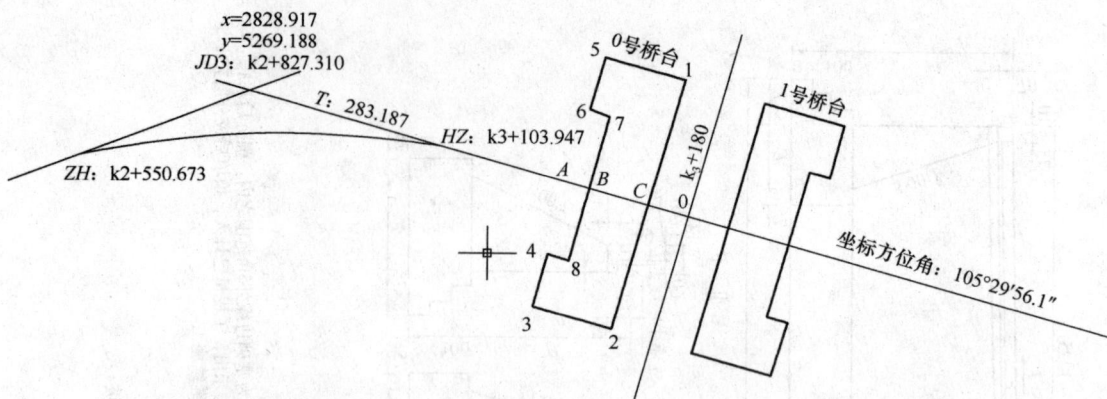

图 10-17　k8+515 小桥与路线关系图

（4）桥台各角点至中线的横向距离：

1、2、3、5 距公路中线的横向距离为 14.50m；

4、6、7、8 距公路中线的横向距离＝14.50－7.268＝7.232m。

（5）计算中线上桥台各点的坐标：

以 $JD3$ 为起算点，$JD3$ 至 A 点距离＝A 点桩号－HZ 点桩号＋切线长 T＝k3＋165.359－（k3＋103.947）＋283.187＝344.599m，则 A 点坐标为：

x_A＝2828.917＋344.599×cos（105°29′56.1″）＝2736.833m

y_A＝5269.188＋344.599×sin（105°29′56.1″）＝5601.256m

同理，可根据 $JD3$ 与 HZ 点计算 B、C 点的坐标。

（6）利用边桩计算公式计算桥台各角点坐标。

角点 3、5 的坐标：

x_3＝x_A＋14.50×cos（105°29′56.1″＋90°）＝2722.860m

y_3＝y_A＋14.50×sin（105°29′56.1″＋90°）＝5597.381m

x_5＝x_A＋14.50×cos（105°29′56.1″－90°）＝2750.806m

y_5＝y_A＋14.50×sin（105°29′56.1″－90°）＝5605.131m

同理可求得 1、2、4、6、7、8 各点坐标。

10.3.4　桥梁高程放样

桥梁高程放样的主要任务包括基础、桥台、墩身、台帽等部分的施工放样。其中基础放样方法与涵洞基础放样基本相同。

桥台、墩身、台帽等部分如果为水泥混凝土浇筑，可用水准仪视线高法将各部分顶面的设计高程直接放样到模板内侧面，具体步骤：先通过设计图计算桥墩、桥台顶面设计高程。在与桥墩、桥台身顶面模板通视的地方设置水准仪，后视临时水准点，依据临时水准点的高程，后视水准尺读数及桥墩、桥台身顶面设计高程，计算出前视读数。最后用前述"视线高法"放出所需点位高程位置，并用笔画线标记。当所需点位全部画出后，用木工墨线依次连接，在模板上绷紧弹出标记线，则标记线面为桥台身顶面位置，以此指导施工。一般桥台身顶面角点以及中线处作为设计高程放样点位。

如桥台为浆砌片（块）石砌筑，在快到顶面时，应先用水准仪前视测出砌筑面实际高程，然后顶面设计高程减去砌筑面实际高程即为挂线高度，以此指导施工砌筑。

194

参 考 文 献

[1] 中华人民共和国行业标准．公路勘测规范(JTG C10—2007)[S].
[2] 中华人民共和国行业标准．公路勘测细则(JTG/T C10—2007)[S].
[3] 中华人民共和国行业标准．公路路线设计规范(JTG D20—2006)[S].
[4] 中华人民共和国国家标准．工程测量规范(GB 50026—2007)[S]．北京：中国计划出版社，2008.
[5] 中华人民共和国国家标准．国家基本比例尺地形图图式(GB/T 20257.1—2007)[S]．北京：中国标准出版社，2007.
[6] 中华人民共和国国家标准．国家基本比例尺地形图分幅和编号(GB/T 13989—2012)[S]．北京：中国标准出版社，2012.
[7] 丰秀福．工程测量[M]．北京：清华大学出版社，2013.
[8] 李仕东，聂让，张保成．工程测量[M]．北京：人民交通出版社，2009.
[9] 胡伍生，潘庆林．土木工程测量[M]．南京：东南大学出版社，2013.
[10] 党星海，郭宗河，郑加柱．工程测量[M]．北京：人民交通出版社，2006.
[11] 王金玲．工程测量[M]．武汉：武汉大学出版社，2004.
[12] 许娅娅，雒应．测量学[M]．北京：人民交通出版社，2002.
[13] 宋文．公路施工测量[M]．北京：人民交通出版社，2000.
[14] 杨建光．道路工程测量[M]．北京：测绘出版社，2010.
[15] 孔祥元，郭际明，刘宗泉．大地测量学基础[M]．武汉：武汉大学出版社，2010.
[16] 梁启勇．公路工程测量[M]．北京：人民交通出版社，2009.
[17] 赵永平，唐勇．道路勘测设计[M]．北京：高等教育出版社，2004.
[18] 杨少伟，吴明先，符锌砂．道路勘测设计[M]．北京：人民交通出版社，2009.
[19] 杨晓明，沙从术，郑崇启．数字测图[M]．北京：测绘出版社，2009.
[20] 曹先革，杨金玲，刘洪军等．数字测图[M]．哈尔滨：哈尔滨工程大学出版社，2009.
[21] 谢钢．GPS 原理与接收机设计[M]．北京：电子工业出版社，2009.
[22] 胡友健，罗昀，曾云．全球定位系统(GPS)原理与应用[M]．北京：中国地质大学出版社，2003.

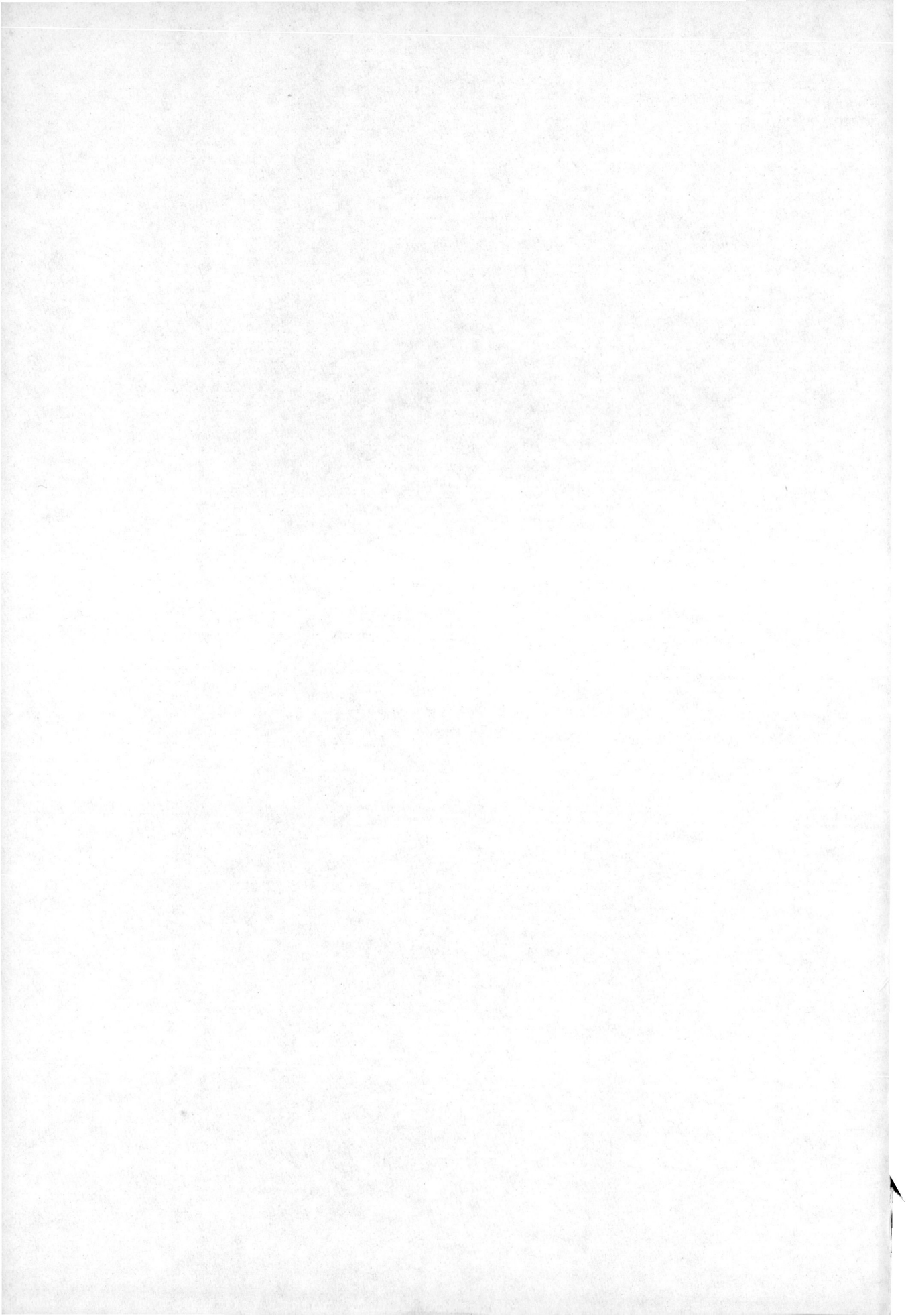